파이썬답게 코딩하기

프로그래밍 언어의 개념과 흐름에 대한 고찰

파이썬답게 코딩하기

프로그래밍 언어의 개념과 흐름에 대한 고찰

출간일	2018년 4월 30일	1판 6쇄

지은이	심경섭
펴낸이	김범준
기획/책임편집	서현
교정교열	윤지현
편집디자인	홍수미
표지디자인	김민정

발행처	비제이퍼블릭
출판신고	2009년 05월 01일 제300-2009-38호
주소	서울시 중구 청계천로 100 시그니처타워 서관 9층 949호
주문/문의	02-739-0739 **팩스** 02-6442-0739
홈페이지	http://bjpublic.co.kr **이메일** bjpublic@bjpublic.co.kr

가격	20,000원
ISBN	979-11-86697-60-3

한국어판 © 2023 비제이퍼블릭

프로그래밍 언어의
개념과 흐름에 대한 고찰

파이썬답게
코딩하기

심경섭 지음

BJPUBLIC

저자 소개

여행과 사진, 커피와 책을 좋아하는 개발자입니다. 배
우고 공유하는 것을 좋아하고 여러 분야에 관심이 많습
니다. 특별히 리눅스와 파이썬을 좋아합니다. 요즘은
자동화, non-binary code, 시스템 설계를 눈여겨보고
있습니다. 글을 쓰듯이 코드를 작성하고 오랫동안 개
발자로 사는 것을 꿈꿉니다.

심경섭(https://kssim.com)

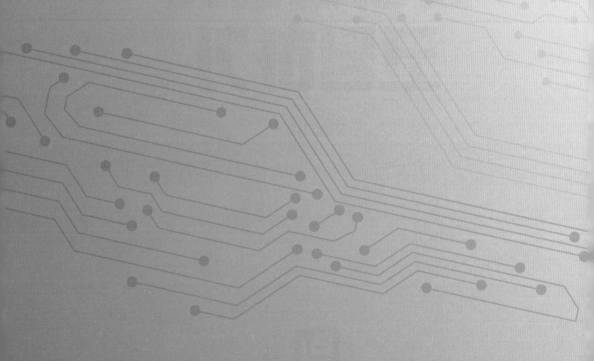

도서 소개

이 책은 파이썬에서 사용되는 주요 기술의 개념을 소개하고 있습니다. 프로그래밍 언어에서 중요한 개념인 '흐름 제어'에 대해 초점을 맞추고 사용되는 파이썬 기술의 개념을 간단한 예제 코드와 함께 설명하고 있습니다. 파이썬을 좀 더 잘 사용하고 싶고, 기반 기술에 대해 알고 싶은 독자라면 많은 도움이 될 것입니다.

그리고 파이썬을 더욱 파이썬답게 사용할 수 있는 방법과 효율적으로 사용할 수 있는 방법도 소개하고 있습니다. 파이썬에 관심이 많은 독자, 파이썬은 잘 모르지만 프로그래밍 언어의 개념에 대해 궁금한 독자에게도 일독을 권합니다.

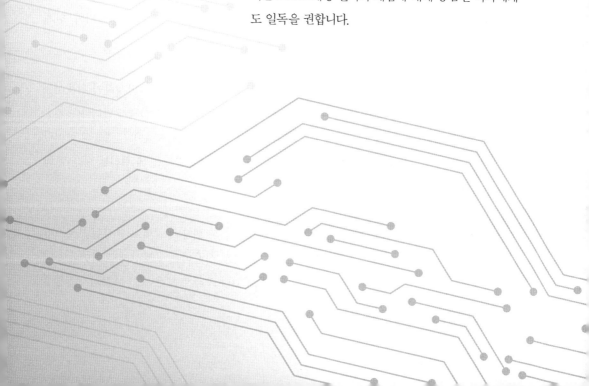

개요

책의 제목으로 '파이썬답게 코딩하기'이라는 제법 거창한 표현을 사용했지만 사실 이 책을 통해 이야기하고 싶은 것은 거창하지 않습니다. 제가 이야기하고 싶은 내용은 '내가 사용하는 프로그래밍 언어에 대해 관심을 갖자'입니다. 생각보다 단순하죠? 왜 이런 이야기를 하고 싶은지에 대해서는 할 말이 많지만 간단하게 2가지로 정리해봤습니다.

첫 번째 이유는 기술을 사용할 줄은 알지만 왜 그런 기술이 있고, 왜 그렇게 동작하는지 모르는 경우가 많습니다. 두 번째 이유는 내가 익숙한 언어가 아닌 다른 언어로 프로그램을 만들 때 새로운 언어에 대한 깊은 이해 없이 내가 익숙한 언어의 스타일로 코드를 작성합니다.

제가 꼽은 2가지 이유 프로그램을 만드는 데 있어 중요하지 않다고 생각할 수도 있습니다. 하지만 중요합니다. 이 이유에 대해서 지금부터 '이야기'를 풀어보려고 합니다.

프로그래밍의 본질적인 목적은 어떤 기능을 구현하는 것입니다. 이 목적을 달성하기 위해서는 프로그래밍 언어를 사용할 줄만 알면 됩니다. 사용하는 언어에 대한 깊은 이해가 없더라도 기능은 어떻게든 구현할 수 있습니다. 하지만 그 결과물의 차이는 있겠죠. 단순히 결과물의 차이만 있을까요? 결과물뿐만 아니라 완성된 프로그램의 효율성, 완성도, 만드는 데 걸리는 시간 등 많은 부분에서 차이가 생깁니다.

이런 차이를 줄이는 것, 다시 말해 프로그램을 만드는 시간과 비용은 줄이고 완성된 프로그램의 효율성과 완성도를 높이는 방법은 단 하나입니다. 바로 사용하는 프로그래밍 언어와 환경에 대해서 잘 숙지하는 것입니다. 물론 이것만 잘 알고 있다고 해서 모든 것이 해결되지는 않습니다. 일정의 변경, 요구사항의 변경 등 여러 가지 방해 요인이 있을 수 있습니다. 그래도 사용하는 프로그래밍 언어를 제대로 숙지하고 있으면 갑작스런 문제 상황에서도 어느 정도 유연하게 대처할 수 있습니다. 문제 해결보다는 문제 상황을 어떻게 대처할지 판단하는 데 도움이 되는 것이죠.

프로그래밍 언어를 이해하는 것이 중요한 이유에 대해서 공감하시나요? 공감하는 분도, 공감하지 못하는 분도 있을 것입니다. 공감하지 못한다면 지금은 '그렇구나' 하고 넘어가면 됩니다. 아마 이 책의 본문에서 설명하는 내용을 보게 된다면 생각이 바뀌게 될 것입니다.

자, 그렇다면 프로그래밍 언어를 제대로 이해하기 위해서는 어떻게 해야 할까요? 공부에는 왕도가 없듯이 계속 사용해보고 공부해야 할까요? 반복 학습이 효과가 있다는 것은 명백한 사실입니다. 하지만 그보다 먼저 필요한 것이 있습니다. 바로 '관심'입니다. 프로그래밍 언어를 공부해야 하는 대상으로 생각하면 쉽게 지루해지고 배우기도 싫어집니다. 사실 프로그래밍 언어뿐만 아니라 모든 것이 그렇죠. 의무감으로 하면 흥미도 없고 능률도 떨어집니다. 제일 좋은 것은 내가 좋아서 하고, 관심이 있어서 찾아보는 겁니다.

이야기가 잠깐 다른 길로 샜는데, 프로그래밍에서 어떤 기능을 구현하는 데는 여러 가지 방법이 있습니다. 또 언어별로 구현하는 방식이 조금씩 다릅니다. 컴퓨터에서 언어를 컴파일하는 방법, 해석하는 방법에 따라 천차만별입니다. 그래서 지금 내가 사용하는 언어는 어떤 특성이 있고, 어떻게 사용하는지 관심을 갖는 것이 중요합니다. 관심을 갖게 되면 자연스럽게 찾아서 배우고 알게 되니까요.

뜬구름 잡는 이야기를 하다 뻔한 이야기가 된 것 같네요. 아마 뻔한 소리한다고 생각하는 분도 있을 겁니다. 그래서 제가 다른 것에 관심을 갖게 되는 저만의 습관을 소개할까 합니다.

저는 어떤 기능을 개발하거나 개선할 때, 버그를 수정할 때, 다시 말해 개발을 할 때 보통 2가지 방식 중 하나를 선택합니다. 먼저 시간적인 여유가 있다면 그 기능을 설계하는 시점에 어떻게 하면 효율적이고 코드를 깔끔하게 작성할 수 있을지 찾아봅니다. 프로그래밍 언어에서 지원해주는 기능이 있는지, 라이브러리를 통해 간단하게 구현할 수 있는지 등 기술적인 부분에 대해 조사하는 거죠. 물론 이건 기능에 대한 요구사항 수집이 완료되고 설계할 때를 말합니다. 버그를 수정할 때도 마찬가지구요. 조사를 하다 보면 자연스럽게 다른 사람들은 비슷한 기능을 구현할 때 어떻게 하는지 알 수 있게 됩니다. 그리고 내가 모르던 라이브러리나 프로그래밍 언어의 기능에 대해 알게 됩니다. 그래서 관심이 생기면 더 찾아보고 아니면 그냥 알게 된 정보를 토대로 어떻게 개발할지 설계합니다.

시간적 여유가 없다면 일단 편한 대로, 생각난 대로 설계하고 개발합니다. 완성을 한 다음 마음에 들지 않는 부분을 찾아봅니다. 그리고 남은 시간 동안 어떻게 바꿀 수 있을지 생각합니다. 전부 마음에 들거나 시간이 없다면 어떻게 하냐구요? 마음에 쏙 든 적은 아직까지 없었던 것 같습니다. 그리고 시간이 없다면 어쩔 수 없죠. 찝찝한 마음을 담아 주석이나 커밋 로그를 잘 남겨 마무리하든지, 아니면 그냥 눈 딱 감고 마무리하든지 둘 중 하나입니다. 간단하죠? 아마 다른 분들도 크게 다르지 않을 것 같습니다.

제가 개발하는 습관을 말씀드렸는데요, 제가 생각했을 때 여기서 가장 중요한 것은 '다른 방법은 없을까?'라고 고민하는 태도라고 생각합니다. 저도 시간의 압박이나 컨디션이 좋지 않을 때는 그냥 넘어가는 경우가 많습니다. 그래도 이런 개발 태도(습관)를 가지고 있으면 언젠가는 다시 찾아보게 되는 것 같습니다.

이 책을 읽는 독자는 아마 이런 태도, 습관을 이미 갖고 있으리라고 생각합니다. 이 책을 통해서 파이썬, 나아가 다른 프로그래밍 언어에 대해서도 더 관심을 갖고 다시 찾아보는 계기가 되면 좋겠습니다. 아, 하나가 더 있네요. 이 책을 통해 파이썬에 대해 몰랐던 부분을 알게 되는 계기가 되면 좋겠습니다. 주절주절 이야기가 길어졌는데 이제 본격적으로 내용을 살펴봅시다.

대상 독자

이 책은 파이썬을 목적에 맞게 사용할 수 있으나 더 효율적으로 파이썬을 파이썬답게 사용하기 위한 독자를 대상으로 합니다. 파이썬에 대해서 제대로 배우고 싶은 분, '파이썬을 어떻게 사용해야 더 세련되게 코드를 작성할 수 있을까?' 고민하는 분이라면 이 책이 도움이 될 것입니다.

파이썬을 사용할 줄은 아는데 기술에 대한 개념을 잘 모르거나 파이썬으로 프로그래밍 언어를 처음 배워서 기반 지식이 부족한 분들도 어렵지 않게 볼 수 있습니다. 개념적인 설명과 그에 대한 예제 코드 위주로 구성했습니다.

이 책은 파이썬의 기본 문법을 자세히 설명하지 않습니다. 기본 문법은 이미 알고 있다는 전제하에 파이썬답게 코드 작성하는 방법을 기술합니다. 따라서 이 책을 통해 파이썬을 처음 접하는 분이라면 파이썬 기본 서적과 함께 병행해서 학습하시는 것을 권장합니다.

구성

이 책은 개념을 설명하기 위한 부분과 기술을 소개하기 위한 부분으로 나눌 수 있습니다. 기술을 사용하기 위해 필요한 개념을 먼저 설명하고, 그 뒤에 기술에 대한 설명을 하는 방식으로 구성되어 있습니다. 소개하는 개념은 파이썬뿐만 아니라 프로그래밍 분야 전반에서 포괄적으로 적용되는 내용입니다. 하지만 이 책에서는 파이썬에 더 초점을 맞춰 설명하고 있습니다.

개념이나 기술과 관련된 용어는 처음 사용 시 영어와 병기하고 이후 한글로 표기했습니다. 마땅한 번역이 없는 경우 따로 번역하지 않고 원문을 사용했습니다. 번역하지 않은 이유는 번역 과정에서 오해의 소지를 만들지 않기 위해서입니다. 또 추가로 필요한 정보를 찾을 때 검색 키워드로 활용할 수 있도록 영문을 병기했습니다. 부족한 부분이 있거나 따로 찾아보고 싶은 정보가 있다면 책에 기술된 용어를 기반으로 찾아보기를 권합니다.

이 책은 프로그래밍 로직에서 흐름 제어를 중점적으로 다루고 있습니다. 큰 줄기는 흐름 제어로 두고, 필요한 지식이나 파이썬답게 코드를 작성하는 방법을 소개하고 있습니다. 작게는 분기문,

반복문부터 크게는 멀티태스킹, 비동기 논블록까지 흐름 제어에 대한 전반적인 내용을 다루고 있습니다.

내용을 소개할 때는 각 기술에 대해 필요한 부분만 소개하고 예제 코드를 통해 살펴보도록 구성했습니다. 주로 예제 코드와 코드를 설명하는 형식으로 구성되어 있습니다. '개발자는 글보다 코드로 이해하는 게 더 빠르다'는 생각을 가지고 있습니다. 이해하는 데 필요한 지식만 설명하고 나머지는 예제 코드로 이해하도록 구성했습니다.

예제 코드는 Python 3.5.3 버전을 기반으로 작성됐고, Python 2.7에서도 동작하도록 작성했습니다. 일부 예제 코드들은 Python 3.6 버전에서 테스트하고 작성했습니다. 책에 작성된 모든 예제 코드는 'Github Repository'에서 다운받을 수 있으며, 잘못된 예제 코드는 메일이나 Github의 'Pull Request'로 알려주시면 확인 후 반영하겠습니다.

코드는 각 장마다 나눠서 작성되어 있으며 각 장의 제목이 영문으로 적힌 폴더로 구성되어 있습니다. 파일의 확장자가 py2인 것은 Python 2만 지원하는 예제이고, 확장자가 py인 것은 Python 2, 3을 모두 지원하는 예제입니다. 추가적으로 Python 3의 특정 버전에서만 동작하는 코드는 확장자를 'py'로 두고 코드 안에 주석으로 버전을 명시했습니다.

---

1 https://github.com/kssim/python_effective_flow_control

목차

4장 동시성 ———————————————————————————————— 157

5장 비동기 ———————————————————————————— 230

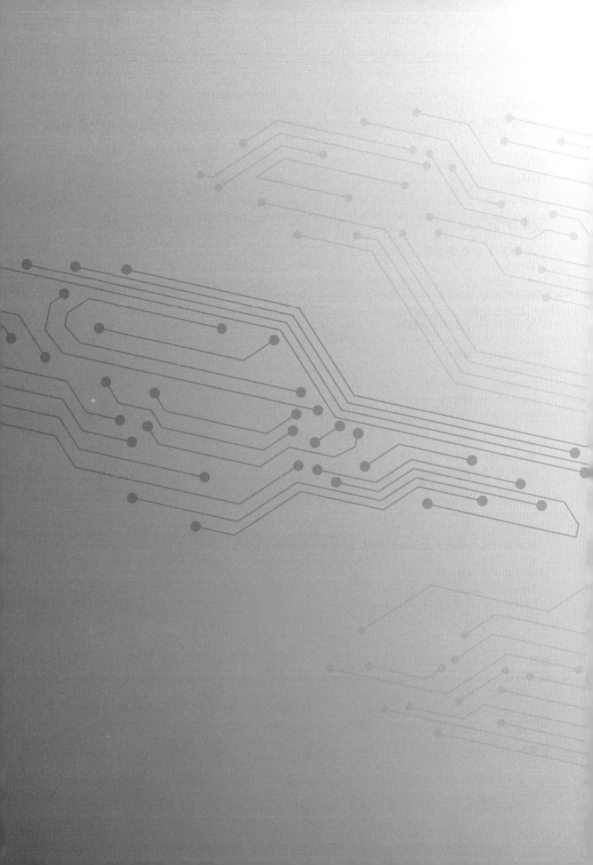

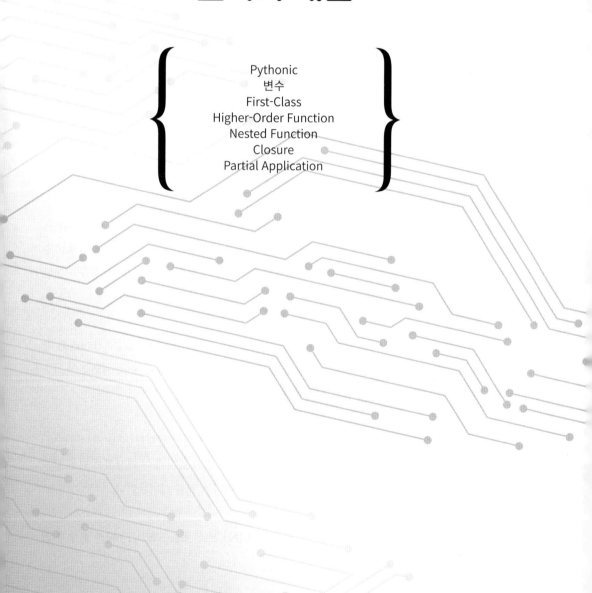

1장

철학과 개념

{
Pythonic
변수
First-Class
Higher-Order Function
Nested Function
Closure
Partial Application
}

철학과 개념

Pythonic

파이썬(Python)을 사용하면서 Pythonic이나 Pythonista란 단어를 본 적이 있나요? 이 단어는 파이썬의 어떤 특별한 기능이나 기술을 의미하는 것은 아닙니다. 파이썬을 잘 사용하자는 취지에서 나온 단어입니다. 어떤 내용인지 살펴보겠습니다.

먼저 Pythonic의 사전적 정의는 관습적으로 사용되는 파이썬의 사용 방법입니다. 쉽게 말하면 파이썬을 파이썬답고, 파이썬스럽게 사용하기 위한 코드 작성 가이드 라인입니다. Pythonista는 Pythonic을 잘 지키면서 코드를 작성하는 파이썬 개발자를 지칭하는 단어입니다. Pythonic을 정의대로만 생각하면 그냥 코드 작성 규칙이나 명명 규칙 같은 'Python Style Guide'로 이해할 수 있지만 이보다는 더 확장된 개념입니다. 코드의 스타일뿐만 아니라 알고리즘이나 로직을 구현할 때 더 파이썬다운 방법으로 구현하도록 안내하는 세부 지침으로 이해하면 됩니다.

많은 프로그래밍 언어가 있지만 파이썬과 같이 코드의 스타일 가이드뿐만 아니라 Pythonic과 같은 개념이 있는 언어는 많지 않습니다. 그렇다면 왜 유달리 파이썬에만 이런 용어, 개념들이 있을까요? 그 이유는 바로 파이썬의 자유도 때문입니다.

자유도가 높다는 말은 어떤 기능을 구현할 때 사용할 수 있는 방법이 많다는 것을 의미합니다. 즉, 프로그래밍 언어가 가지고 있는 자료구조, 기본적인 흐름 제어 로직 등이 확장성이 있어 같은 기능을 하는 프로그램이라도 구현 방법이 완전히 다를 수 있다는 것을 의미합니다.

최근 각광받고 있는 스칼라(SCALA)나 코틀린(KOTLIN), 스위프트(SWIFT) 같은 함수형 언어들은 파이썬처럼 자유도가 높지만, C나 C++와 같은 언어들은 비교적 자유도가 떨어집니다. 아무래도 나온 지 오래된 언어들이다 보니 유연성에 차이가 있는 것입니다. 새롭게 표준이 정의되면서 기존의 다른 언어에서도 지원하는 기능이 조금씩 추가되고 있습니다. C++11/14나 C++17 같은 경우 많은 기능이 추가되어 C++99에 비해 훨씬 유연하게 코드를 작성할 수 있게 됐습니다.

Pythonic을 파이썬을 파이썬답게 사용하기 위한 세부 지침이라고 소개를 했습니다. 그렇다면 무엇이 Pythonic의 지향점일까요? 이 부분은 저도 확신할 수는 없습니다. 하지만 다른 프로그래밍 언어나 파이썬의 행보를 보고 미루어 짐작해보면 프로그래밍 언어를 글을 읽거나 쓰는 것처럼 자연스럽게 사용하는 데 있지 않을까 생각합니다. 영어로 된 글을 쓴다는 느낌으로 코드를 작성하는 것이죠.

말로만 설명하면 이해하기 쉽지 않으니 Python 3에서 삭제된 has_key라는 내장 함수를 예로 설명하겠습니다. has_key는 Python 2.x 버전에서 사전 안에 있는 key 값을 찾을 때 사용하는 내장 함수입니다. 다른 언어에서 사용하던 형태를 차용해서 구현한 기능인데요, 파이썬답지 않은 코드라고 하여 Python 3에서는 삭제되고 in이라는 연산자를 사용하도록 가이드 됐습니다.[1] 그래서 Python 2에서는 hash_key와 in을 둘 다 사용할 수 있지만, Python 3에서는 in만 사용할 수 있습니다. 예제 코드로 확인해보겠습니다.

```
1 ###############################
2 # File Name : has_key.py2
3 ###############################
4 #!/usr/bin/python2
5
6 def main():
7     dic = {"korea":82, "japen":81}
8
9     print ("=== has_key ===")
10    print (dic.has_key("korea"))
```

---

1 https://docs.python.org/3.1/whatsnew/3.0.html#builtins

```
11    print (dic.has_key("china"))
12
13    print ("=== in ===")
14    print ("korea" in dic)
15    print ("china" in dic)
16
17
18 if __name__ == "__main__":
19    main()
```

예제 코드를 보면 hash_key 함수를 사용하는 것보다 in 연산자를 사용하는 것이 훨씬 더 보기 좋습니다. 마치 영어로 문장을 쓰는 것처럼 사용할 수 있죠. 실행 결과도 같은지 확인해보겠습니다.

```
$ python2 has_key.py2
=== has_key ===
True
False
=== in ===
True
False
```

실행 결과도 동일합니다. 내장 함수를 제거하고 연산자를 사용하라고 가이드했으니 당연한 결과입니다. 이처럼 요즘 파이썬이나 다른 프로그래밍 언어들은 영어 문장을 읽는 것처럼 가독성 있고, 직관적인 코드를 작성하도록 권유하고 있습니다.

또 다른 예제를 살펴보겠습니다. 이번에는 PEP 8에서 스타일 가이드[2]로 작성된 비교문 사용 방법입니다. 예시부터 먼저 살펴보겠습니다.

---

2 https://www.python.org/dev/peps/pep-0008/#id51

```
Don't compare boolean values to True or False using ==.

Yes:   if greeting:
No:    if greeting == True:
Worse: if greeting is True:
```

PEP 8의 '프로그래밍 권고'에 적혀있는 내용입니다. boolean 자료형을 비교할 때 == 연산자를 사용하지 말라는 것입니다. 위의 권고문에 나오는 내용을 코드로 작성해서 테스트해보겠습니다.

```
 1 ###################################
 2 # File Name : bloolean_compare.py
 3 ###################################
 4 #!/usr/bin/python3
 5
 6 def main():
 7     greeting = True
 8
 9     if greeting:
10         print ("no operation")
11
12     if greeting == True:
13         print ("'==' operation")
14
15     if greeting is True:
16         print ("'is' operaion")
17
18
19 if __name__ == "__main__":
20     main()
```

권고문에 있는 3가지 비교 방법으로 코드를 만들고 결과를 출력했습니다.

```
$ python3 boolean_compare.py
no operation
'==' operation
'is' operaion
```

3가지 조건문 모두 기능은 문제 없이 동작합니다. 그렇다면 왜 PEP 8에서는 연산자를 사용하지 않고 비교하는 방식(9번째 줄)을 사용하라고 권고했을까요? 그리고 == 연산자와 is 연산자는 사용하지 말라고 했을까요? 게다가 왜 is 연산자는 잘못된 표현이라고 말했을까요?

답은 코드를 작성하는 방식에 있습니다. 코드를 가독성 있고 직관적으로 작성하는 것이죠. 그래서 boolean 자료형은 연산자를 통한 비교하지 않고 그 자체를 사용하도록 한 것입니다. 그렇다면 is 연산자를 사용하는 방식은 왜 틀렸다고 한 것일까요? 이에 대한 답은 3장 기본 문법의 'Equality vs Identity'에서 자세히 설명하겠습니다. 지금은 'is 연산자를 사용하면 원하는 결과가 나오지 않을 수도 있다' 정도로 정리하고 넘어가겠습니다.

Pythonic의 개념을 간단한 예제와 함께 살펴봤습니다. 어떤가요? 흥미가 생기나요? 이번 장에서는 파이썬답게 코드를 다루기 위한 기반 개념을 다루고 있습니다. 각각의 내용을 이해한다면 뒤에 나오는 기술적인 부분을 훨씬 쉽고 빠르게 이해할 수 있습니다.

변수

변수 없이 프로그래밍을 할 수 없을 정도로 변수는 프로그래밍에서 아주 중요합니다. 변수를 사전적으로 정의하면 메모리에 어떤 값을 가리키고 있는 이름입니다. 메모리에 있는 어떤 값에 이름을 붙여 프로그래머가 쉽게 사용할 수 있도록 하는 것이죠.

파이썬에서 제공해주는 다양한 기능들을 이해하기 위해서는 파이썬에서 변수의 선언과 할당 그리고 유효 범위에 대해서 알고 있어야 합니다. 그래서 파이썬만이 지닌 변수의 특징에 대해서 먼저 살펴보겠습니다(이미 잘 알고 있는 독자라면 이 부분은 넘겨도 됩니다).

변수에서 가장 중요한 부분은 변수를 선언하고 값을 할당하는 부분입니다. 그래야 우리가 사용할 수 있을 테니까요. 그 다음 중요한 부분은 변수의 유효 범위입니다. 변수에 값이 설정되어 있지만 사용할 수 없는 범위에 있으면 소용없게 되니까요. 그리고 파이썬에서는 문제되지 않지만 동적으로 할당된 변수는 메모리를 반환하는 일도 해야 합니다.

그러면 파이썬에서는 변수를 어떻게 선언하고 값을 할당할까요? 이미 알고 있는 = 연산자를 통해 변수를 선언하고 값을 할당합니다. 다른 프로그래밍 언어에서는 자료형과 변수의 이름을 명시해서 변수를 사용하겠다는 선언을 하고 값을 할당합니다. 선언부와 값을 할당하는 것을 동시에 할 수도, 따로 할 수도 있습니다. 하지만 파이썬에서는 명시적으로 새로운 변수를 선언하기 위한 기능이 없습니다. 즉 = 연산자를 사용해서 선언과 값의 할당을 동시에 하는 것입니다. 바로 이 작은 차이점이 파이썬에서 변수의 유효 범위를 결정하기 위한 파이썬만의 기능을 만들게 됐습니다. 어떤 기능인지 살펴보기 앞서 파이썬의 유효 범위에 대해서 알아보겠습니다.

＼＼ Scope ＼＼

파이썬에서 변수의 유효 범위를 계산할 때 네임스페이스(namespace)를 기반으로 계산합니다. 어떤 변수가 사용됐다면 네임스페이스를 확인해서 사용된 변수가 네임스페이스에 있는지 확인합니다. 네임스페이스에 없다면 NameError Exception을 일으킵니다.

파이썬의 네임스페이스는 built-in, global, enclosed, local로 나눌 수 있습니다. 각각에 대해서 간단히 이야기하면 built-in은 파이썬에 내장되어 있는 네임스페이스로 파이썬으로 작성된 코드 어디에서나 사용할 수 있습니다. global은 전역적으로 사용이 가능한 네임스페이스로 파일 단위의 모듈 안에서 유효합니다. 또, 특정 모듈을 import하는 경우 import한 모듈의 global 변수도 사용이 가능합니다. enclosed는 조금 생소한 개념일 수 있습니다. 함수 안에 함수가 있는 구조, 즉 외부 함수가 있고 내부 함수가 있는 구조에서 내부 함수가 외부 함수의 변수에 접근할 수 있는 것을 의미합니다. 일단 여기서는 이 정도로 설명하고 자세한 내용은 'Nested Function'에서 다루겠습니다. 마지막으로 local은 지역적인 네임스페이스로 클래스나 함수의 내부로 한정됩니다.

파이썬의 이런 네임스페이스 규칙을 줄여서 LEGB 규칙이라고 부릅니다. 변수를 확인할 때 먼저 확인하는 부분부터 나열한 것입니다. 제일 먼저 local 네임스페이스를 확인하고, 다음으로 enclosed, global, built-in 네임스페이스를 순차적으로 검색합니다. 다른 프로그래밍 언어들도 대부분 이런 방식을 사용합니다. 하지만 파이썬에서는 변수를 선언하는 방식이 다른 언어들과는 조금 다르기 때문에 이 부분에서 의도하는 바와 다르게 동작할 수도 있습니다. 2가지 예제를 통해서 살펴보겠습니다.

첫 번째 예제는 전역변수로 선언된 변수를 함수 내에서 읽기(값을 수정하지 않는) 용도로 사용할 때입니다.

```python
1  ###############################
2  # File Name : variable_read_example.py
3  ###############################
4  #!/usr/bin/python3
5
6  msg = "Hello"
7
8  def read_work():
9      print (msg)
10     print ("World")
11
12 def read_exception():
13     print (msg)
14     msg = "World"
15     print (msg)
16
17 def main():
18     print ("=== first read ===")
19     read_work()
20
21     print ("=== second read ===")
22     read_exception()
23
24
25 if __name__ == "__main__":
26     main()
```

6번째 줄에 전역변수 msg를 선언했습니다. 그리고 8번째 줄의 read_work 함수와 12번째 줄의 read_exception 함수에서 msg를 출력합니다. 두 함수 모두 'World'라는 단어를 내부에서 추가하여 출력했습니다. 출력하는 방식은 조금 다른데, read_exception 함수에서는 전역변수에 있는 값을 변경하고 출력했습니다. 결과를 확인해보겠습니다.

```
$ python3 variable_read_example.py
=== first read ===
Hello
World
=== second read ===
Traceback (most recent call last):
  File "variable_read_example.py", line 26, in <module>
    main()
  File "variable_read_example.py", line 22, in main
    read_exception()
  File "variable_read_example.py", line 13, in read_exception
    print (msg)
UnboundLocalError: local variable 'msg' referenced before assignment
```

read_work 함수는 정상적으로 동작했습니다. 하지만 read_exception 함수는 Unbound LocalError가 발생했습니다. 오류의 원인은 지역변수 msg가 선언 전에 사용됐기 때문입니다. 전역변수 msg가 선언되어 있었고, read_work 함수에서 정상적으로 동작했는데 왜 read_exception 함수에서는 오류가 발생했을까요?

정답은 14번째 줄에서 사용된 msg 변수 때문입니다. 14번째 줄에서 전역변수 msg의 값을 변경한 것처럼 보이지만 실제로는 지역변수 msg를 선언한 것입니다. 그래서, 13번째 줄에서 msg를 출력하는 동작이 지역변수 msg의 선언보다 먼저 수행됐다고 판단해서 오류를 발생시켰습니다. 한마디로 msg를 전역변수가 아닌 지역변수로 판단한 것입니다.

변수의 유효 범위를 계산할 때 local 네임스페이스부터 확인한다고 이야기했습니다. 그래서 read_exception 함수에서 local 네임스페이스를 확인할 때 msg라는 변수가 선언되어 있는 것을 보고 msg를 전역변수로 생각하지 않는 것입니다. 그러면 함수 내에서 전역변수의 값을 바꾸기만

하면 어떻게 될까요?

```
 1 ################################
 2 # File Name : variable_write_example.py
 3 ################################

 4 #!/usr/bin/python3
 5
 6 msg = "Hello"
 7
 8 def write():
 9     msg = " World"
10     print (msg)
11
12 def main():
13     print ("=== print msg ===")
14     print (msg)
15
16     print ("=== write function ===")
17     write()
18
19     print ("=== print msg ===")
20     print (msg)
21
22
23 if __name__ == "__main__":
24     main()
```

앞의 예제와 동일하게 6번째 줄에서 msg라는 이름의 전역변수를 선언했습니다. 그리고 8번째 줄의 write 함수에서 전역변수 msg의 값을 변경하고 변경된 값을 출력했습니다. 다음으로 main 함수에서는 전역변수의 초기값을 출력하고, write 함수를 호출한 뒤, 변경된 전역변수의 값을 출력하게 한 예제입니다. 결과를 보겠습니다.

```
$ python3 variable_write_example.py
=== print msg ===
Hello
```

```
=== write function ===
 World
=== print msg ===
Hello
```

이번에는 오류 없이 정상적으로 실행됐습니다. 하지만 결과값이 예상과 다릅니다. 마지막에 출력된 전역변수의 내용이 변경되지 않았습니다. write 함수에서 msg 변수에 값을 할당하는 동작이 앞의 예제처럼 global 변수의 값을 변경하는 것이 아니라 지역변수를 선언하는 것으로 인식된 것입니다. 그렇다면 함수 내에서는 전역변수를 전혀 사용할 수 없는 것일까요?

물론 아닙니다. 사용할 수 있습니다. 하지만 다른 언어와는 다르게 함수 내부에서 전역변수를 사용하기 위한 선언을 해야 합니다. 변수를 선언하는 방식의 차이로 인해 이런 결과가 나온다는 것이 흥미롭습니다. 이처럼 어떤 언어를 이해하기 위해서는 그 언어의 기반이 되는 부분을 잘 이해하고 있어야 합니다. 그렇지 않으면 자칫 의도하지 않는 결과가 나올 수 있습니다.

자, 파이썬에서 변수의 유효 범위를 확인했으니 이제 이 유효 범위를 다루기 위해 파이썬에서 어떤 기능을 제공하고 있는지 살펴보겠습니다.

░ Global ░

global은 바로 앞의 예제에서 나타난 문제를 해결하기 위한 기능입니다. 엄밀하게 말하면 '기능'이라기보다는 키워드라고 말하는 것이 더 정확할 것 같습니다. 변수를 사용하기 전에 global 키워드를 붙여 변수의 이름을 정의하기 때문입니다. 이렇게 정의된 변수는 = 연산자에서 값이 할당돼도 변수로 선언되지 않고 전역변수의 값을 변경하기만 합니다. 예제를 보겠습니다.

```
1 ################################
2 # File Name : global_keyword.py
3 ################################
4 #!/usr/bin/python3
```

```
 5
 6 msg = "Hello"
 7
 8 def write():
 9     global msg
10     msg += " World"
11     print (msg)
12
13 def main():
14     print ("=== print msg ===")
15     print (msg)
16
17     print ("=== write function ===")
18     write()
19
20     print ("=== print msg ===")
21     print (msg)
22
23
24 if __name__ == "__main__":
25     main()
```

기존 예제와 다른 점은 9번째 줄에 작성된 global msg입니다. 함수 내부에서 global 키워드를 사용해서 전역변수로 설정하고 사용한 것입니다. 실행 결과를 확인해보겠습니다.

```
$ python3 global_keyword.py
=== print msg ===
Hello
=== write function ===
Hello World
=== print msg ===
Hello World
```

오류도 없이 의도했던 대로 출력됐습니다. 파이썬에서는 명시적으로 변수를 선언하는 부분이 없고 한 번에 선언과 할당이 됩니다. 그로 인해 함수 내부에서 전역변수를 사용할 때 생기는 문제에 대해 global 키워드를 사용해서 해결했습니다.

다르게 생각하면 파이썬처럼 키워드를 사용해서 전역변수를 사용하겠다고 명시하는 것이 더 명확합니다. global로 정의되지 않은 변수는 모두 지역변수로 생각하면 되니까요(저의 주관적인 생각입니다).

다시 본문으로 돌아와서 global 키워드만 있으면 파이썬의 변수 선언 방식으로 인한 문제는 모두 해결될까요? 아닙니다. 아직 하나 더 남았습니다.

░░ Nonlocal ░░

다음으로 볼 것은 nonlocal 키워드입니다. nonlocal을 이해하기 위해서는 'Nested function'에 대해 알아야 합니다(Nested function에 대한 자세한 내용은 뒤에 살펴보겠습니다). 지금은 그냥 '함수가 중첩되어 있는 것' 정도로 설명하겠습니다. 예제를 보겠습니다.

```
1 ###############################
2 # File Name : nested_function.py

3 ###############################
4 #!/usr/bin/python3
5
6 def greeting(name):
7     greeting_msg = "Hello "
8
9     def add_name():
10         return ("%s%s" % (greeting_msg, name))
11
12     msg = add_name()
13     print (msg)
14
15
16 if __name__ == "__main__":
17     greeting("python")
```

코드를 살펴보면 6번째 줄에는 greeting 함수가 9번째 줄에는 add_name 함수가 선언되어 있습니다. 함수 안에 함수가 선언되어 있는 형태인데, 이런 것을 nested function이라고 부릅니다. 9번째 줄에 선언된 add_name 함수는 코드의 흐름에 따라 바로 실행되지 않고 호출될 때 실행됩니다. 간단하게 말하면 7번째 줄이 실행되고, 9번째 줄과 10번째 줄은 무시하고, 바로 12번째 줄로 넘어갑니다. 예제에서는 12번째 줄에서 add_name 함수가 호출됐기 때문에 다시 9번째 줄로 돌아가서 함수가 실행되는 것입니다.

다시 예제 코드로 돌아와 동작 방식을 살펴보겠습니다. 17번째 줄에서 "python"을 인자로 greeting 함수를 호출합니다. greeting 함수의 내부를 보면 12번째 줄에서 msg 변수를 선언하고, add_name의 반환값을 할당합니다. 그리고 13번째 줄에서 msg의 값을 출력합니다. add_name 함수는 greeting 함수에서 인자로 받은 name 변수와 greeting 함수에서 정의된 지역변수 greeting_msg를 사용해 Hello Python이라는 메시지를 만듭니다. 간단한 로직입니다. 실행 결과를 보겠습니다.

```
$ python3 nested_function.py
Hello python
```

오류 없이 정상적으로 실행됐습니다. add_name 함수에서 greeting 함수가 받은 인자 name과 greeting 함수의 지역변수 greeting_msg를 사용하는 데 문제없이 정상적으로 동작한 것입니다.

이것을 가능하게 하는 것이 바로 네임스페이스입니다. 파이썬에서 변수의 이름을 찾을 때 local 네임스페이스부터 차근차근 네임스페이스를 넓혀가며 검색한다고 언급했습니다. 그래서 add_name에서 greeting_msg와 name 변수를 사용할 수 있었습니다. 그렇다면 add_name 함수에서 greeting 함수에 선언된 지역변수의 값을 변경할 수 있을까요? 실험해보겠습니다.

```
1 ###############################
2 # File Name : nested_function_error.py
3 ###############################
4 #!/usr/bin/python3
5
```

```
 6 def greeting(name):
 7     greeting_msg = "Hello"
 8
 9     def add_name():
10         greeting_msg += " "
11         return ("%s%s" % (greeting_msg, name))
12
13     msg = add_name()
14     print (msg)
15
16
17 if __name__ == "__main__":
18     greeting("python")
```

greeting_msg 변수를 add_name에서 변경하는 코드를 추가했습니다. 공백을 추가해서 결과를 출력했습니다. 실행 결과를 확인해보겠습니다.

```
$ python3 nested_function_error.py
Traceback (most recent call last):
  File "nested_function_error.py", line 18, in <module>
    greeting("python")
  File "nested_function_error.py", line 13, in greeting
    msg = add_name()
  File "nested_function_error.py", line 10, in add_name
    greeting_msg += " "
UnboundLocalError: local variable 'greeting_msg' referenced before assignment
```

UnboundLocalError 오류가 발생했습니다(greeting_msg 변수가 선언되기 전에 사용된 것으로 오류가 발생했습니다). 변수의 유효 범위에서 global 변수를 테스트했을 때와 동일한 오류입니다. 즉, 전역변수를 함수 내에서 사용했을 때처럼 greeting_msg를 지역변수로 인식한 것입니다.

전역변수의 경우 이런 문제를 해결하기 위해 global 키워드를 사용했습니다. 하지만 greeting_msg는 전역변수가 아닙니다. 그래서 global 키워드를 사용할 수가 없습니다. 그렇다면 어떻게 이 문제를 해결할까요? 바로 이런 문제를 해결하기 위해서 등장한 것이 'nonlocal' 키워드입니다. add_name 함수에서 봤을 때 greeting_msg는 전역변수도 아니고 지역변수도 아닙니다. 그래서 이것을 nonlocal 변수로 정의한 것입니다. 예제 코드로 확인해보겠습니다.

```
 1 #################################
 2 # File Name : nonlocal_keyword.py (Python 3.0 or later)
 3 #################################
 4 #!/usr/bin/python3
 5
 6 def greeting(name):
 7     greeting_msg = "Hello"
 8
 9     def add_name():
10         nonlocal greeting_msg
11
12         greeting_msg += " "
13         return ("%s%s" % (greeting_msg, name))
14
15     msg = add_name()
16     print (msg)
17
18
19 if __name__ == "__main__":
20     greeting("python")
```

global 키워드 때와 마찬가지로 add_name 함수에서 변수를 사용하기 전에 nonlocal 키워드로 greeting_msg를 정의했습니다. 바로 실행 결과를 확인해보겠습니다.

```
$ python3 nonlocal_keyword.py
Hello python
```

오류 없이 정상 출력됐습니다. 이처럼 파이썬에서는 변수의 유효 범위를 지정하기 위해 global과 nonlocal 키워드를 사용합니다. 여기서 한 가지 주의해야 할 점은 nonlocal 키워드는 Python 3 에서 추가된 기능입니다. 그래서 Python 2에서는 사용할 수 없습니다. 반면에 global 키워드는 Python 2와 Python 3에서 모두 사용 가능합니다. Python 2에서 nonlocal 키워드를 사용하면

nonlocal 키워드를 인식하지 못해서 아래와 같은 문법 오류가 발생합니다.

```
$ python nonlocal_keyword.py
  File "nonlocal_keyword.py3", line 10
    nonlocal greeting_msg
                        ^
SyntaxError: invalid syntax
```

지금까지 변수와 변수의 유효 범위에 대해서 살펴봤습니다. 파이썬의 변수 선언 방식에 따라서 유효 범위를 결정할 수 있는 키워드까지 알아봤습니다. 파이썬의 기능은 아니지만 프로그래밍 개념적인 측면에서 알아야 할 것이 몇 가지 더 있습니다. 상식적인 측면에서 알아두면 좋습니다. 바로 확인해보겠습니다.

⋙ Variable Shadowing ⋙

Variable shadowing이란 말 그대로 변수가 가려지는 것입니다. 예를 들어서 전역변수가 x라는 이름으로 선언되어 있는데 어떤 함수나 클래스에서 지역변수나 멤버 변수가 x라고 선언되어 있으면, 전역변수로 선언된 x가 숨겨지고 지역변수로 선언된 x를 사용하는 것입니다. 앞에서 이야기했던 네임스페이스와 유사한 내용인데 네임스페이스에 의해서 변수가 가려지게 되는 것을 variable shadowing이라고 표현하는 것입니다. 간단한 내용이지만 예제 코드로 확인해보겠습니다.

```
1 ###################################
2 # File Name : variable_shadowing.py
3 ###################################
4 #!/usr/bin/python3
5
6 var_shadowing = "global"
7
8 def outer_function():
9     var_shadowing = "outer"
```

```
10
11     def inner_function():
12         var_shadowing = "inner"
13         print ("inner_function scope: %s" % var_shadowing)
14
15     inner_function()
16     print ("outer_function scope: %s" % var_shadowing)
17
18
19 if __name__ == "__main__":
20     outer_function()
21     print ("global scope: %s" % var_shadowing)
```

간단한 nested function 코드입니다. 바로 내용을 살펴보겠습니다. var_shadowing 변수로 전역변수를 설정하고, outer_function과 inner_function의 지역변수로 var_shadowing을 각각 선언했습니다. 그리고 변수가 사용될 때마다 var_shadowing의 값을 출력했습니다. 결과는 설명하지 않아도 짐작할 수 있습니다. 짐작한 내용이 맞는지 확인해보겠습니다.

```
$ python variable_shadowing.py
inner_function scope: inner
outer_function scope: outer
global scope: global
```

예상한 대로 결과가 나왔습니다. 이렇게 같은 이름의 변수가 네임스페이스로 인해 가려지는 것을 variable shadowing이라고 합니다. 그러면 inner_function 내에서 전역변수에 있는 값에 접근하려면 var_shadowing 변수를 선언하기 전에 어떻게 해야 할까요? 바로 global 키워드를 붙여주는 것입니다. 마찬가지로 inner_function에서 nonlocal 변수인 outer_function의 지역변수 var_shadowing에 접근하려면 nonlocal 키워드를 붙여서 inner_function에 선언하면 됩니다.

░ Free variable ░

Free variable은 코드에서 사용됐지만 정의되지 않은 변수를 나타내는 용어입니다. 쉽게 말하면 함수 내부에서 사용됐지만 함수 내에 정의되어 있지 않은 것을 의미합니다. 이미 예제 코드에서 살펴봤습니다.

눈치채신 독자들도 있을 텐데요 바로 nonlocal 키워드로 사용한 변수를 말합니다. free variable 은 nonlocal 변수라고도 불립니다. 원래 프로그래밍 개념적인 용어는 free variable이지만 nonlocal이라는 별칭으로 많이 사용됩니다. 함수가 중첩된 상황에서 지역변수도 아니고 전역변 수도 아니지만 사용할 수 있는 변수입니다.

변수에 대한 내용은 여기까지 마무리하고 본격적으로 파이썬의 속성을 이해하기 위한 개념을 알 아보겠습니다.

First-Class

First-Class는 파이썬에서 사용하는 여러 기술을 이해하기 위한 가장 기본적인 개념입니다. 파이썬이 first-class 속성을 가진 first-class 함수를 지원하기 때문에 함수를 인자로 넘기거나 클로저(closure)를 사용할 수 있습니다. 클로저는 nested function의 일종으로 뒤에서 자세히 다루겠습니다. 이 밖에도 이를 이용한 기술들이 많습니다. 먼저 first-class의 기본인 first-class citizen부터 살펴보겠습니다.

First-Class Citizen

First-Class Citizen이라는 표현은 우리나라의 번역서에서 '일급 객체'라는 표현으로 많이 사용됩니다. 영문 표기상으로는 'First-Class Object', 'First-Class Type', 'First-Class Entity' 등으로도 표기됩니다.

프로그래밍 언어에서 first-class citizen 속성을 가진다는 것은 어떤 개체를 다른 개체의 매개변수로 전달하거나, 함수의 반환값으로 사용하거나, 변수에 값으로 할당할 수 있다는 것을 의미합니다. 여기서 '개체'라는 것은 자료형이 될 수도 있고, 함수가 될 수도 있고, 클래스가 될 수도 있습니다.

조금 쉽게 풀어서 자료형으로 설명을 하겠습니다. 흔히 우리가 사용하는 스칼라(scalar) 형식의 자료형(integer, floating-point)들은 거의 다 first-class citizen입니다. integer형 변수는 값을 할당하고 이를 매개변수로 전달하거나 반환값으로 사용할 수 있습니다. 그래서 integer와 같은 스칼라 형식의 자료형은 first-class citizen입니다.

하지만 array나 string은 프로그래밍 언어에 따라서 first-class citizen일 수도 있고, 아닐 수도 있습니다. 예를 들어 파이썬에서 array나 string은 그 자체로 전달되고 사용됩니다. 즉, 그 자체를 하나의 개체로 바라보는 것이죠. 반면에 C 언어에서는 array가 전달될 때 array 자체가 아니라 array의 첫 번째 원소의 주소값이 전달됩니다. 다시 말하면 C 언어에서는 array를 그 자체로 매개변수나 함수의 반환값으로 사용하지 못하는 것입니다. array를 전달할 수는 있지만 array 자체가 아니라 array의 첫 번째 원소의 주소값을 전달하는 것입니다.

간단하게 요약하면 개체, 즉 자료형이나 함수 등을 그 자체 매개변수로 전달하거나 반환값으로 사용할 수 있으면 그것은 first-class citizen 속성을 가지고 있습니다. 조금 더 나가서 함수가 first-class citizen 속성을 가지면 first-class 함수라고 부릅니다. 파이썬에서 지원하는 속성이 바로 이 first-class 함수입니다. first-class 함수에 대해서 살펴보겠습니다.

⧄ First-Class Function ⧄

함수가 first-class citizen 속성을 가지면 first-class function이라고 합니다. 변수에 함수를 할당할 수 있고, 매개변수로 함수를 전달하거나 반환값으로 함수를 사용할 수 있습니다.

이론적으로는 아주 명쾌하고 간단합니다. 하지만, 이 속성으로 인해서 여러 가지 기술이 탄생했습니다. 자바스크립트(Javascript)나 FL(함수형 언어)에서 많이 사용하는 클로저나, 데코레이터(decorator)와 같은 기능이 대표적입니다. 각각의 내용은 뒤에서 자세히 설명하겠습니다.

파이썬에서 first-class function을 어떤 식으로 사용할 수 있는지 간단한 예제로 알아보겠습니다. 첫 번째 예제는 함수를 변수에 저장하고 변수를 사용해서 함수를 호출하는 예제입니다.

```
1 ###############################
2 # File Name : first_class_function_variable.py
3 ###############################
4 #!/usr/bin/python3
5
6 def square(x):
7     return x*x
8
9 def main():
10     print ("Function call")
11     print (square(10))
12
13     print ("Assign variable")
14     f = square
15     print (f(10))
16
17
18 if __name__ == "__main__":
19     main()
```

간단한 코드입니다. square 함수를 정의하고 이 함수를 변수 f에 저장했습니다. 그리고 변수 f를 마치 함수처럼 매개변수를 사용해서 호출했습니다. 함수를 직접 사용하는 것과 차이가 있는지 확인해보겠습니다.

```
$ python3 first_class_function_variable.py
Function call
100
Assign variable
100
```

실행 결과를 보면 함수를 직접 호출하는 것과 변수에 저장한 뒤 변수를 사용하는 것과 차이가 없습니다. 변수를 실행했지만 실제로는 변수에 담긴 square 함수가 호출됐기 때문에 두 방식 간의 기능 차이가 없는 것입니다. 그렇다면 함수를 매개변수로 넘기는 것은 어떨까요?

```
1 ################################
2 # File Name : first_class_function_paramter.py
3 ################################
4 #!/usr/bin/python3
5
6 def square(x):
7     return x*x
8
9 def bind(func, arg_list):
10     result = []
11     for arg in arg_list:
12         result.append(func(arg))
13     return result
14
15 def main():
16     arg_list = [5, 10]
17     print ("Assign variable & send parameter")
18     squares = bind(square, arg_list)
19     print (squares)
20
21
22 if __name__ == "__main__":
23     main()
```

위의 예제는 bind 함수를 만들고 함수와 함수를 실행할 매개변수의 목록을 받아 실행하는 코드입니다. 같은 함수를 매개변수를 다르게 해서 여러 번 호출할 때 위의 bind 함수와 같이 다른 함수로 감싸서 사용할 수 있습니다.

```
$ python3 first_class_function_parameter.py
Assign variable & send parameter
[25, 100]
```

실행 결과를 보면 따로따로 실행한 것과 동일하게 출력됩니다. 이렇게 함수를 하나의 개체로 보고, 매개변수로 전달하고, 반환값으로 사용할 수 있기 때문에 코드를 작성할 때 더 다양한 방법을 사용할 수 있게 됐습니다.

물론 C 언어도 이와 비슷하게 구현할 수 있습니다. 함수 포인터라는 조금 복잡한 개념을 사용해야 합니다. 프로그래밍 언어를 파이썬으로 처음 배우는 독자라면 '이건 당연하잖아?'라고 생각할 수도 있지만, 다른 언어를 사용하다 파이썬을 배우는 독자라면 이런 방식의 코드를 이렇게 쉽게 구현할 수 있다는 것에 놀랐을 것입니다.

Higher-Order Function

Higher-Order function은 first-class function과 유사한 개념으로 번역된 용어로 고차 함수라고 주로 표현됩니다. 함수가 매개변수로 전달되거나, 함수를 반환값으로 사용할 때 higher-order function이라고 하는데 둘 중 하나만 성립해도 higher-order function입니다. 간단하고 명쾌합니다. 이 간단하고 명쾌한 개념 덕분에 코드를 작성하는 방식이 훨씬 간결해졌습니다. 예제로 좀 더 살펴보겠습니다.

```
 1 ##################################
 2 # File Name : upper_case.py
 3 ##################################
 4 #!/usr/bin/python3
 5
 6 LOWER_LIST = ["python", "python2", "python3"]
 7 UPPER_LIST = []
 8
 9 def convert():
10     for data in LOWER_LIST:
11         UPPER_LIST.append(data.upper())
12
13 def main():
14     print ("=== print result ===")
15     convert()
16     print (LOWER_LIST)
17     print (UPPER_LIST)
18
19
20 if __name__ == "__main__":
21     main()
```

예제는 소문자 리스트를 받아서 대문자로 변환한 뒤 대문자 리스트에 저장하는 코드입니다.
for문을 이용해서 리스트를 반복하며 각각의 항목을 대문자로 변환합니다. 이런 기능을 만들게
되면 흔히 만들게 되는 코드입니다. 이 예제에는 함수가 매개변수나 반환값으로 사용되지 않았
습니다. 그렇다면, 이 예제를 higher-order function 개념을 사용해서 어떻게 바꿀 수 있을까요?
다음 예제 코드를 보겠습니다.

```
 1 ##################################
 2 # File Name : brief_upper_case.py
 3 ##################################
 4 #!/usr/bin/python3
 5
 6 LOWER_LIST = ["python", "python2", "python3"]
 7 UPPER_LIST = []
```

```
 8
 9 def convert(data):
10     return data.upper()
11
12 def main():
13     print ("=== print result ===")
14     UPPER_LIST = map(convert, LOWER_LIST)
15     print (LOWER_LIST)
16     print (list(UPPER_LIST))
17
18
19 if __name__ == "__main__":
20     main()
```

이 예제 코드는 앞의 예제와는 약간 다릅니다. convert 함수에서 인자로 받은 값을 대문자로 변환해서 반환하도록 변경했고, 함수를 map이라는 내장 함수에 인자로 전달했습니다. map은 파이썬에서 제공하는 내장 함수인데 파이썬뿐만 아니라 여러 언어에서도 사용되고 있습니다. 여기서 사용된 map은 첫 번째 매개변수인 함수와 두 번째 매개변수인 리스트를 매핑해서 결과를 반환하는 내장 함수입니다. 앞서 본 두 예제 코드에 대한 실행 결과를 살펴보겠습니다.

```
$ python3 upper_case.py
=== print result ===
['python', 'python2', 'python3']
['PYTHON', 'PYTHON2', 'PYTHON3']

$ python3 brief_upper_case.py
=== print result ===
['python', 'python2', 'python3']
['PYTHON', 'PYTHON2', 'PYTHON3']
```

두 코드의 실행 결과가 동일하게 나왔습니다. 둘 중 어느 방식을 사용해도 같은 결과를 얻을 수 있습니다. 예제로 사용된 코드의 경우 단 한 줄의 차이만 있었지만 다른 복잡한 로직을 설계한다고 가정하면 어떤 방식의 코드가 더 보기 편할까요? 후자가 코드를 보기 좀 더 편할 것입니다.

Higher-Order function의 기능을 이용한다면 map과 같은 함수를 사용해서 코드의 길이를 줄일 뿐만 아니라 가독성이나 효율성을 높일 수 있습니다.

Nested function

Nested function은 앞서 nonlocal 키워드를 설명할 때 잠시 나왔던 개념입니다. 앞에서는 그냥 '함수가 중첩된 것'이라고 설명하고 넘어갔습니다. 이번 절에서 자세히 살펴보겠습니다.

중첩 함수(Nested function)는 함수로 감싸인 함수를 뜻합니다. 쉽게 말해서 함수 안에 정의된 함수를 의미합니다. Nested function은 개념적인 용어로, 함수 안에 정의된 함수는 'Inner function'이라고 표현합니다. 그리고 이 함수를 감싸고 있는 외부 함수를 'Outer function'이라고 표현합니다. 이 책에서는 'Inner function'을 내부 함수, 'Outer function'을 외부 함수로 표현하겠습니다.

중첩 함수는 단순히 하나의 함수 안에 정의된 또 다른 하나의 함수로 표현될 수도 있고, 한 번에 여러 개의 함수를 중첩한 형태로도 표현될 수 있습니다. 이때 각각의 내부 함수들은 scope chain에 의해서 자신을 감싸고 있는 외부 함수의 메모리에 접근이 가능합니다.

외부 함수의 메모리에 접근이 가능하다는 것은 외부 함수가 가지고 있는 변수나 매개변수 등에 접근할 수 있고 사용할 수 있다는 뜻입니다. 조금 더 정확하게 말하면 외부 함수의 메모리를 복사해서 가지고 있습니다. 그리고 scope chain은 변수의 유효 범위가 연결됐다는 것인데, 쉽게 말해서 상위에 선언된 변수에 접근할 수 있다는 것을 말합니다. 전역변수에 접근할 수 있는 것처럼 말이죠. 앞서 설명한 네임스페이스의 LEGB 규칙 중에서 enclosed에 해당하는 내용입니다.

내부 함수를 사용하면 외부 함수의 자원을 이용할 수 있다는 장점이 있습니다. 그래서 같은 매개변수를 사용하고 연관된 기능을 하는 함수들을 하나의 외부 함수에 묶어서 사용하기도 합니다. 이때 한 가지 유의해야 할 것은 내부 함수는 외부에서 접근할 수가 없다는 점입니다.

즉, 외부에서 내부 함수를 직접 호출할 수 없다는 것입니다. 내부 함수가 외부 함수 안에 감싸여 정의되어 있기 때문에 외부에서는 내부 함수의 존재를 알지 못합니다. 그래서 내부 함수가 실행되기 위해서는 외부 함수를 호출하고 함수 내의 작성된 로직에 따라 내부에서 함수가 호출돼야 합니다. 말로만 하면 어려우니 예제 코드로 살펴보겠습니다.

```
 1 ################################
 2 # File Name : calculator_1.py
 3 ################################
 4 #!/usr/bin/python3
 5
 6 def calculator(x, y):
 7
 8     def add():
 9         return x+y
10
11     def sub():
12         return x-y
13
14     return (add(), sub())
15
16
17 if __name__ == "__main__":
18     print ("=== print calculation ===")
19     print (calculator(10, 5))
```

외부 함수로 calculator 함수를 선언하고, 내부 함수로 add와 sub 함수를 만들었습니다. 그리고 외부 함수의 매개변수인 x와 y 값을 각각의 내부 함수에서 연산하게 했습니다. 외부 함수는 내부 함수들의 실행 결과를 튜플로 반환합니다. 실행 결과를 확인해보겠습니다.

```
$ python3 calculator_1.py
=== print calculation ===
(15, 5)
```

의도한 동작대로 정상 수행됐습니다. 이처럼 내부 함수를 사용하면 외부 함수의 매개변수를 사용할 수 있기 때문에 반복되는 동작이나, 같은 매개변수를 사용해야 하는 코드를 예제와 함께 중첩된 함수로 구현합니다. 비슷하지만 조금 다른 예제도 살펴보겠습니다.

```
 1 ################################
 2 # File Name : calculator_2.py
 3 ################################
 4 #!/usr/bin/python3
 5
 6 def calculator(x):
 7
 8     def add(y):
 9         return x+y
10
11     return add
12
13
14 if __name__ == "__main__":
15     print ("=== print calculation ===")
16     f = calculator(10)
17     print (f(5))
18     print (f(10))
```

앞의 예제와 비슷한 calculator 함수입니다. 하지만 내부 함수가 add 하나만 있습니다. 그리고 매개변수를 외부 함수와 내부 함수에서 각각 하나씩 받습니다. 또, 외부 함수의 반환값으로 내부 함수를 사용합니다. 이 함수를 사용하는 부분을 보면 처음에 외부 함수를 변수 f에 할당합니다. 그런데 할당할 때 10을 매개변수로 전달합니다. 그리고 변수 f를 실행할 때 매개변수로 각각 5와 10을 사용합니다. 특이한 코드인데 실행 결과를 살펴보겠습니다.

```
$ python calculator_2.py
=== print calculation ===
15
20
```

17번째 줄과 18번째 줄에서 인자로 넘긴 5와 10이 16번째 줄에서 인자로 넘긴 10과 계산되어 각각 15와 20이 출력됐습니다. 눈치 빠른 분들은 이미 코드를 보고 알았을 겁니다. 16번째 줄에서 변수에 calculator, 즉 외부 함수를 할당할 때 이미 외부 함수의 매개변수인 10이 x로 할당됐습니다. 그리고 f에는 외부 함수의 반환값인 add 함수가 할당됐습니다. 그래서 17번째 줄과 18번째 줄에서 매개변수로 전달한 값은 add 함수, 즉 내부 함수의 매개변수인 y가 되어 계산된 것입니다.

뭔가 좀 복잡해 보이나요? 중첩 합수 중에서 두 번째 예제와 같은 것을 클로저라는 이름으로 부릅니다. 앞서 first-class 속성을 이용해서 자주 사용되는 기술이 있다고 했을 때 언급했습니다. 다음 절에서 클로저에 대해서 알아보겠습니다.

Closure

클로저(Closure)는 중첩 합수의 일종입니다. 개념상으로는 하위 개념이라고 볼 수 있습니다. 클로저를 정의하기 위해서는 중첩된 함수가 필요하기 때문입니다. 원래 사전적인 정의는 first-class function을 지원하는 언어에서 유효 범위의 이름을 바인딩하는 기술입니다. 말이 어렵고 무슨 말인지 쉽게 이해가 어려울 수 있습니다. 다시 이야기하면 함수와 함수가 사용하는 환경(nonlocal 변수들)을 저장하는 것이 클로저입니다.

복잡하다면 기술적으로 정의해보겠습니다. 클로저는 '함수의 반환값으로 내부 함수를 사용하는 함수'라고 정의할 수 있겠습니다. 함수의 반환값으로 내부 함수를 사용하게 되면 first-class function의 속성에 따라 내부 함수를 변수에 저장하고 사용할 수 있습니다.

여기서 이상한 부분이 있습니다. 내부 함수를 반환하는 부분인데, 외부 함수가 호출되어 내부 함수를 반환하고 종료됐습니다. 이때 내부 함수는 다른 변수에 저장되어 사용할 수 있습니다. 그렇다면 내부 함수에서 nonlocal 변수를 갖고 있는 경우는 어떨까요? nonlocal 변수는 외부 함수의 지역변수인데 이미 외부 함수는 종료됐습니다. 이 경우 내부 함수에서 nonlocal 변수를 사용할 때 문제가 될 수 있지 않을까 우려할 수 있습니다.

그러나 다행히 문제가 되지 않습니다. 문제가 안되는 이유는 클로저의 사전적인 정의를 보면 힌트가 나옵니다. '함수와 함수가 사용하는 환경을 저장' 이 부분입니다. 클로저는 내부 함수를 반환하지만 이때 이 함수와 관련된 환경을 따로 저장하고 있습니다. 그래서 외부 함수에서 사용된 자원들이 모두 저장된 상태로 따로 보관되고, 반환된 내부 함수에서 이 자원들을 사용할 수 있는 것입니다. 예제 코드로 살펴보겠습니다.

```python
1 ################################
2 # File Name : multiple_of_ten.py
3 ################################
4 #!/usr/bin/python3
5
6 def multiple_of_ten():
7     square_root = 10
8
9     def square(x):
10        return square_root ** x
11
12    return square
13
14 def main():
15    print ("=== print result ===")
16    f = multiple_of_ten()
17
18    print (f(2))
19    print (f(3))
20
21
22 if __name__ == "__main__":
23    main()
```

먼저 클로저부터 확인하겠습니다. 6번째 줄에 정의된 multiple_of_ten 함수는 내부 함수로 square 함수를 가지고 있고 반환값으로 square 함수를 사용합니다. 내부 함수인 square 함수에서는 multiple_of_ten에 정의된 nonlocal 변수인 square_root에 인자로 받은 값을 곱하고 결과를 반환합니다.

다음으로 메인 로직을 보면 16번째 줄에서 multiple_of_ten 함수를 변수 f에 저장합니다. 이때 multiple_of_ten 함수의 반환값이 square라는 내부 함수이므로 multiple_of_ten의 실행 환경이 복사된 채로 저장됩니다. 이후 f가 사용될 때마다 저장된 multiple_of_ten 함수의 실행 환경을 기반으로 square 함수가 수행됩니다. 그래서 10의 지수로 동일한 결과가 출력됩니다.

```
$ python3 multiple_of_ten.py
=== print result ===
100
1000
```

⫸ Closure Attribute ⫷

클로저에서 기존에 실행된 외부 함수의 환경이 저장되고 내부 함수가 실행될 때 저장된 값을 참조해서 결과가 나오는 것은 예제로 확인했습니다. 그렇다면 외부 함수의 환경은 어디에 저장되는 것일까요?

파이썬에서 개체들을 저마다의 속성(attribute)이 있습니다. 바로 이곳에 외부 함수의 환경이 저장됩니다. 그래서 클로저의 경우 속성에 __closure__라는 값을 갖게 됩니다. 파이썬의 built-in 함수 중에 dir 함수를 사용하면 개체의 속성을 조회할 수 있습니다.

```python
1 ################################
2 # File Name : dir_normal_func.py
3 ################################
4 #!/usr/bin/python3
5
6 def normal_func():
7     pass
8
9
10 if __name__ == "__main__":
11     p = dir(normal_func())
12
13     print ("=== attribute ===")
14     print (p)
```

위의 예제는 일반적인 함수의 속성을 조회하는 코드입니다. 아무 역할도 하지 않는 함수를 선언하고 dir 함수를 사용해서 속성을 조회했습니다. 결과가 어떻게 나왔을까요?

```
$ python3 dir_normal_func.py
=== attribute ===
['__bool__', '__class__', '__delattr__', '__dir__', '__doc__', '__eq__', '__format__',
'__ge__', '__getattribute__', '__gt__', '__hash__', '__init__', '__le__', '__lt__',
'__ne__', '__new__', '__reduce__', '__reduce_ex__', '__repr__', '__setattr__', '__
sizeof__', '__str__', '__subclasshook__']
```

여러 가지 속성이 나왔습니다. 여기에 보이는 값이 이 함수에서 사용할 수 있는 속성들입니다. 그러면 중첩 함수의 경우는 속성이 어떻게 나오는지 확인해보겠습니다.

```
1 ################################
2 # File Name : dir_nested_func.py
3 ################################
4 #!/usr/bin/python3
5
6 def nested_func():
7
8     def inner():
9         pass
10
11     p = dir(inner())
12
13     print ("=== inner attribute ===")
14     print (p)
15
16
17 if __name__ == "__main__":
18     p = dir(nested_func())
19
20     print ("=== attribute ===")
21     print (p)
```

중첩 함수의 내부 함수와 외부 함수의 속성을 출력한 예제입니다. 역시 함수는 아무런 역할을 하지 않습니다. 결과를 확인해보겠습니다.

```
$ python3 dir_netsted_func.py
=== inner attribute ===
['__bool__', '__class__', '__delattr__', '__dir__', '__doc__', '__eq__', '__format__',
'__ge__', '__getattribute__', '__gt__', '__hash__', '__init__', '__le__', '__lt__',
 '__ne__', '__new__', '__reduce__', '__reduce_ex__', '__repr__', '__setattr__', '__
sizeof__', '__str__', '__subclasshook__']
=== attribute ===
['__bool__', '__class__', '__delattr__', '__dir__', '__doc__', '__eq__', '__format__',
'__ge__', '__getattribute__', '__gt__', '__hash__', '__init__', '__le__', '__lt__',
'__ne__', '__new__', '__reduce__', '__reduce_ex__', '__repr__', '__setattr__', '__
sizeof__', '__str__', '__subclasshook__']
```

결과가 동일하게 나왔습니다. 클로저로 함수를 반환한 것이 아니라 그냥 함수로 사용되었기 때
문에 차이가 없는 것입니다. 그렇다면 클로저의 경우는 어떨까요?

```
1  ################################
2  # File Name : dir_closure.py
3  ################################
4  #!/usr/bin/python3
5
6  def closure():
7
8      def inner():
9          pass
10
11     p = dir(inner())
12
13     print ("=== inner attribute ===")
14     print (p)
15     return inner
16
17
18 if __name__ == "__main__":
19     p = dir(closure())
20
21     print ("=== attribute ===")
22     print (p)
```

앞의 예제와 동일하게 외부 함수 안에서 내부 함수의 속성을 확인했습니다. 그리고 클로저를 구현하기 위해 외부 함수의 반환값으로 내부 함수를 사용했습니다. 결과를 확인하겠습니다.

```
$ python3 dir_closure.py
=== inner attribute ===
['__bool__', '__class__', '__delattr__', '__dir__', '__doc__', '__eq__', '__format__',
 '__ge__', '__getattribute__', '__gt__', '__hash__', '__init__', '__le__', '__lt__',
'__ne__', '__new__', '__reduce__', '__reduce_ex__', '__repr__', '__setattr__', '__
sizeof__', '__str__', '__subclasshook__']
=== attribute ===
['__annotations__', '__call__', '__class__', '__closure__', '__code__', '__defaults__',
'__delattr__', '__dict__', '__dir__', '__doc__', '__eq__', '__format__', '__ge__',
'__get__', '__getattribute__', '__globals__', '__gt__', '__hash__', '__init__', '__
kwdefaults__', '__le__', '__lt__', '__module__', '__name__', '__ne__', '__new__', '__
qualname__', '__reduce__', '__reduce_ex__', '__repr__', '__setattr__', '__sizeof__',
'__str__', '__subclasshook__']
```

내부 함수의 속성은 기존의 조회한 다른 함수들의 속성과 동일하게 나왔습니다. 하지만 마지막에 출력된 클로저의 속성은 조금 다르게 나왔습니다.

몇 가지 값이 추가됐는데 __closure__라는 속성이 눈에 띕니다. 이 __closure__가 바로 클로저에서 필요한 환경 변수를 가지고 있는 속성입니다. 이곳에 내부 함수가 사용하는 nonlocal 변수들이 저장됩니다. 정말 그런지 확인해보겠습니다.

```
1 ##################################
2 # File Name : closure_attribute_empty.py
3 ##################################
4 #!/usr/bin/python3
5
6 def closure():
7
8     def inner():
9         pass
10
11     return inner
```

```
12
13
14 if __name__ == "__main__":
15     p = closure()
16
17     print ("=== attribute closure ===")
18     print (p.__closure__)
```

앞에서 확인한 __closure__ 속성을 출력한 예제입니다. 어떤 값이 저장됐는지 결과를 확인해보 겠습니다.

```
$ python3 closure_attribute_empty.py
=== attribute closure ===
None
```

값이 None으로 출력이 됩니다. 왜 그럴까요? 바로 내부 함수에서 nonlocal 변수를 사용하지 않 았기 때문입니다. nonlocal 변수를 사용하는 예제 코드로 다시 확인해보겠습니다.

```
 1 ################################
 2 # File Name : closure_attribute.py
 3 ################################
 4 #!/usr/bin/python3
 5
 6 def closure():
 7     x = 10
 8
 9     def inner():
10         y = 20
11         return x+y
12
13     return inner
14
15 if __name__ == "__main__":
16     p = closure()
17
18
19     print ("=== attribute closure ===")
20     print (p.__closure__)
```

Nonlocal 변수 x를 선언하고 10을 할당했습니다. 그리고 내부 함수에서 사용하도록 코드를 만들었습니다. 실행 결과를 보겠습니다.

```
$ python3 closure_attribute.py
=== attribute closure ===
(<cell at 0x7f6f9237ee88: int object at 0x5581f1b61fa0>,)
```

튜플로 감싸인 cell 타입의 어떤 주소 값이 반환됐습니다. 이 주소 값을 더 확인해보겠습니다.

```
 1 ###############################
 2 # File Name : closure_cell_attribute.py
 3 ###############################
 4 #!/usr/bin/python3
 5
 6 def closure():
 7     x = 10
 8
 9     def inner():
10         y = 20
11         return x+y
12
13     return inner
14
15
16 if __name__ == "__main__":
17     p = closure()
18
19     print ("=== attribute closure ===")
20     print (len(p.__closure__))
21     print (dir(p.__closure__[0]))
```

튜플 안에 cell로 된 변수가 있다고 표시됐으니 최소한 하나의 값이 있을 것이라고 가정하고, 튜플의 개수와 첫 번째 튜플의 있는 값을 출력하게 예제 코드를 만들었습니다. 실행해보겠습니다.

```
$ python3 closure_cell_attribute.py
=== attribute closure ===
1
['__class__', '__delattr__', '__dir__', '__doc__', '__eq__', '__format__', '__ge__',
'__getattribute__', '__gt__', '__hash__', '__init__', '__le__', '__lt__', '__ne__',
'__new__', '__reduce__', '__reduce_ex__', '__repr__', '__setattr__', '__sizeof__', '__
str__', '__subclasshook__', 'cell_contents']
```

튜플의 개수는 1개로 출력됐습니다. 하나 있는 cell 값을 확인해봐야 하는데 속성 중에 cell_contents라는 속성이 있습니다. 이 값을 한번 출력해보겠습니다.

```
1 ################################
2 # File Name : closure_cell_attribute_print.py
3 ################################
4 #!/usr/bin/python3
5
6 def closure():
7     x = 10
8
9     def inner():
10         y = 20
11         return x+y
12
13     return inner
14
15
16 if __name__ == "__main__":
17     p = closure()
18
19     print ("=== attribute closure ===")
20     print (p.__closure__[0].cell_contents)
```

예제 코드는 앞의 코드에서 출력하는 부분만 변경했습니다.

```
$ python3 closure_cell_attribute_print.py
=== attribute closure ===
10
```

10이라는 값이 출력됐습니다. Nonlocal 변수로 선언된 x의 값이 10인데 이 값으로 추정됩니다. 확실하게 확인하기 위해 nonlocal 변수를 2개로 변경해서 테스트해보겠습니다. 이번엔 추정한 대로 코드를 작성해보겠습니다.

```
1  ##################################
2  # File Name : closure_cell_attributes.py
3  ##################################
4  #!/usr/bin/python3
5
6  def closure():
7      x = 10
8      y = 20
9
10     def inner():
11         z = 20
12         return x+y+z
13
14     return inner
15
16
17 if __name__ == "__main__":
18     p = closure()
19
20     print ("=== attribute closure ===")
21     print (len(p.__closure__))
22     print (p.__closure__[0].cell_contents)
23     print (p.__closure__[1].cell_contents)
```

nonlocal 변수로 x와 y를 선언하고 내부 함수에서 두 값을 사용하게 코드를 작성했습니다. 그리고 __closure__ 속성에서 cell의 개수와 2개의 cell에 대한 contents를 출력하게 했습니다.

```
$ python3 closure_cell_attributes.py
=== attribute closure ===
2
10
20
```

결과를 보면 __closure__에 저장된 값이 2개이고, 각 cell의 값이 nonlocal 변수로 선언한 x와 y의 값과 동일하게 출력됐습니다. 추측 한대로 nonlocal 변수의 값이 cell에 순차적으로 저장되는 것입니다.

░░ Closure의 사용 ░░

지금까지 클로저가 외부 함수의 자원을 사용하기 위해 내부적으로 저장하고 있는 방식을 확인했습니다. 클로저에 대해서 확인을 했으니 이제 언제 사용하는지 알아보겠습니다. 크게 3가지 경우로 나눌 수 있습니다.

첫 번째는 'global 변수를 사용하지 않고 싶을 때'입니다. 클로저를 사용하면 global 변수를 사용하지 않아도 됩니다. 그 역할을 nonlocal 변수가 대신하기 때문입니다. 그리고 nonlocal 변수를 사용하면 데이터를 숨길 수 있습니다. 일부 정보에 대한 은닉이 가능한 것이죠.

두 번째는 '클래스를 사용하지 않기 위해서'입니다. 객체지향에서 모든 로직에 대해 클래스화하여 멤버 변수와 멤버 함수를 만들어서 사용하는 것은 비효율적일 수 있습니다. 다루는 변수나 함수가 많지 않은 경우 클래스로 만드는 것보다 함수로 만드는 것이 그리고 클로저로 구현하는 것이 효율적일 수 있습니다. 파이썬은 엄밀하게 말해서 객체지향 언어가 아니기 때문에 꼭 모든 것을 클래스로 통일할 필요가 없습니다.

마지막으로는 '데코레이터(decorator)를 사용하기 위해서'입니다. 파이썬에는 데코레이터라는 개념이 있습니다. 디자인 패턴(Design pattern)을 공부한 독자라면 decorator pattern을 떠올릴 수도 있지만 그건 아닙니다. 디자인 패턴의 decorator pattern과 다른 파이썬만의 데코레이터 기능이 있습니다. 자세한 내용은 뒤에서 설명하겠습니다. 여기에서는 '어떤 함수를 실행하기 전이나 실행하고 난 뒤에 특정 기능을 수행하기 위한 기능'이라고만 설명하겠습니다.

⟍⟍ 주의 사항 ⟍⟍

클로저를 전반적으로 훑어봤습니다. 마지막으로 주의해야 할 점을 한 가지만 더 언급하고 마무리하겠습니다. 클로저에서 외부 함수의 변수들 즉, nonlocal 변수들은 외부 함수가 실행되는 시점에 생성되고 복사되어 내부 함수의 __closure__ 속성에 저장됩니다. 그래서 nonlocal 변수로 시간과 관련된 값을 사용하게 되면 의도하지 않은 결과가 나올 수 있습니다. 예제를 통해서 살펴보겠습니다.

```python
1 ##############################
2 # File Name : closure_misuse.py
3 ##############################
4 #!/usr/bin/python3
5
6 import datetime
7 import time
8
9 def logger():
10     now = datetime.datetime.now()
11
12     def print_log(msg):
13         return ("[%s] %s" % (now, msg))
14
15     return print_log
16
17 def main():
18     log = logger()
19     print (log("Start."))
20
21     time.sleep(10)
22
23     print (log("After 10 sec."))
24
25
26 if __name__ == "__main__":
27     main()
```

예제는 logger 함수 안에서 지역변수 now에 현재 시간을 저장하고 내부 함수인 print_log에서

now 값을 사용합니다. 그리고 18번째 줄에서 클로저 즉, print_log 함수를 log라는 변수에 저장합니다. 18번째 줄의 코드가 logger였다면 logger 함수가 저장됩니다. 예제에서는 logger()이기 때문에 print_log 함수가 저장된 것이죠.

다시 코드로 돌아와서 print_log 함수가 저장된 log 변수를 19번째 줄에서 호출합니다. 그리고 10초 후에 다시 log 변수를 사용합니다. 출력되는 시간이 달라지기를 기대하고 작성한 코드인데 실제 실행 결과를 확인해보겠습니다.

```
$ python3 closure_misuse.py
[2017-12-17 15:02:32.618121] Start.
[2017-12-17 15:02:32.618121] After 10 sec.
```

첫 번째 로그가 출력되고 10초 후에 다시 로그가 출력됩니다. 하지만 출력되는 시간 값이 동일하게 나왔습니다. 왜 그럴까요? 외부 함수가 저장되는 시점에서 datetime.now()가 실행되고 실행된 값이 __closure__ 속성에 저장되기 때문입니다. 그래서 클로저를 구현할 때는 nonlocal 변수로 시간이나 흐름에 따라 변하는 값을 사용하지 않습니다.

Partial Application

복수의 매개변수를 갖는 함수에서 일부 매개변수의 값이 고정적일 때 매번 고정된 매개변수를 작성해서 함수를 호출하는 것은 비효율적일 수 있습니다. 코드가 복잡해지고 가독성이 떨어지기 때문이죠. Partial application은 이를 극복하기 위한 개념입니다. 매개변수의 일부를 미리 전달해서 래핑(wrapping) 함수를 만들고, 이 래핑된 함수를 사용해 가변적인 매개변수만 매개변수로 사용하는 기법입니다.

쉽게 말해 일부 매개변수들을 래핑해서 지역변수로 만든 함수를 사용하는 것입니다. partial application을 구현하는 방법이 몇 가지 있지만 기본적으로 higher-order function 속성을 이용합니다. 이 개념을 구현해 쉽게 partial application을 구현하는 것입니다. 대표적인 2가지 방식에 대해서 살펴보겠습니다. 하지만 그 전에 파이썬에서 가변 매개변수를 처리하는 방식에 대해서 먼저 살펴보겠습니다. 파이썬에서 가변 매개변수의 처리 방식을 알고 있으면 partial application을 이해하는 데 도움이 됩니다.

⟦⟦ *args와 **kwargs ⟧⟧

파이썬에서는 가변 매개변수를 지원합니다. 웹이나 관련 서적을 보면 *args와 **kwargs 형태로 많이 사용되고 있는 매개변수입니다. 사실 args나 kwargs와 같은 명칭은 중요하지 않습니다. 가변 인자를 인식하기 위한 핵심은 바로 * 키워드입니다. 이름은 크게 중요하지 않습니다. 예를 들어 *var이나 **vars 같이 표현하거나 극단적으로 *a, **b와 같이 표현해도 됩니다.

흔히 많이 사용하는 이름은 args와 kwargs입니다. 이 이름들은 약어인데 args는 arguments, kwargs는 keyword arguments를 뜻합니다. 그래서 일반적으로 args와 kwars를 많이 사용하는데 파이썬에서도 이를 그대로 사용한 코드가 많습니다. 이 책에서도 관례를 따라 *args와 **kwargs 로 표기하겠습니다.

본론으로 돌아와서 그러면 *args와 **kwrags는 어떤 점이 다를까요? 간단하게 말하면 *args는 non-keyworded 가변 인자를 다루고, **kwargs는 keyworded 가변 인자를 다룹니다. 말로 하는 것보다 예제 코드로 이해하는 것이 더 좋을 것 같습니다. 예제 코드를 확인해보겠습니다.

```
1 ################################
2 # File Name : args_kwargs.py
3 ################################
4 #!/usr/bin/python3
5
6 def args_test(*args):
```

```
 7    print ("=== args list ===")
 8    for arg in args:
 9        print ("Argument : %s" % arg)
10
11 def kwargs_test(**kwargs):
12    print ("=== kwargs list ===")
13    for keyword, arg in kwargs.items():
14        print ("Argument keyword : %s, arg : %s" % (keyword, arg))
15
16 def main():
17    args = ["red", "blue", "first", "second"]
18    kwargs = {"red":"color", "blue":"color", "first":"number", "second":"number"}
19
20    args_test(*args)
21    kwargs_test(**kwargs)
22
23
24 if __name__ == "__main__":
25    main()
```

위의 코드는 args와 kwargs를 사용한 예제입니다. 17번째 줄을 보면 args로 리스트를 선언했습니다. args는 keyword가 없는 가변 인자이니 리스트로 나타낼 수 있습니다. 반면에 kwargs는 keyword가 있는 가변 인자이니 사전으로 나타낼 수 있습니다. 그래서 18번째 줄에서 사전으로 선언했습니다.

keyword라는 말로 args와 kwargs를 구분하고 있는데 keyword는 쉽게 key라고 생각하면 됩니다. 그래서 매개변수로 *args를 사용하면 가변 인자로 key 값이 없는 리스트가 옵니다. **kwargs를 사용하면 가변 인자로 key 값이 있는 사전이 온다고 생각하면 됩니다. 간단하죠. 실행 결과를 확인해보겠습니다.

```
$ python3 args_kwargs.py
=== args list ===
Argument : red
Argument : blue
Argument : first
Argument : second
```

```
=== kwargs list ===
Argument keyword : blue, arg : color
Argument keyword : first, arg : number
Argument keyword : red, arg : color
Argument keyword : second, arg : number
```

이상 있는 값 없이 정상적으로 출력됐습니다. 만약에 *args를 사용했는데 사전을 인자로 전달하거나, 혹은 **kwargs를 사용했는데 리스트를 인자로 전달하면 오류가 발생합니다. 2가지 방식으로 함수의 인자를 받아야 하는 경우에는 *args와 **kwargs를 함께 사용하면 됩니다. 일종의 규칙이라고 생각하면 됩니다. 예제로 간단히 살펴보겠습니다.

```
 1 ################################
 2 # File Name : arguments.py
 3 ################################
 4 #!/usr/bin/python3
 5
 6 def test(name, *args, **kwargs):
 7     print ("=== fixed argument ===")
 8     print ("Fixed argument : %s" % name)
 9
10     print ("=== args list ===")
11     for arg in args:
12         print ("Argument : %s" % arg)
13
14     print ("=== kwargs list ===")
15     for keyword, arg in kwargs.items():
16         print ("Argument keyword : %s, arg : %s" % (keyword, arg))
17
18 def main():
19     args = ["red", "blue", "first", "second"]
20     kwargs = {"red":"color", "blue":"color", "first":"number", "second":"number"}
21
22
23     test("python", *args, **kwargs)
24     test("python", "red", "blue", "green", red="color", blue="color")
25
26
27 if __name__ == "__main__":
```

코드를 살펴보겠습니다. 6번째 줄에서 정의한 test 함수에서 매개변수로 고정 인자와 가변 인자를 받게 했습니다. 그리고 함수의 내부에서 args와 kwargs의 내용을 출력했습니다. 실행 결과도 확인해보겠습니다.

```
$ python3 arguments.py
=== fixed argument ===
Fixed argument : python
=== args list ===
Argument : red
Argument : blue
Argument : first
Argument : second
=== kwargs list ===
Argument keyword : first, arg : number
Argument keyword : red, arg : color
Argument keyword : blue, arg : color
Argument keyword : second, arg : number
=== fixed argument ===
Fixed argument : python
=== args list ===
Argument : red
Argument : blue
Argument : green
=== kwargs list ===
Argument keyword : red, arg : color
Argument keyword : blue, arg : color
```

입력한 인자들이 잘 출력됐습니다. 여기서 주의할 점은 바로 인자와 가변 인자의 순서입니다. test 함수에서 매개변수를 고정 인자, non-keyworded 가변 인자, keyworded 가변 인자 순서로 받았습니다. 이 순서로 선언하지 않으면 오류가 발생합니다. 내부적으로 가변 인자를 처리할 때 어디가 끝인지 알 수 없기 때문에 고정 인자를 먼저 적습니다. 그 다음에 가변 인자를 적게 되어 있습니다. 그리고 가변 인자끼리도 non-keyworded 가변 인자가 먼저 인식하게 되어 있습니다. 이 순서를 지켜 실행할 때 오류가 발생하지 않습니다.

Closure를 이용한 Partial Application

이제 다시 본론으로 돌아와 partial application에 대해서 살펴보겠습니다. partial application을 구현하는 방법은 여러 가지가 있습니다. 그중에서 파이썬의 클로저를 이용해서 구현한 것을 먼저 살펴보겠습니다.

```python
1  ################################
2  # File Name : partial_application_with_closure.py
3  ################################
4  #!/usr/bin/python3
5
6  def partial(func, *partial_args):
7
8      def wrapper(*extra_args):
9          args = list(partial_args)
10         args.extend(extra_args)
11
12         return func(*args)
13     return wrapper
14
15 def logging(year, month, day, title, content):
16     print ("%s-%s-%s %s:%s" % (year, month, day, title, content))
17
18 def main():
19     print ("=== use logging function ===")
20     logging("2017", "12", "28", "python2", "End of support in 2020")
21     logging("2017", "12", "28", "python3", "Updating")
22
23
24     print ("=== use partial function ===")
25     f = partial(logging, "2017", "12", "28")
26     f("python2", "End of support in 2020")
27     f("python3", "Updating")
28
29
30 if __name__ == "__main__":
31     main()
```

예제 코드의 15번째 줄을 보면 logging 함수를 선언하고 매개변수로 5개의 인자를 받았습니다. 그리고 20번째와 21번째 줄에서 이 logging 함수를 사용합니다. 5개의 매개변수를 모두 입력해서 logging 함수를 호출했습니다. 일반적으로 함수를 호출하는 방식입니다.

이제 다른 방식을 알아보겠습니다. 6번째 줄에 partial이라는 함수가 선언되어 있습니다. 이 함수는 내부 함수 래퍼(wrapper)를 가지고 있고 반환값으로 내부 함수를 사용합니다. 그러니까 이 함수는 클로저입니다.

내부를 한번 살펴보겠습니다. 처음 클로저를 선언할 때 가변 인자 partial_args를 받습니다. 그리고 내부 함수를 사용할 때, 즉 클로저를 사용할 때 가변 인자 extra_args를 또 받습니다. 총 두 번의 가변 인자를 받는 것입니다.

이 클로저를 사용할 때를 살펴보겠습니다. 9번째 줄에서 지역변수 args에 클로저를 선언할 때 받은 인자 partial_args를 저장합니다. 그리고 10번째 줄에서 지역변수 args에 클로저를 사용할 때 전달받은 인자인 extra_args를 추가합니다. 이렇게 되면 처음 클로저를 선언할 때 받은 가변 인자와 클로저를 사용할 때 받은 가변 인자가 하나의 리스트로 만들어집니다. 이렇게 만들어진 가변 인자 리스트를 12번째 줄에서 매개변수로 사용해 원래의 함수를 호출합니다.

간단합니다. 어렵지 않은 코드라 쉽게 이해했을 것으로 생각합니다. 이제 실행 결과를 확인해보겠습니다.

```
$ python3 partial_application_with_closure.py
=== use logging function ===
2017-12-28 python2:End of support in 2020
2017-12-28 python3:Updating
=== use partial function ===
2017-12-28 python2:End of support in 2020
2017-12-28 python3:Updating
```

두 방식으로 출력한 문구가 모두 정상 출력됐습니다. 코드를 사용하는 관점에서 바라보면 두 방식이 어떻게 느껴지나요? 매번 매개변수를 다 넣는 것보다 고정된 값은 두고 필요한 부분만 넣는 것이 훨씬 편합니다. partial application은 보는 것처럼 어려운 개념이 아닙니다. 하지만 손쉽게 코드를 작성하는 비용을 줄이고 가독성을 높이는 기법입니다.

░░ 파이썬 내장 모듈을 이용한 Partial Application ░░

앞서 partial application을 구현하려면 higher-order function을 지원해야 한다고 말씀드렸습니다. 파이썬에서는 higher-order function을 지원한다는 것은 이미 확인했습니다. 추가적으로 파이썬에서는 higher-order function을 이용한 기능을 모아 별도의 모듈을 만들었습니다. 바로 functools 모듈입니다. 이 모듈에서 higher-order function과 관련된 기술을 모듈화해서 제공하고 있는데, 그중에서 partial application도 있습니다. 앞에서 언급한 클로저를 사용한 partial application 예제를 functools에서 제공하는 모듈을 사용해서 변경해보겠습니다.

```
 1 ###############################
 2 # File Name : partial_application_with_functools.py
 3 ###############################
 4 #!/usr/bin/python3
 5
 6 from functools import partial
 7
 8 def logging(year, month, day, title, content):
 9     print ("%s-%s-%s %s:%s" % (year, month, day, title, content))
10
11 def main():
12     print ("=== use partial function ===")
13     f = partial(logging, "2017", "12", "28")
14     f("python2", "End of support in 2020")
15     f("python3", "Updating")
16
17
18 if __name__ == "__main__":
19     main()
```

실행하는 부분은 달라지지 않았지만 클로저로 구현했던 partial 함수가 functools 모듈의 partial 함수로 변경됐습니다. 따로 partial 로직을 구현하지 않아도 functools 모듈에서 제공하기 때문에 더 쉽게 기능을 구현할 수 있습니다. 훨씬 간단해졌습니다. 실행 결과도 같은지 확인해보겠습니다.

```
$ python3 partial_application_with_functools.py
=== use partial function ===
2017-12-28 python2:End of support in 2020
2017-12-28 python3:Updating
```

당연한 이야기지만 실행 결과도 동일하게 출력됐습니다.

정리

이번 장에서는 파이썬에서 사용하는 여러 가지 기술의 기본이 되는 개념에 대해 살펴봤습니다. 가장 기본적인 내용이지만 놓치기 쉬워서 정리했습니다. 그리고 Pythonic이라는 파이썬의 철학에 대해서도 살펴봤습니다. 가장 간단하지만 파이썬을 다루는 데 기반이 되는 내용이며, 이론적으로는 몰랐더라도 비슷한 방식의 코드는 사용해봤을 것입니다.

지금 살펴본 내용은 파이썬뿐만 아니라 다른 프로그래밍 언어에서도 통용되는 개념입니다. 이번 기회에 확실히 습득하면 좋습니다. 기술을 사용하는 것도 중요하지만 왜 그렇게 사용하는지 아는 것도 중요합니다. 개념적인 부분을 확인했으니 3장에서는 이러한 개념을 활용한 파이썬의 기본 문법에 대해서 알아보겠습니다.

참고 자료

1. What's new Python3 : https://docs.python.org/3.1/whatsnew/3.0.html#builtins
2. PEP 8 : https://www.python.org/dev/peps/pep-0008/
3. Resolution of Name : https://docs.python.org/3.5/reference/executionmodel.html#resolution-of-names
4. Higher-Order Function : https://en.wikipedia.org/wiki/Higher-order_function
5. Variable Shadowing : https://en.wikipedia.org/wiki/Variable_shadowing
6. Closure : https://en.wikipedia.org/wiki/Closure_(computer_programming)
7. args and kwargs : https://pythontips.com/2013/08/04/args-and-kwargs-in-python-explained/
8. Partial application : https://en.wikipedia.org/wiki/Partial_application
9. Functools : https://docs.python.org/2/library/functools.html
10. Fluent Python - O'Reilly (Luciano Ramalho)
11. Effective Python - Addison-Wesley (Brett Slatkin)

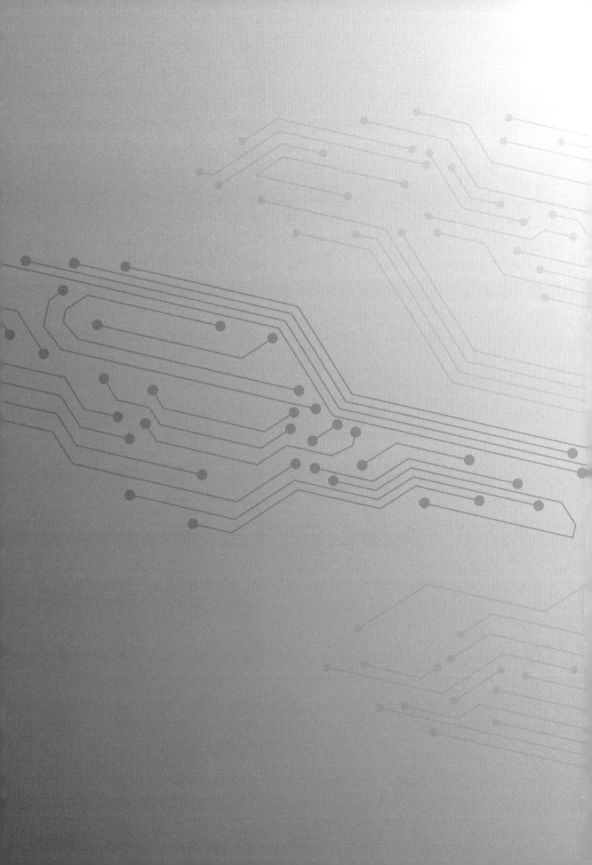

2장

기본 문법

흐름 제어
Decorator
Iterator
Generator
Comprehension & Expression
Equality vs Identity

기본 문법

흐름 제어

프로그래밍 언어에서는 로직의 흐름을 제어하기 위해 여러 가지 문법을 제공합니다. 대표적으로 조건문, 예외 처리문, 반복문이 있습니다. 이 장에서는 3가지 기본적인 흐름 제어 구문에 대해서 다룹니다. 하지만 기초적인 문법을 설명하는 것은 아닙니다. Pythonic의 개념에 따라 파이썬다운 조건문과 예외 처리문, 반복문을 작성하는 방법을 설명합니다.

조건문

조건문은 모든 프로그래밍 언어에서 가장 기본이 되는 문법입니다. 파이썬에서 조건문을 작성하는 방법은 다른 프로그래밍 언어와 크게 다르지 않습니다. 이미 다 아시겠지만 if 문과 else 문 그리고 else if 문을 사용하고 방식도 다른 언어와 크게 다르지 않습니다. 그리고 여타 프로그래밍 언어와 같이 삼항 연산자도 지원합니다. 간단히 조건문과 삼항 연산자에 대한 예제를 살펴보겠습니다.

```
1 ################################
2 # File Name : ternary_operator.py
3 ################################
4 #!/usr/bin/python3
5
6 def check_boolean(value):
7     if type(value) == bool:
```

```
 8        return True
 9    else:
10        return False
11
12 def check_boolean_ternary_operator(value):
13    return True if type(value) == bool else False
14
15 def main():
16    print ("=== basic if/else ===")
17    print ("Input boolean : %s" % check_boolean(True))
18    print ("Input string : %s" % check_boolean("string"))
19
20    print ("=== ternary operator ===")
21    print ("Input boolean : %s" % check_boolean_ternary_operator(True))
22    print ("Input boolean : %s" % check_boolean_ternary_operator("string"))
23
24
25 if __name__ == "__main__":
26    main()
```

예제는 간단한 조건문으로 만들어진 코드입니다. 인자로 받은 매개변수가 boolean 타입인지 검사해주는 함수를 만들어 결과를 반환합니다. 6번째 줄에 작성된 함수는 if/else 문을 사용해서 만들었고, 12번째 줄에 작성된 함수는 삼항 연산자를 사용해서 만들었습니다.

두 함수는 동일한 역할을 하지만 구현된 코드의 줄 수는 꽤 차이가 납니다. 단순히 코드의 줄 수가 줄어든다고 해서 좋은 코드라고 할 수는 없습니다. 이 부분은 개발자의 취향이 들어가는 부분이기도 합니다. 하지만 간단한 조건문이라고 한다면 삼항 연산자를 사용하는 것도 좋은 방법입니다. 간단한 예제 코드이니 결과 화면만 확인하겠습니다.

```
$ python3 ternary_operator.py
=== basic if/else ===
Input boolean : True
Input string : False
=== ternary operator ===
Input boolean : True
Input boolean : False
```

⧙ 예외 처리문 ⧙

예외 처리문은 말 그대로 예외 처리를 위한 문법입니다. 특정 로직을 실행하다 예외가 발생했을 때 처리하는 프로세스를 작성해두는 문법이죠. 일반적으로 try와 except(catch) 구문을 사용해서 예외 처리할 대상과 예외 발생 시 처리하는 코드를 작성합니다. 또 finally 구문을 사용해서 try와 except(catch)에서 처리하고 난 뒤 반드시 처리해야 할 코드를 작성합니다. 여기까지가 파이썬과 다른 프로그래밍 언어에서 공통적으로 지원하는 예외 처리문에 대한 내용입니다.

파이썬에서는 else라는 구문을 추가로 사용할 수 있습니다. 이 else 구문에는 try에서 작성된 코드가 문제없이 실행되면 그 뒤에 실행될 코드를 작성합니다. 기능적으로 try에 작성하는 코드와 else에 작성하는 코드의 차이는 없습니다. 하지만 기술적으로 본다면 효율성 측면에서 차이가 있습니다. try에 작성하는 코드는 예외를 감시하는 내부 프로세스를 거치기 때문에 else 문에 작성된 코드보다 실행 속도가 떨어집니다. 그래서 예외 감시를 하지 않아도 되는 코드는 else에 작성하도록 한 것입니다. 예제 코드로 확인해보겠습니다.

```
 1 ###############################
 2 # File Name : exception.py
 3 ###############################
 4 #!/usr/bin/python3
 5
 6 EXIST_FILE="sample_file"
 7 NON_EXIST_FILE="non_exist_sample_file"
 8
 9 def read_file(file_name):
10     try:
11         f = open(file_name, "r")
12     except:
13         print ("File open error")
14     else:
15         print (f.read())
16         f.close()
17     finally:
18         print ("End file read\n\n")
19
```

```
20
21 if __name__ == "__main__":
22     print ("=== Exist file open ===")
23     read_file(EXIST_FILE)
24
25     print ("=== Non-Exists file open ===")
26     read_file(NON_EXIST_FILE)
```

위의 코드는 파일의 경로를 인자로 받아 파일의 내용을 출력해주는 함수를 작성한 예제입니다. 9 번째 줄에 작성된 read_file에서 인자로 받은 파일을 열고 파일의 내용을 출력합니다. 함수의 내용을 살펴보겠습니다. 10번째 줄의 try 구문에서 open 함수를 이용해 파일을 열고 변수 f에 저장합니다. 이때 파일 열기가 실패하면 12번째 줄의 except 구문에서 오류에 대한 메시지를 출력합니다. 14번째 줄 else에서는 try 구문에서 선언한 변수 f를 사용하여 파일의 내용을 출력합니다. 마지막으로 17번째 줄의 finally 구문에서 파일 읽기가 종료됐다는 메시지를 출력합니다.

파이썬의 else 구문에서는 try 구문에서 선언한 변수를 그대로 사용할 수 있습니다. 그래서 try 구문의 코드는 최소화하여 정말 예외가 필요한 코드만 작성하고 나머지는 변수로 저장하여 else 구문에서 처리하는 것이 파이썬에서 효율적인 코딩 방법입니다.

구조에 대해서는 설명했으니 앞서 이야기한 대로 정말 성능이 더 나은지 확인해보겠습니다. try 구문에 작성한 코드와 else 구문에서 작성된 코드의 성능을 측정하는 예제 코드를 준비했습니다.

```
1 ###################################
2 # File Name : exception_performance.py
3 ###################################
4 #!/usr/bin/python3
5
6 import os
7 import time
8
9 TRY_TEST_FILE="performance_try_file"
10 TRY_ELSE_TEST_FILE="performance_try_else_file"
11
12 def write_file_only_try():
```

```
13    try:
14        f = open(TRY_TEST_FILE, "w")
15
16        for i in range(10000000):
17            f.write(str(i))
18
19        f.close()
20    except:
21        print ("File open error")
22    finally:
23        os.remove(TRY_TEST_FILE)
24
25 def write_file_try_else():
26    try:
27        f = open(TRY_ELSE_TEST_FILE, "w")
28    except:
29        print ("File open error")
30    else:
31        for i in range(10000000):
32            f.write(str(i))
33
34        f.close()
35    finally:
36        os.remove(TRY_ELSE_TEST_FILE)
37
38 def check_runtime(func):
39    accumulate_time = 0
40    for i in range(10):
41        start = time.time()
42        func()
43        accumulate_time += (time.time() - start)
44    print ("Run time summary : %s" % str(accumulate_time / 10))
45
46
47 if __name__ == "__main__":
48    print ("=== Try Performance Test ===")
49    check_runtime(write_file_only_try)
50
51    print ("=== Try/Else Performance Test ===")
52    check_runtime(write_file_try_else)
```

위의 코드는 단순히 for 문을 돌면서 반복 횟수를 파일에 쓰는 예제입니다. try 구문으로만 작업하는 함수와 try/else 구문으로 나눠서 작업하는 함수를 만들었습니다. 그리고 실행 시간을 측정하는 함수를 만들어 두 함수를 10번씩 수행해서 평균 실행 시간을 출력했습니다.

결과를 확인해보겠습니다. 반복문을 꽤 많이 돌기 때문에 프로그램 실행 시간이 조금 깁니다. 그리고 정확성을 위해서 2번 실행했습니다.

```
$ python3 exception_performance.py
=== Try Performance Test ===
Run time summary : 16.12705554962158
=== Try/Else Performance Test ===
Run time summary : 15.965174245834351

$ python3 exception_performance.py
=== Try Performance Test ===
Run time summary : 15.615985703468322
=== Try/Else Performance Test ===
Run time summary : 15.48732032775879
```

실행 결과 try 구문만 사용했을 때보다 try/else 구문을 사용했을 때의 실행 결과가 약 0.2초 정도 빠릅니다. 단순한 반복 예제이긴 하지만 프로그래밍에서 0.2초 정도의 차이는 어마어마한 결과입니다. try 문과 else 문을 사용해야 할 이유가 납득이 되었을 겁니다. 이처럼 프로그래밍 언어에서 제공하는 기능을 잘 활용하면 가독성뿐만 아니라 성능도 향상시킬 수 있습니다.

▨ 반복문 ▨

반복문은 조건문과 마찬가지로 프로그래밍에서 없어서는 안 될 기본적인 요소입니다. 대부분의 프로그래밍 언어와 마찬가지로 파이썬에서도 while 문과 for 문을 반복문으로 제공합니다. 사용하는 방법도 크게 다르지 않습니다. 기본적인 사용 방법은 다르지 않지만 파이썬만 제공하는 특별한 기능이 있습니다. 바로 range, xrange, enumerate입니다.

range와 xrange는 같은 기능을 하는 구문입니다. 인자로 받은 숫자만큼 반복을 하는 구문이죠. range는 Python 2와 Python 3에서 모두 지원하지만, xrange는 Python 2에서만 지원합니다. 먼저 Python 2의 range와 xrange에 대한 차이점을 살펴보겠습니다.

두 구문 간에 기능적인 차이는 없다고 이야기했습니다. 그렇다면 어떤 점이 다를까요? 예외 처리 구문에서 살펴봤듯이 파이썬에서 제공하는 구문을 잘 활용하면 효율적인 프로그래밍이 가능합니다. range의 경우에는 메모리 사용률을 절약할 수가 있습니다.

range의 경우 range에서 정의한 크기만큼의 리스트 타입이 반환됩니다. 하지만 xrange는 동일한 크기의 xrange 타입이 반환됩니다. 각각 반환되는 타입을 살펴보면 리스트는 이터레이터(iterator)이고, xrange는 제너레이터(generator)입니다(이터레이터와 제너레이터의 차이는 뒤에 자세히 설명하겠습니다). 지금은 간단하게 range는 정의한 크기만큼 메모리 크기가 증가하고, xrange는 정의한 크기와 상관없이 일정 수치가 고정된다고 생각하면 됩니다. 예제 코드를 확인해보겠습니다.

```
1  ################################
2  # File Name : range_xrange.py2
3  ################################
4  #!/usr/bin/python2
5
6  import sys
7
8  def get_type_and_size(value):
9      print ("type : %s" % type(value))
10     print ("size : %d" % sys.getsizeof(value))
11
12 def main():
13     print ("=== Range size : 10 ===")
14     get_type_and_size(range(10))
15
16     print ("=== Range size : 100 ===")
17     get_type_and_size(range(100))
18
19     print ("=== xrange size : 10 ===")
20     get_type_and_size(xrange(10))
21
```

```
22      print ("=== xrange size : 10 ===")
23      get_type_and_size(xrange(100))
24
25
26 if __name__ == "__main__":
27      main()
```

위의 코드는 10개와 100개의 숫자를 range와 xrange로 만들고 각각의 타입과 크기를 비교하는 예제입니다. 변수의 크기는 sys 모듈에 내장된 getsizeof 함수를 사용해서 구했습니다. 간단한 코드라서 바로 실행 결과를 확인해보겠습니다.

```
$ python2 range_xrange.py2
=== Range size : 10 ===
type : <type 'list'>
size : 152
=== Range size : 100 ===
type : <type 'list'>
size : 872
=== xrange size : 10 ===
type : <type 'xrange'>
size : 40
=== xrange size : 10 ===
type : <type 'xrange'>
size : 40
```

실행 결과를 보면 range를 사용했을 때는 변수의 타입이 리스트로 나오고 크기는 만드는 숫자의 크기에 따라 달라집니다. 10개의 숫자를 만들 때는 152이고, 100개의 숫자를 만들 때는 872입니다. 반면에 xrange를 사용했을 때는 변수의 타입이 xrange로 표시되고, 크기는 만드는 숫자의 개수와 상관없이 40으로 일정합니다. 즉, range를 사용해서 숫자를 만들거나 반복문을 만들면 그 만큼의 메모리 크기를 더 차지하게 됩니다.

이런 차이가 생기게 된 이유는 바로 xrange가 제너레이터이기 때문입니다. 제너레이터는 뒤에서 다시 다루기로 하고 Python 3에서는 왜 xrange가 사라졌는지 살펴보겠습니다.

Python 3에서는 xrange가 왜 사라졌을까요? 짐작한 독자도 있겠지만 사실 Python 3에서는 xrange가 사라진 게 아닙니다. Python 2의 range의 동작 방식이 사라지고 xrange의 동작 방식이 남았습니다. 다시 말하면 range가 리스트로 반환되는 것이 아니라 제너레이터로 반환되도록 변경된 것입니다. 더 효율적으로 바뀐 것이죠. 정말 그런지 Python 3에서 range의 타입을 살펴보겠습니다.

```
 1 ###################################
 2 # File Name : range.py
 3 ###################################
 4 #!/usr/bin/python3
 5
 6 import sys
 7
 8 def get_type_and_size(value):
 9     print ("type : %s" % type(value))
10     print ("size : %d" % sys.getsizeof(value))
11
12 def main():
13     print ("=== Range size : 10 ===")
14     get_type_and_size(range(10))
15
16     print ("=== Range size : 100 ===")
17     get_type_and_size(range(100))
18
19     print ("=== Xrange size : 10 ===")
20     get_type_and_size(xrange(10))
21
22
23 if __name__ == "__main__":
24     main()
```

앞서 봤던 예제 코드를 그대로 사용했습니다. 다만 앞의 예제는 Python 2로 실행했고 지금은 Python 3으로 실행했습니다. 실행 결과를 확인해보겠습니다.

```
$ python3 range.py
=== Range size : 10 ===
type : <class 'range'>
size : 48
```

```
=== Range size : 100 ===
type : <class 'range'>
size : 48
=== Xrange size : 10 ===
Traceback (most recent call last):
  File "range.py3", line 20, in <module>
    get_type_and_size(xrange(10))
```

결과를 보면 range의 타입이 class 'range'로 변경됐습니다. 그리고 크기는 range의 크기와 상관 없이 48로 고정된 값이 출력됩니다. 다음으로 xrange를 실행한 부분을 확인하면 xrange라는 이름을 찾지 못해 exception이 발생했습니다. 앞에서 설명한 대로 변경됐습니다. Python 3에서는 더 효율적인 방식으로 개선된 것입니다.

다음으로 enumerate에 대해서 살펴보겠습니다. 이 함수는 반복문을 사용하는 많은 개발자들의 심리적인 불편 사항을 해결했습니다. 바로 반복문의 인덱스가 필요한 경우 자동으로 인덱스를 만들어줍니다. 예제를 보고 설명하겠습니다.

```
1 ##################################
2 # File Name : enumerate.py
3 ##################################
4 #!/usr/bin/python3
5
6 ALPHABET_LIST = ["a", "b", "c", "d", "e", "f"]
7
8 def get_index_basic_method():
9     i = 0
10    for ch in ALPHABET_LIST:
11        print ("%d : %s" % (i, ch))
12        i += 1
13
14 def get_index_enumerate_method():
15    for i, ch in enumerate(ALPHABET_LIST):
16        print ("%d : %s" % (i, ch))
17
18
19 if __name__ == "__main__":
```

```
20    print ("=== Basic method ===")
21    get_index_basic_method()
22
23    print ("=== Enumerate method ===")
24    get_index_enumerate_method()
```

예제는 알파벳 리스트를 반복문으로 순회하며 리스트에 담긴 항목을 하나씩 출력해주는 코드입니다. 출력 시 항목의 인덱스와 항목의 값을 출력합니다. 예제에 작성된 2가지 함수를 비교해보겠습니다.

먼저 8번째 줄에 작성된 함수는 이런 기능을 구현할 때 흔히 사용하는 방법입니다. 사용하는 인덱스를 나타내는 변수를 하나 선언하고 반복문 안에서 그 변수를 증가시켜주는 것입니다. 일반적으로 다른 프로그래밍 언어에서도 이와 비슷한 기능을 구현할 때 흔히 이런 방식으로 구현합니다.

다음으로 14번째 줄에 작성된 함수는 파이썬에서 제공하는 enumerate를 사용한 코드입니다. 여기서는 반복할 대상을 enumerate 함수로 감쌉니다. 이렇게 되면 enumerate가 항목의 인덱스와 값을 튜플로 반환합니다. 그래서 인덱스를 저장할 변수와 리스트의 값을 저장할 변수를 선언하면 따로 인덱스용 변수를 증가시키거나 미리 선언할 필요가 없습니다. 간단합니다. 정말 두 함수가 동일하게 실행되는지 확인해보겠습니다.

```
$ python enumerate.py
=== Basic method ===
0 : a
1 : b
2 : c
3 : d
4 : e
5 : f
=== Enumerate method ===
0 : a
1 : b
2 : c
3 : d
```

```
4 : e
5 : f
```

항목의 인덱스와 값이 동일하게 출력되었습니다. 이처럼 파이썬의 반복문에서는 별도로 인덱스용 변수를 만들 필요 없이 enumerate를 사용해서 손쉽게 인덱스를 구할 수 있습니다.

Decorator

클로저를 소개할 때 데코레이터(Decorator)에 대해서 살짝 언급했습니다. 클로저를 사용하는 목적 중 하나가 '데코레이터를 사용하기 위해서'라고 이야기했습니다. 이제 데코레이터에 대해서 알아볼 시간이 됐습니다.

데코레이터는 말 그대로 장식을 하기 위한 문법입니다. 기존의 클래스나 함수를 수정하지 않고 기능을 덧붙일 수 있는 역할을 합니다. 앞서 이야기했던 대로 디자인 패턴의 데코레이터 패턴(decorator pattern)과는 다릅니다.

데코레이터 패턴은 로직을 설계할 때 객체가 특정 작업을 추가할 수 있도록 코드를 작성하는 방법을 패턴화시킨 것입니다. 반면에 파이썬은 이런 역할을 내부의 기능으로 만들어 제공합니다. 하지만 파이썬도 처음부터 모든 기능을 지원한 것은 아닙니다. Python 2.6 버전 이전에는 데코레이터로 함수만 사용할 수 있고, 이후 버전은 함수와 클래스 모두 지원합니다.[1] 데코레이터의 정의는 간단하지만 코드로 확인하기 전까지는 모호하다고 느낄 수 있습니다. 예제 코드로 먼저 알아보겠습니다.

---

1 https://www.python.org/dev/peps/pep-3129/

```
 1 ################################
 2 # File Name : decorator_basic.py
 3 ################################
 4 #!/usr/bin/python3
 5
 6 def deco(func):
 7
 8     def wrapper():
 9         print ("before")
10         ret = func()
11         print ("after")
12         return ret
13
14     return wrapper
15
16 @deco
17 def base():
18     print ("base function")
19
20
21 if __name__ == "__main__":
22     print ("=== Run decorator ===")
23     base()
```

예제 코드를 확인해보겠습니다. 먼저 6번째 줄에서 중첩 함수인 deco 함수를 선언하고 반환값으로 내부 함수인 wrapper 함수를 반환합니다. 바로 클로저 형태입니다.

그리고 17번째 줄에서 base 함수를 선언했습니다. 근데 함수의 정의 위에 뭔가가 더 있습니다. 앞서 정의한 클로저의 이름과 그 앞에 @ 키워드가 붙어서 함수의 정의 위에 적혀 있습니다. 16번째 줄의 @deco인데요 바로 이것이 파이썬의 데코레이터입니다.

예제에서 보이는 것처럼 파이썬에서 데코레이터를 사용하는 것은 간단합니다. 함수나 클래스를 인자로 받는 클로저를 정의하고 그 안에 기능을 구현합니다. 다음으로 데코레이터를 사용하는 함수나 클래스의 선언 바로 윗줄에 @ 키워드를 사용해서 위에서 정의한 클로저의 이름을 적어주면 됩니다. 간단합니다. 그럼 이 데코레이터가 어떤 역할을 하는지 실행 결과로 확인해보겠습니다.

```
$ python3 decorator_basic.py
=== Run decorator ===
before
base function
after
```

예제 코드를 보면 23번째 줄에서 base 함수를 호출했습니다. base 함수는 base function이라는
문구를 출력하는 함수입니다. 실행 결과를 확인해보니 base function이라는 문구가 출력되기 전
과 후에 각각 before와 after라는 문구가 출력됐습니다.

출력된 두 문구는 데코레이터로 사용한 deco 함수의 내부 함수인 래퍼 함수에 정의된 것입니다.
이미 코드만 보고 눈치챈 독자들도 있을 겁니다. 데코레이터는 함수나 클래스를 인자로 받습니
다. 그리고 인자로 받은 함수나 클래스를 실행하기 전이나 실행한 후에 원하는 기능을 추가합니
다. 그래서 위의 예제에서는 인자로 받은 base 함수를 실행하기 전에 before라는 문구를 출력하
고, 실행한 뒤 after라는 문구를 출력해서 위와 같은 실행 결과가 나온 것입니다.

그러면 꼭 @ 키워드를 붙여서 데코레이터를 사용해야만 위와 같은 기능을 구현할 수 있을까요?
대답은 '아니오'입니다. 데코레이터는 이런 목적의 기능을 구현할 때 사용이 편리하도록 만든 것
이고 데코레이터를 사용하지 않고도 위와 같은 기능을 구현할 수 있습니다. 동일한 기능을 하는
예제 코드를 데코레이터를 사용하지 않고 만들어보겠습니다.

```
 1 ################################
 2 # File Name : unroll_decorator_basic_1.py
 3 ################################
 4 #!/usr/bin/python3
 5
 6 def deco(func):
 7
 8     def wrapper():
 9         print ("before")
10         ret = func()
11         print ("after")
12         return ret
```

```
13
14      return wrapper
15
16  def base():
17      print ("base function")
18
19
20  if __name__ == "__main__":
21      print ("=== Run decorator ===")
22      deco(base)()
```

동일한 기능을 하는 예제 코드입니다. 실행 결과는 앞의 예제와 동일합니다. 데코레이터의 예제 코드와 비교해 보면 deco 함수는 동일합니다. 하지만 실행하는 함수가 조금 달라졌습니다. 데코 레이터의 예제에서는 base 함수를 실행한 반면에 이 예제에서는 deco 함수를 실행하고 인자로 base 함수를 넘겨줬습니다. 22번째 줄에서 함수를 실행하는데 코드가 상당히 복잡해 보입니다. 중간에 함수를 변수로 받아서 코드를 보기 쉽게 바꿔보겠습니다.

```
 1  ################################
 2  # File Name : unroll_decorator_basic_2.py
 3  ################################
 4  #!/usr/bin/python3
 5
 6  def deco(func):
 7
 8      def wrapper():
 9          print ("before")
10          ret = func()
11          print ("after")
12          return ret
13
14      return wrapper
15
16  def base():
17      print ("base function")
18
19
20  if __name__ == "__main__":
21      print ("=== Run decorator ===")
```

```
22    argument = base
23    f = deco(argument)
24
25    f()
```

실행하는 코드 부분이 조금 더 길어졌습니다. 하지만 바로 위의 예제 코드보다는 가독성이 좋아
졌습니다.

3가지의 같은 기능을 하는 코드를 살펴봤습니다. 셋 중에 데코레이터를 사용한 첫 번째 예제가
훨씬 보기 편합니다. 이처럼 복잡하게 사용해야 하는 기능을 파이썬에서는 데코레이터라는 기능
으로 간단하게 제공하고 있습니다.

▨ Decorator의 사용 ▨

데코레이터에 관한 간단한 예제를 살펴봤습니다. 예제 코드라서 출력해주는 역할만 했는데 이렇
게 봐서는 언제 사용해야 할지 감이 잘 안 옵니다. 그래서 조금 현실적인 예제를 준비했습니다.
간단하게 특정 함수의 실행 시간을 측정하기 위한 데코레이터입니다.

```
 1 #################################
 2 # File Name : measure_run_time.py
 3 #################################
 4 #!/usr/bin/python3
 5
 6 import time
 7
 8 def measure_run_time(func):
 9
10     def wrapper(*args, **kwargs):
11         start = time.time()
12         result = func(*args, **kwargs)
13         end = time.time()
14
15         print ("'%s' function running time : %s" % (func.__name__, end - start))
```

```
16          return result
17
18      return wrapper
19
20  @measure_run_time
21  def worker(delay_time):
22      time.sleep(delay_time)
23
24
25  if __name__ == "__main__":
26      worker(5)
```

함수의 실행 시간을 측정하는 measure_run_time decorator를 만들었습니다. 이번엔 인자로 넘기는 함수를 먼저 살펴보겠습니다. 21번째 줄에서 정의된 worker 함수가 데코레이터의 인자로 사용되는 함수입니다. worker 함수는 인자로 delay_time를 받고 이 값만큼 멈춰 있다 종료하는 함수입니다.

이번 예제에서는 데코레이터의 인자로 사용하는 함수가 매개변수를 받습니다. 이런 경우 데코레이터 내부의 클로저에서도 매개변수를 받을 수 있도록 처리해야 합니다. 10번째 줄의 클로저 함수의 선언을 살펴보겠습니다. *args와 **kwargs로 가변 인자를 전달받습니다. 전달받은 가변 인자를 12번째 줄에서 함수를 호출할 때 사용합니다. 이렇게 구현하면 원래의 함수에서 인자값을 몇 개를 받던 상관없이 데코레이터에서도 그대로 사용할 수 있습니다.

자 이제 실행 결과를 확인해서 정말 5초간 멈춰 있었는지, 함수의 실행 시간이 잘 측정되는지 확인해보겠습니다.

```
$ python3 measure_run_time.py
'worker' function running time : 5.004572629928589
```

실행 결과 약 5초 간의 시간이 걸렸다고 출력됐습니다. 멈췄던 시간 말고 실제 함수가 실행되고 종료되는 시간이 있기 때문에 약간의 차이는 있습니다. 이렇게 데코레이터를 사용하면 기존 구현된 함수에 특정 기능을 손쉽게 추가해서 사용할 수 있습니다.

░ 다중 Decorator ░

하나의 함수에 하나의 데코레이터를 사용하는 방법은 살펴봤습니다. 그렇다면 이제는 하나의 함
수에 여러 개의 데코레이터를 사용해보겠습니다. 2개의 데코레이터를 사용하는 예제를 확인해
보겠습니다.

```
1 ################################
2 # File Name : parameter_logger.py
3 ################################
4 #!/usr/bin/python3
5
6 import time
7 import datetime
8
9 def measure_run_time(func):
10
11     def wrapper(*args, **kwargs):
12         start = time.time()
13         result = func(*args, **kwargs)
14         end = time.time()
15
16         print ("'%s' function running time : %s" % (func.__name__, end - start))
17         return result
18
19     return wrapper
20
21 def parameter_logger(func):
22
23     def wrapper(*args, **kwargs):
24         timestamp = datetime.datetime.now().strftime("%Y-%m-%d %H:%M")
25         print ("[%s] args : %s, kwargs : %s" % (timestamp, args, kwargs))
26         return func(*args, **kwargs)
27
28     return wrapper
```

```
29
30 @measure_run_time
31 @parameter_logger
32 def worker(delay_time):
33     time.sleep(delay_time)
34
35
36 if __name__ == "__main__":
37     worker(5)
```

앞의 예제에서 데코레이터 하나를 추가했습니다. 21번째 줄의 paramter_logger 함수인데요 이
함수는 함수가 실행되기 전 인자의 목록을 출력해주는 함수입니다.

실행되는 부분을 보면 31번째 줄에 paramter_logger를 데코레이터로 먼저 작성하고 다음에
measure_run_time을 작성했습니다. 데코레이터를 여러 개 사용할 때는 함수의 선언부터 위로
한 개씩 작성하는 것이 규칙인데요 함수의 선언과 가까이 있는 것, 다시 말해 가장 밑에 작성된
데코레이터부터 실행됩니다. 이제 정상적으로 실행됐는지 결과를 살펴보겠습니다.

```
$ python3 parameter_logger.py
[2017-12-28 10:32] args : (5,), kwargs : {}
'wrapper' function running time : 5.004260778427124
```

출력된 결과를 보면 parameter_logger를 데코레이터로 사용한 것이 먼저 출력됐습니다. 출력 순
서는 의도한 대로 정상 출력됐습니다. 내용도 정상 출력 됐는지 데코레이터 단위로 결과를 확인
해보겠습니다.

첫 번째 데코레이터인 @parameter_logger는 정상적으로 동작했습니다. 37번째 줄에서 worker
함수의 인자로 5를 사용했기 때문에 실행 결과에서 args의 값이 5만 출력된 것입니다. 다음으로
@measure_run_time은 정상적으로 출력됐지만 조금 이상합니다. 실행 시간은 정상적으로 출력
됐지만 함수의 이름이 이상하게 표시됐습니다. 데코레이터를 하나만 사용했을 때는 함수의 이름
이 worker로 출력됐는데 지금은 wrapper로 출력됐습니다. 왜 이런 현상이 발생했을까요?

원인을 파악하려면 데코레이터를 다시 풀어보면 됩니다. 데코레이터로 묶인 함수를 풀어보겠습니다.

```python
1 ################################
2 # File Name : unroll_parameter_logger.py
3 ################################
4 #!/usr/bin/python3
5
6 import time
7 import datetime
8
9 def measure_run_time(func):
10
11     def wrapper(*args, **kwargs):
12         start = time.time()
13         result = func(*args, **kwargs)
14         end = time.time()
15
16         print ("'%s' function running time : %s" % (func.__name__, end - start))
17         return result
18
19     return wrapper
20
21 def parameter_logger(func):
22
23     def wrapper(*args, **kwargs):
24         timestamp = datetime.datetime.now().strftime("%Y-%m-%d %H:%M")
25         print ("[%s] args : %s, kwargs : %s" % (timestamp, args, kwargs))
26         return func(*args, **kwargs)
27
28     return wrapper
29
30 def worker(delay_time):
31     time.sleep(delay_time)
32
33 def main():
34     argument = worker
35     f1 = parameter_logger(argument)
36     f2 = measure_run_time(f1)
37
```

```
38      f2(5)
39
40
41  if __name__ == "__main__":
42      main()
```

데코레이터를 사용한 예제 코드에서 worker 함수를 실행하는 부분만 변경된 코드입니다. 34번째 줄에서 worker를 인자로 받는 argument 변수를 정의합니다. 그리고 35번째 줄에서 parameter_logger 함수의 인자로 argument를 전달한 뒤 변수 f1에 저장합니다. 36번째 줄에서 measure_run_time 함수를 실행할 때 매개변수로 f1을 전달합니다.

데코레이터로 동작하던 기능을 풀어봤습니다. 이제 왜 measure_run_time에서 함수 이름이 wrapper로 출력되는지 이해가 됩니다. 바로 36번째 줄에서 measure_run_time 함수로 인자를 넘기는 것이 worker 함수가 아닌 paramter_logger의 반환값이기 때문입니다.

paramter_logger 함수의 반환값은 클로저로 내부에 구현된 wrapper 함수입니다. 그래서 measure_run_time 함수에서는 work 함수가 아닌 wrapper 함수가 전달됩니다. 그래서 wrapper가 함수의 이름으로 출력된 것이죠. 이렇게 2개 이상의 데코레이터를 사용하게 되면 의도치 않은 결과가 발생할 수 있습니다. 그러면 어떻게 해결해야 할까요?

다행히 파이썬에서는 이를 해결할 수 있는 간단한 방법이 있습니다. 앞 장에서 partial application을 다룰 때 higher-order function을 지원하고 또 이를 위한 별도의 모듈을 만들었다고 언급했습니다. 파이썬에서 데코레이터의 이런 문제를 해결하기 위해 functools 모듈에 wraps라는 기능을 제공하고 있습니다. 이 기능을 사용하면 위에서 발견한 문제를 해결할 수 있습니다. 예제 코드로 확인해 보겠습니다.

```
1  ################################
2  # File Name : parameter_logger_wraps.py
3  ################################
4  #!/usr/bin/python3
```

```
 5
 6 import time
 7 import datetime
 8 from functools import wraps
 9
10 def measure_run_time(func):
11
12     @wraps(func)
13     def wrapper(*args, **kwargs):
14         start = time.time()
15         result = func(*args, **kwargs)
16         end = time.time()
17
18         print ("'%s' function running time : %s" % (func.__name__, end - start))
19         return result
20
21     return wrapper
22
23 def parameter_logger(func):
24
25     @wraps(func)
26     def wrapper(*args, **kwargs):
27         timestamp = datetime.datetime.now().strftime("%Y-%m-%d %H:%M")
28         print ("[%s] args : %s, kwargs : %s" % (timestamp, args, kwargs))
29         return func(*args, **kwargs)
30
31     return wrapper
32
33 @measure_run_time
34 @parameter_logger
35 def worker(delay_time):
36     time.sleep(delay_time)
37
38
39 if __name__ == "__main__":
40     worker(5)
```

처음에 데코레이터를 사용해서 구현한 예제와 비교하면 데코레이터로 사용하는 두 함수의 내부 함수를 보면 wraps라는 데코레이터가 추가된 것이 다릅니다. functools 모듈에서 제공해주는 wraps 데코레이터를 사용하면 클로저에서 반환되는 객체의 속성이 wrapper 함수의 속성으로 표시되지 않도록 내부적으로 처리를 합니다. 정말 그런지 실행 결과를 확인해보겠습니다.

```
$ python3 parameter_logger_wraps.py
[2017-12-28 12:38] args : (5,), kwargs : {}
'worker' function running time : 5.004761219024658
```

의도했던 대로 함수의 이름이 worker로 정확하게 출력됐습니다. 함수의 이름뿐만 아니라 __doc__과 같은 속성도 모두 wraps 데코레이터를 사용하여 정상적으로 출력할 수 있습니다.

단, 하나의 데코레이터를 사용한다고 해도 경우에 따라서 문제가 될 수 있습니다. 그리고 내가 구현한 데코레이터를 다른 사람이 여러 개의 데코레이터 중 하나로 사용할 수 있습니다. 그래서 데코레이터를 작성할 때는 안전하게 항상 내부 함수에 wraps 데코레이터를 선언해주는 것이 좋습니다.

클래스 Decorator

함수로 된 데코레이터에 대한 예제만 봤는데 마지막으로 클래스를 데코레이터로 사용하는 예제를 보겠습니다. 먼저 예제 코드부터 살펴보겠습니다.

```
1 ################################
2 # File Name : class_decorator.py
3 ################################
4 #!/usr/bin/python3
5
6 import time
7 from functools import update_wrapper
8
9 class MeasureRuntime:
10
11     def __init__(self, f):
12         self.func = f
13         update_wrapper(self, self.func)
14
15     def __call__(self, *args, **kwargs):
```

```
16          start = time.time()
17          result = self.func(*args, **kwargs)
18          end = time.time()
19          print ("'%s' function running time : %s" % (self.func.__name__,
20                                                      end - start))
21          return result
22
23
24 @MeasureRuntime
25 def worker(delay_time):
26     time.sleep(delay_time)
27
28
29 if __name__ == "__main__":
30     worker(5)
```

클래스로 데코레이터를 만들게 되면 데코레이터로 만들 클래스에 __call__ 메서드를 정의하고 로직을 작성하면 됩니다. 데코레이터를 구현하는 부분만 신경 쓰면 되고 사용하는 방법은 함수에서 데코레이터를 사용할 때와 같습니다. 실행 결과를 확인해보겠습니다.

```
$ python3 class_decorator.py
'worker' function running time : 5.0005152225494385
```

실행 결과도 함수를 데코레이터로 사용할 때와 동일하게 나왔습니다. 그런데 다시 예제 코드를 살펴보면 함수를 데코레이터로 사용하는 예제와 다른 부분이 있습니다. 2가지 다른 부분이 있습니다.

첫 번째는 __call__ 메서드가 클로저로 되어 있지 않습니다. 함수를 데코레이터로 한 경우 클로저로 구현해서 사용했는데 클래스를 데코레이터로 한 예제에서는 클로저를 사용하지 않았습니다. 두 번째 wraps 데코레이터를 사용하지 않았습니다. wraps 데코레이터를 사용하는 것이 좋은 코딩 습관이라고 말했는데 여기서는 wraps를 사용하지 않았습니다. 그리고 update_wrapper라는 함수를 사용했습니다. 왜 이렇게 됐는지 함수에서 데코레이터의 동작 방식을 확인했을 때처럼 클래스로 만든 데코레이터도 풀어보겠습니다.

```
 1 ####################################
 2 # File Name : unroll_class_decorator.py
 3 ####################################
 4 #!/usr/bin/python3
 5
 6 import time
 7 from functools import update_wrapper
 8
 9 class MeasureRuntime:
10
11     def __init__(self, f):
12         self.func = f
13         update_wrapper(self, self.func)
14
15     def __call__(self, *args, **kwargs):
16         start = time.time()
17         result = self.func(*args, **kwargs)
18         end = time.time()
19         print ("'%s' function running time : %s" % (self.func.__name__,
20                                                     end - start))
21         return result
22
23
24 def worker(delay_time):
25     time.sleep(delay_time)
26
27
28 if __name__ == "__main__":
29     f = MeasureRuntime(worker)
30     f(5)
```

코드로만 봐서는 알 수 없으니 실행 결과를 보고 설명하겠습니다.

```
$ python3 unroll_class_decorator.py
'worker' function running time : 5.004446506500244
```

데코레이터를 사용한 것과 동일한 결과가 나왔습니다. 이제 코드를 설명할 텐데 그 전에 __init__과 __call__의 차이점을 간략하게 설명하겠습니다. __init__은 생성자로 사용됩니다.[3] 즉 클래스를 사용하기 위해서 정의할 때 호출됩니다. 반면에 __call__은 클래스를 함수처럼 사용할 때 호출됩니다.[4]

위의 예제 코드로 다시 이야기하겠습니다. 예제 코드의 28번째 줄에서 f라는 변수에 Measure Runtime 클래스를 할당하고 있습니다. 이때 __init__ 메서드가 불리게 됩니다. 이어서 29번째 줄에서 클래스가 할당된 변수 f를 함수처럼 사용하고 있습니다. 보통 클래스 안의 메서드를 사용할 때 f.test()와 같이 사용합니다. 하지만 28번째 줄에서는 f()로 사용했습니다. 클래스를 함수처럼 사용한 것이죠.

그러면 위의 예제 코드에서 생성자, 즉 __init__ 메서드의 인자로는 worker 함수가 전달되고, __call__ 메서드의 인자로는 worker 함수의 매개변수들이 전달됩니다.

함수로 데코레이터를 만들 때는 외부 함수의 인자로 함수를 전달 받고 내부 함수의 인자로 함수의 매개변수를 전달받았습니다. 그래서 클로저의 형태로 사용했습니다. 하지만 class에서는 __init__ 메서드에서 함수를 전달받고 __call__ 메서드에서 매개변수를 전달받았기 때문에 클로저의 형태를 구현할 필요가 없습니다.

이제 update_wrapper를 살펴보겠습니다. 그전에 wraps 데코레이터에 대해서 먼저 설명하면 wraps 데코레이터는 update_wrapper를 사용하기 쉽도록 데코레이터로 만든 것입니다.[5] 다시 말해서 wraps나 update_wrapper나 똑같다는 것이죠. 하나는 데코레이터이고 하나는 함수로 사용되는 것입니다. 그런데 왜 위의 예제에서는 update_wrapper 함수를 사용했을까요?

---

3 https://docs.python.org/2.7/reference/datamodel.html#object.__init__

4 https://docs.python.org/2.7/reference/datamodel.html#object.__call__

5 https://docs.python.org/2/library/functools.html#functools.wraps

둘 다 인자로 데코레이터를 사용할 함수를 전달받는데 위의 예제에서 __init__ 메서드에서 인자로 함수를 받았기 때문에 wraps 데코레이터를 사용할 수 없었습니다. 그래서 update_wrapper 함수를 사용한 것입니다. 상황에 맞춰서 wraps 데코레이터나 update_wrapper 함수를 사용하면 됩니다.

다시 본론으로 돌아와서 클래스로 구현한 데코레이터에서는 클로저의 형태를 취할 필요가 없다고 했는데 반은 맞고 반은 틀린 말입니다. 데코레이터에 매개변수가 있는 경우에는 클로저의 형태를 구현해야 합니다. 데코레이터도 매개변수를 가질 수 있는데 이 경우에는 클래스를 데코레이터로 구현한다고 하더라도 클로저를 사용해야 합니다. 어떤 경우인지 코드로 확인해보겠습니다.

```
1  ##################################
2  # File Name : class_decorator_parameter.py
3  ##################################
4  #!/usr/bin/python3
5
6  import time
7  from functools import wraps
8
9  class MeasureRuntime:
10
11     def __init__(self, active_state):
12         self.measure_active = active_state
13
14     def __call__(self, func):
15
16         @wraps(func)
17         def wrapper(*args, **kwargs):
18             if self.measure_active is False:
19                 return func(*args, **kwargs)
20
21             start = time.time()
22             result = func(*args, **kwargs)
23             end = time.time()
24             print ("'%s' function running time : %s" % (func.__name__,
25                                                          end - start))
26         return result
27
```

```
28          return wrapper
29
30
31 @MeasureRuntime(True)
32 def active_worker(delay_time):
33     time.sleep(delay_time)
34
35 @MeasureRuntime(False)
36 def non_active_worker(delay_time):
37     time.sleep(delay_time)
38
39
40 if __name__ == "__main__":
41     active_worker(5)
42     non_active_worker(5)
```

클래스 데코레이터에 boolean 값을 가진 매개변수를 추가했습니다. 이 매개변수가 __init__ 메서드에서 설정되고 __call__ 메서드는 클로저로 함수를 인자로 받습니다. 그리고 내부 함수인 wrapper에서 인자값을 받도록 처리했습니다. 실행 결과를 확인해보겠습니다.

```
$ python3 class_decorator_paramter.py
'active_worker' function running time : 5.005270957946777
```

active_worker 함수는 실행도 되고 출력도 됐습니다. 하지만 non_active_worker는 실행됐지만 출력은 안 됐습니다. 의도했던 대로 정상 동작했습니다. 이처럼 데코레이터에서 매개변수를 사용한다면 클로저의 형태로 구현해야 합니다.

Iterator

이터레이터(Iterator)는 파이썬뿐만 아니라 많은 프로그래밍 언어에서 사용하고 있습니다. 파이썬에서는 구조적으로 거의 모든 개체를 이터레이터로 사용할 수 있도록 지원합니다. 이터레이터는 쉽게 말해서 가지고 있는 값을 순차적으로 반복해서 하나씩 반환할 수 있는 개체입니다. 비슷한 개념으로 iterable이 있는데 보통 이 둘 간의 관계를 많이 혼동합니다. 이 둘을 같은 것으로 보기도 하지만 둘은 서로 다른 개념입니다. 하나씩 정의를 살펴보면서 어떤 점이 다른지 확인해보겠습니다.

Iterable

iterable를 정의하면 가지고 있는 값을 한번에 하나씩 반환할 수 있는 개체를 말합니다. 여기서 주의할 점은 한번에 하나씩 반환할 수 있다는 것이지, 한 번에 하나씩 반환해야 한다는 것은 아닙니다. 한번에 모든 값을 반환할 수도 있고 한 번에 하나씩만 반환할 수도 있습니다.

iterable의 예로는 container(리스트나 스트링, 튜플 같은 sequence 타입의 자료형이나 사전 같은 non-sequence 타입의 자료형)나 open files, open sockes 같은 것이 있습니다. 그리고 클래스에서 __iter__나 __getitem__ 메서드를 구현한 경우 iterable이라고 말할 수 있습니다.

이터레이터를 간단하게 정의하면 한 번에 하나씩만 값을 반환하는 개체입니다. 이터레이터에 대한 내용은 뒤에서 다시 설명하겠습니다. iterable과 이터레이터의 정의에 대해서 살펴봤는데 겹치는 부분이 있습니다. '값을 한 번에 하나씩 반환할 수 있는 개체' 이 부분이 둘의 공통된 정의입니다.

하지만 iterable이라고 해서 모두 이터레이터가 되는 것은 아닙니다. 바로 위에서 언급했던 정의 때문인데요, iterable은 가지고 있는 값을 한 번에 하나씩 반환할 수 있는 개체입니다. 그런데 한 번에 가지고 있는 모든 값을 반환할 수도 있습니다. 리스트나 사전 같은 자료형이 그렇습니다. 그래서 iterable 중에서도 한 번에 하나씩 값을 반환하는 것만 이터레이터라고 부를 수 있습니다.

파이썬에서는 구조적으로 거의 모든 개체를 이터레이터로 사용할 수 있도록 지원한다고 이야기
했습니다. 리스트나 사전 같이 한 번에 모든 값을 반환하는 것은 파이썬의 내장 함수인 iter를 사
용해서 이터레이터로 변환할 수 있습니다. 예제 코드를 보면서 설명하겠습니다.

```python
1 ##############################
2 # File Name : iterable.py
3 ##############################
4 #!/usr/bin/python3
5
6 def main():
7     x = [1, 2, 3]
8     y = {"red":1, "blue":2, "green":3}
9
10     x_iterator = iter(x)
11     y_iterator = iter(y)
12
13     print ("=== print type ===")
14     print ("list type : %s" % type(x))
15     print ("dictonary type : %s" % type(y))
16     print ("list iterator type : %s" % type(x_iterator))
17     print ("dictonary iterator type : %s" % type(y_iterator))
18
19     print ("=== print next ===")
20     print ("list iterator next : %s" % next(x_iterator))
21     print ("dictionary iterator next : %s" % next(y_iterator))
22     print ("list next : %s" % next(x))
23     print ("dictionary next : %s" % next(y))
24
25
26 if __name__ == "__main__":
27     main()
```

예제를 보면 iterable 개체인 리스트와 사전을 선언하고 각각을 iter 함수를 사용해 이터레이터로
변환했습니다. 그리고 변환한 변수의 타입과 next 함수에 변환한 이터레이터를 전달해 실행한
결과를 출력합니다. 어떻게 실행되는지 결과를 확인해보겠습니다.

```
$ python3 iterable.py
=== print type ===
list type : <class 'list'>
dictonary type : <class 'dict'>
list iterator type : <class 'list_iterator'>
dictonary iterator type : <class 'dict_keyiterator'>
=== print next ===
list iterator next : 1
dictionary iterator next : red
Traceback (most recent call last):
  File "iterable.py", line 27, in <module>
    main()
  File "iterable.py", line 22, in main
    print ("list next : %s" % next(x))
TypeError: 'list' object is not an iterator
```

실행 결과를 보면 마지막에 오류가 발생했습니다. 오류가 발생하기 전까지 출력된 부분을 먼저 확인해보겠습니다. 리스트와 사전은 모두 각자의 타입으로 출력됐습니다. 그리고 iter 함수를 사용해서 변환한 변수는 각각 list_iterator와 dict_keyiterator로 출력됐습니다. iter 함수를 사용해서 iterable이 이터레이터로 변환된 것입니다.

다음으로 next 함수를 사용해서 값을 출력한 부분을 보겠습니다. 이터레이터는 모두 정상적으로 출력됐는데 iterable 개체는 next 함수 사용 시 오류가 발생했습니다. 리스트가 이터레이터가 아니라는 오류입니다.

예제에서 확인할 수 있듯이 iterable 은 가지고 있는 값을 한번에 반환하거나 하나씩 반환 할 수 있는 개체를 말합니다. 반면에 이터레이터는 가지고 있는 값을 한 번에 하나씩만 반환하는 개체를 말합니다.

그래서 iterable 개체의 값을 반복문에서 하나씩 출력할 때는 이터레이터로 변환하는 과정이 필요합니다. 하지만 for 문에서 사용하는 iterable 개체를 우리가 iter로 변환하지는 않습니다. 그건 바로 for 문에서 자동적으로 iterable 개체를 임시로 이터레이터로 변환하기 때문입니다.[6]

---

6 https://docs.python.org/3.6/glossary.html#term-iterable

⧄ Iterator ⧄

iterable를 설명하면서 간단히 이터레이터에 대해서 설명했습니다. 하지만 iterable 위주로 설명하다 보니 빠진 부분도 있어서 이터레이터를 중심으로 다시 한 번 설명하겠습니다.

이터레이터는 값을 한 번에 하나씩만 반환하는 개체라고 정의했습니다. iterable과 비교해서 설명하기 위해 정의한 것인데요 정확하게 다시 이야기하겠습니다. 이터레이터도 iterable처럼 여러 개의 값을 가지고 있습니다. 그런데 한 번에 하나씩 값을 반환하려면 현재 어디까지 반환했는지 상태를 알고 있어야 합니다. 이터레이터의 정의는 바로 여기서 출발합니다.

iterable과는 달리 이터레이터는 가지고 있는 값 중에서 이미 반환한 상태를 갖고 있고 어디부터 반환해야 할지 상태를 갖고 있습니다. 그리고 파이썬의 내장 함수인 next를 통해서 값을 순차적으로 반환합니다. 이 2가지 특성을 이터레이터의 정의라고 생각하면 됩니다. 즉, 이터레이터는 어떤 상태를 저장하고 있고, next 함수를 사용해서 값을 순차적으로 가져올 수 있는 개체입니다.

그런데 순차적으로 값을 가져오다가 가져올 수 있는 값이 없으면 어떻게 될까요? 파이썬에서는 이터레이터의 내부에서 더 이상 값을 반환할 수 없는 경우 StopIteration 예외를 발생시킵니다. 그래서 next를 사용해서 계속 값을 요청하다가 반환할 값이 없는 경우 StopIteration 예외가 발생합니다. 간단하게 예제 코드로 확인해보겠습니다.

```
 1 ################################
 2 # File Name : iterator.py
 3 ################################
 4 #!/usr/bin/python3
 5
 6 def main():
 7     x = [1, 2, 3]
 8     x_iterator = iter(x)
 9
10     print ("=== print iterator ===")
11     print (next(x_iterator))
12     print (next(x_iterator))
```

```
13    print (next(x_iterator))
14    print (next(x_iterator))
15
16
17 if __name__ == "__main__":
18    main()
```

예제는 리스트를 iter 함수를 사용하여 이터레이터로 변환하고, next 함수로 지정한 범위를 넘어서까지 값을 출력하게 한 코드입니다. 코드 자체는 어렵지 않으니 바로 실행 결과를 확인하겠습니다.

```
$ python3 iterator.py
=== print iterator ===
1
2
3
Traceback (most recent call last):
  File "iterator.py", line 18, in <module>
    main()
  File "iterator.py", line 14, in main
    print (next(x_iterator))
StopIteration
```

실행 결과를 보면 값을 정상적으로 가져오다 가져올 수 없는 부분에서 StopIteration 예외를 발생시켰습니다. 이터레이터를 사용해서 로직을 구현할 때 StopIteration 예외를 처리하는 기능을 만들면 이터레이터를 문제없이 사용할 수 있겠죠? for 문에서도 내부적으로 이터레이터로 변환해서 사용한다고 이야기했습니다. 그런데 값을 모두 찾아도 오류 없이 잘 동작합니다. for 문에서는 내부적으로 StopIteration 예외에 대한 처리가 되어 있기 때문입니다.

⦚⦚ Iterable vs Iterator ⦚⦚

iterable과 이터레이터에 대해서 살펴봤습니다. Iteable과 이터레이터의 관계를 정의하자면 모든 이터레이터는 iterable이고, iterable은 이터레이터일 수도 있고 아닐 수도 있습니다.

이터레이터는 값을 한 번에 하나씩 반환하는 개체입니다. 그래서 모든 이터레이터는 iterable입니다. 하지만 iterable은 한 번에 모든 값을 반환할 수도 있기 때문에 항상 이터레이터가 아닙니다. 경우에 따라서 iter 함수를 통해서 변환됐을 때만 이터레이터라고 할 수 있습니다. 하나씩 살펴보면 간단합니다.

Generator

제너레이터(Generator)의 사전적인 정의는 '루프의 반복 동작을 제어하는 특수한 함수'입니다. 그럼 파이썬에서는 제너레이터를 어떻게 정의하고 있는지 알아보겠습니다. 파이썬에서는 제너레이터를 다음과 같이 정의하고 있습니다. '제너레이터는 이터레이터를 반환하고 yield 구문을 포함하고 있는 함수다.'

정확히 말하면 이 정의는 Python 2의 용어집에서 정의하고 있는 제너레이터에 대한 정의입니다.[7] Python 3에서는 제너레이터를 다음과 같이 정의하고 있습니다.[8] '제너레이터는 제너레이터 이터레이터를 반환하는 함수다.' 묘하게 달라졌습니다. 제너레이터도 잘 모르겠는데 제너레이터 이터레이터도 등장했으니 복잡할 수 있습니다.

---

7 https://docs.python.org/2/glossary.html#term-generator

8 https://docs.python.org/3/glossary.html#term-generator

간단하게 정리하면 제너레이터 함수가 있고 제너레이터 이터레이터가 있습니다. 여기서 제너레이터 함수는 제너레이터 이터레이터를 반환하는 함수입니다. 그리고 일반적으로 제너레이터라고 표현하는 것이 바로 제너레이터 함수를 의미합니다. 제너레이터 이터레이터에 대해서 먼저 알아보겠습니다.

▨ Generator iterator ▨

흔히 이터레이터와 제너레이터 이터레이터를 혼용해서 사용합니다. 제너레이터 이터레이터가 이터레이터의 속성을 가지고 있기 때문에 구별 없이 사용하는 것이죠. 하지만 제너레이터 이터레이터와 이터레이터는 명백히 다릅니다. 그래서 Python 3에서는 명시적으로 제너레이터 이터레이터를 반환하는 함수라고 표현한 것입니다. 그렇다면 어떤 점이 다를까요?

이터레이터의 next 메서드[9]와 제너레이터의 next 메서드[10]를 설명한 문서를 보면 알 수 있습니다. 이터레이터의 next 메서드를 설명한 부분을 보면 next 메서드는 'Container에 있는 다음 항목을 반환한다'고 적혀 있습니다. 반면에 제너레이터의 next 메서드를 설명한 부분에는 '제너레이터 함수를 실행하거나 마지막으로 실행된 yield 구문에서 다시 시작한다'고 적혀 있습니다. 조금 더 쉽게 예를 들어 설명하겠습니다.

앞서 range와 xrange에 대해서 비교했던 예제를 기억해보면 Python 2에서 range와 xrange라는 내장 함수가 있는데, xrange는 제너레이터를 사용한다고 언급했습니다. 그리고 range는 값을 연산해서 나온 결과값을 리스트로 반환하고 xrange는 xrange 객체를 반환한다고 이야기했습니다.

제너레이터 이터레이터와 이터레이터의 차이는 바로 여기에 있습니다. 이터레이터의 정의처럼 둘 다 값을 한 번에 하나씩 반환합니다. 하지만 이터레이터는 값을 모두 연산한 뒤 하나씩 값을

---

9 https://docs.python.org/2/library/stdtypes.html#iterator.next

10 https://docs.python.org/2/reference/expressions.html#generator.next

반환합니다. 반면에 제너레이터 이터레이터는 값을 반환할 때 연산을 수행합니다. 즉, 이터레이터는 한 번에 연산을 하고 연산된 결과를 모두 메모리에 있습니다. 제너레이터는 연산을 수행하기 직전 상태로 멈춰 있고요. 그래서 range와 xrange에서 사용하는 메모리의 크기가 달랐던 것입니다.

제너레이터 이터레이터의 특징에 대해서 살펴봤는데요, 이 제너레이터 이터레이터는 어떻게 이런 특징을 갖게 된 것일까요? 바로 yield라는 구문 때문입니다. 이어서 살펴보겠습니다.

＼＼ Yield ＼＼

yield 구문은 yield 표현식이라고도 불립니다. 의미적으로는 같지만 작성하는 방식은 다릅니다. yield 표현식은 괄호로 식을 감싼 형태이고, yield는 괄호를 생략한 형태로 사용합니다. yield는 제너레이터를 정의하는 역할을 합니다. 즉, yield 구문이 있어야 제너레이터라고 부를 수 있습니다.

제너레이터에서 yield를 만나면 현재의 상태를 그대로 멈춥니다. 그리고 next 함수를 통해 멈춘 제너레이터가 다시 호출되면 이전의 상태를 이어서 로직을 수행합니다. '현재의 상태를 그대로 멈춘다'의 의미는 제너레이터 내부의 모든 상태가 유지된다는 뜻입니다. 다시 말해서 현재 사용 중인 지역변수나 실행 중인 위치, 내부 실행 스택 등이 모두 유지되는 것입니다.

영문 표현으로는 '얼어 있다'라고도 많이 표현됩니다. 제너레이터가 yield를 만나면 그 상태를 보존하고 있다가 다시 제너레이터가 호출되면 상태를 이어서 로직을 수행하기 때문입니다. 제너레이터를 호출하는 주체는 next 함수입니다.

기술적으로 yield를 살펴보면 2가지 기능을 합니다. 제너레이터에서 값을 반환하거나 값을 입력받는 기능입니다. 제너레이터에서는 yield를 통해 값을 반환합니다. 즉 yield가 제너레이터 이터레이터를 반환해주는 것이죠. 그리고 send 함수를 통해서 yield에 값을 할당할 수도 있습니다. yield로 값을 반환하는 예제부터 살펴보겠습니다.

```
 1 ################################
 2 # File Name : return_yield.py
 3 ################################
 4 #!/usr/bin/python3
 5
 6 def gen():
 7     yield 1
 8     yield 2
 9     yield 3
10
11 def normal():
12     return 1
13     return 2
14     return 3
15
16 def main():
17     print ("=== print gen function ===")
18     print (gen())
19
20     print ("=== print normal function===")
21     print (normal())
22
23     print ("=== print gen function in loop ===")
24     for g in gen():
25         print (g)
26
27     print ("=== print normal function in loop ===")
28     for n in normal():
29         print (n)
30
31
32 if __name__ == "__main__":
33     main()
```

위의 예제는 제너레이터와 일반 함수에서 각각 1, 2, 3을 반환하고 반환된 값을 출력한 코드입니
다. 먼저 함수를 한 번 실행하고 반환된 값을 출력했습니다. 그리고 반복문에서 함수를 호출하여
값을 출력했습니다.

코드를 보면 함수에서 값을 반환하는 부분이 이상합니다. 일반적으로 함수에서 값을 반환할 때

는 한 번만 반환합니다. 예제처럼 값을 여러 번 반환하는 경우에도 제일 처음에 불린 return에서만 값이 반환됩니다. 그리고 함수를 for 문에서 사용하는 것도 이상합니다. 내용을 설명하기 전에 먼저 실행 결과가 어떻게 나오는지 확인해보겠습니다.

```
$ python3 return_yield.py
=== print gen function ===
<generator object gen at 0x7f8bf8bd2780>
=== print normal function===
1
=== print gen function in loop ===
1
2
3
=== print normal function in loop ===
Traceback (most recent call last):
  File "return_yield.py", line 33, in <module>
    main()
  File "return_yield.py", line 28, in main
    for n in normal():
TypeError: 'int' object is not iterable
```

먼저 함수를 한 번 실행하고 반환된 값이 어떻게 나왔는지 확인해보겠습니다. 제너레이터의 경우 값이 반환된 것이 아니라 제너레이터 객체가 반환됐습니다. 일반 함수는 우리가 예상했듯이 첫 번째 return에 있는 1이 반환됐습니다.

다음으로 함수를 for 문에서 실행한 결과를 보겠습니다. 제너레이터의 경우 값이 1, 2, 3이 출력됐습니다. yield를 통해서 반환한 값이 모두 출력됐습니다. 하지만 일반 함수는 반복문에서 오류가 발생했습니다. 일반 함수는 iterable하지 않기 때문입니다.

제너레이터와 일반 함수의 차이에 대해서 느껴지나요? 제너레이터는 제너레이터 이터레이터를 반환하는 함수라고 했습니다. 그래서 for 문에서 사용할 수 있는 것입니다. 그리고 제너레이터를 호출했을 때 값이 출력되지 않은 이유는 next 함수를 사용하지 않았기 때문입니다. 제너레이터를 동작시키기 위해서는 next 함수를 통해서 호출돼야 합니다. for 문에서는 내부적으로 next 함수를 호출해서 값이 출력되는 것입니다.

예제를 통해서 보니 좀 더 이해가 쉽습니다. 그럼 다음으로 yield로 값을 입력받는 예제를 살펴보겠습니다.

```
1 #################################
2 # File Name : input_yield.py
3 #################################
4 #!/usr/bin/python3
5
6 def gen():
7     value = 2
8
9     while True:
10         print (value)
11         value = yield
12
13 def main():
14     print ("=== print gen function ===")
15     g = gen()
16
17     next(g)
18     g.send(3)
19     g.send(5)
20
21
22 if __name__ == "__main__":
23     main()
```

이번에는 yield로 변수 value의 값을 할당하고 있습니다. 그리고 제너레이터를 사용하는 부분을 보면 처음에 next 함수를 사용하고 이어서 send 함수를 사용하고 있습니다. 실행 결과가 어떻게 나오는지 먼저 확인해보겠습니다.

```
$ python3 input_yield.py
=== print gen function ===
2
```

```
3
5
```

처음에 출력된 2는 제너레이터에서 처음 지역변수로 할당한 값입니다. 그리고 다음으로 출력된 3과 5는 send 함수를 통해서 보낸 값입니다. 제너레이터에서는 이렇게 yield를 사용해서 함수가 실행되는 도중에 값을 전달할 수 있습니다.

조금 더 복잡한 예제를 보겠습니다. yield를 값을 입력하는 것과 반환하는 것 2가지로 목적으로 사용하는 예제입니다.

```python
1 ################################
2 # File Name : yield.py
3 ################################
4 #!/usr/bin/python3
5
6 def gen():
7     value = 1
8     while True:
9         value = yield value
10
11 def main():
12     print ("=== print gen function ===")
13     g = gen()
14
15     print (next(g))
16     print (g.send(2))
17     print (g.send(10))
18     print (g.send(5))
19     print (next(g))
20
21
22 if __name__ == "__main__":
23     main()
```

코드의 9번째 줄을 보면 yield로 값을 반환하는 동시에 할당하고 있습니다. 값이 먼저 반환되고 입력받는 값을 다시 value에 할당하는 것인데요, 어떻게 실행되는지 확인해보겠습니다.

```
$ python3 yield.py
=== print gen function ===
1
2
10
5
None
```

실행 결과를 보면 처음 값을 할당한 1이 먼저 출력이 되고, send 함수로 보낸 값들이 출력됐습니다. 마지막으로 send를 하지 않고 next로 값을 출력했을 때는 None이 출력됐습니다. 이렇게 제너레이터를 응용하면 함수들 간의 호출 흐름을 제어할 수 있고 데이터도 전달할 수 있습니다.

⟍⟍ Stateful Generator ⟍⟍

yield 구문을 사용해서 제너레이터에서 값을 반환하고 전달하는 방법을 살펴봤습니다. 다음으로 제너레이터에서 가장 중요한 내용인 상태를 저장하는 기능에 대해서 살펴보겠습니다. 앞서 살펴본 내용에서 yield 구문이 있어서 제너레이터의 상태를 멈추기도 하고, 이어서 진행하기도 한다고 말씀드렸습니다. 실제로 그런지 예제 코드를 통해 확인해보겠습니다.

```
1  ###################################
2  # File Name : generator.py
3  ###################################
4  #!/usr/bin/python3
5
6  def gen(items):
7      count = 0
8
9      for item in items:
10         if count == 10:
11             return -1
12
13         count += 1
```

```
14          yield item
15
16
17 if __name__ == "__main__":
18     print ("=== print gen ===")
19     for i in gen(range(15)):
20         print (i)
```

예제는 매개변수로 받은 items의 값을 하나씩 반환하는 예제입니다. 그리고 item 을 반환할 마다 지역변수로 선언한 count의 값을 증가시킵니다. 그러다 count의 값이 10이 되면, 마지막으로 item을 반환합니다. 즉, count가 9 이하일 때는 제너레이터로서 next 함수가 호출될 때마다 반환이 일어납니다. 그리고 count가 10이 되면 return으로 -1이 반환되며 제너레이터가 종료됩니다.

이 함수를 실행시키는 부분을 살펴보겠습니다. 19번 째 줄에서 gen 함수의 인자로 15개의 숫자를 전달합니다. 앞에서 살펴봤던 예제 중에 함수를 반복문으로 돌리면 오류가 발생한 예제가 있었습니다. 이번에는 gen 함수가 반복해서 호출되며 10번까지는 yield로 반환하고 10번 이후에는 return으로 반환합니다. 마지막 return으로 반환할 때 오류가 발생하는지 그리고 값이 정말 10개만 출력되는지 확인해보겠습니다.

```
$ python3 generator.py
=== print gen ===
0
1
2
3
4
5
6
7
8
9
```

실행 결과를 보면 0부터 9까지 10개의 숫자만 출력됐습니다. yield 구문을 통해서 반환된 10개의 값이 모두 출력됐습니다. 그리고 return으로 반환한 -1은 출력되지 않았고 오류도 발생하지 않았습니다. 반복문에서 제너레이터를 수행하다 return으로 값을 받으면 StopIteration 예외가 발생하며 멈추게 됩니다. 그래서 return으로 반환된 값을 출력하지 않고 오류도 발생하지 않는 것입니다.

░ Generator의 성능 ░

제너레이터를 사용하는 방법에 대해서 살펴봤습니다. yield 구문을 통해서 값을 전달하고 흐름을 제어할 수 있는 방법도 확인했습니다. 그렇다면 제너레이터를 언제 사용해야 할까요? 제너레이터의 장점이 무엇일까요? 두 질문에 대한 답을 한 번에 이야기할 수 있습니다. 제너레이터는 이터레이터를 사용하는 모든 환경을 대체할 수 있습니다. 그리고 대체하는 것이 좋습니다. 바로 효율성 때문입니다.

앞서 설명한 range와 xrange의 예시에서 두 함수 간의 메모리 사용률의 차이가 있었습니다. 제너레이터를 사용하는 xrange를 사용하는 것이 메모리를 적게 사용했습니다. 그리고 Python 3에서 이터레이터를 사용하던 대부분의 코드가 제너레이터로 변경됐습니다.

제너레이터를 사용하는 것이 메모리를 효율적으로 사용한 다는 것은 확인했는데 그러면 성능 면에서는 어떨까요? 성능이 빠르다는 보장을 못한다고 생각할 수 있습니다. 그래서 이터레이터와 제너레이터의 성능을 비교할 수 있는 예제를 준비했습니다. 성능 차이가 얼마나 나는지 확인해 보겠습니다.

```
1 ##############################
2 # File Name : performance_iterator.py
3 ##############################
4 #!/usr/bin/python3
5
6 import os
7 import time
8 import psutil
```

```
 9
10 def negative_correction(value):
11     return 0 if value <= 0 else value
12
13 def performance_check(f):
14     process = psutil.Process(os.getpid())
15
16     def inner(*args, **kwargs):
17         before_mem = process.memory_info().rss / 1024 / 1024
18         before_cpu = process.cpu_percent(interval=None)
19
20         t1 = time.clock()
21         ret = f(*args, **kwargs)
22         t2 = time.clock()
23
24         after_mem = process.memory_info().rss / 1024 / 1024
25         after_cpu = process.cpu_percent(interval=None)
26         runtime = (t2 - t1)
27
28         cpu = negative_correction(after_cpu - before_cpu)
29         mem = negative_correction(after_mem - before_mem)
30
31         return (cpu, mem, runtime)
32     return inner
33
34 @performance_check
35 def sum(items):
36     ret = 0
37     for i in items:
38         ret = ("%s%s" % (ret, i))
39     return ret
40
41 def iterator(loop_count):
42     result = []
43     for i in range(loop_count):
44         result.append(i)
45     return result
46
47 def summary(count):
48     cpu, mem, runtime = 0, 0, 0
49
50     for i in range(count):
```

```
51        items = iterator(100000)
52        cpu, mem, runtime = sum(items)
53    return (cpu / count, mem / count, runtime / count)
54
55
56 if __name__ == "__main__":
57    cpu, mem, runtime = summary(10)
58    print ("[CPU Usage] %s" % cpu)
59    print ("[Memory Usage] %s" % mem)
60    print ("[Runing Time] %s" % runtime)
```

위의 예제 코드는 이터레이터의 성능을 측정하는 코드입니다. 코드가 재미있게 생겼습니다. 데코레이터를 사용해서 성능을 측정하는 코드를 만들었습니다. 그리고 성능 측정을 위해 psutil이라는 라이브러리를 사용했습니다.[11] 이 라이브러리는 CPU, 메모리 디스크, 네트워크 사용량 등을 측정할 수 있는 라이브러리입니다. 현재 코드에서는 정확한 측정이 어렵기 때문에 간단히 참고용으로 사용했습니다. 자, 그럼 코드가 어떻게 돌아가는지 살펴보겠습니다.

먼저, 맨 마지막의 프로그램 실행 코드를 보겠습니다. summary 함수의 반환값을 받아 평균 사용량을 출력해줍니다. summary 함수에서는 인자값으로 10을 받아 총 10번의 반복을 수행합니다. 반복문 안에서는 iterator 함수를 사용해서 100000개의 리스트를 만듭니다. 그리고 만들어진 리스트를 매개변수로 sum 함수를 호출합니다. 여기서 sum 함수는 데코레이터로 감싸여 있습니다. 그래서 sum 함수가 실행되기 전에 performance_check 함수가 먼저 실행되며 성능 측정 전의 메모리와 CPU 사용률을 측정합니다. 다음으로 sum 함수를 수행합니다. sum 함수에서는 만들어진 리스트를 문자열로 변환하며 모든 값을 이어 붙입니다. sum 함수가 종료되면 다시 메모리와 CPU 사용률을 측정합니다. 그리고 프로그램 수행에 걸린 시간을 계산합니다.

```
1 ##################################
2 # File Name : performance_generator.py
```

---

11 https://psutil.readthedocs.io/en/latest/#

```
 3 #################################
 4 #!/usr/bin/python3
 5
 6 import os
 7 import time
 8 import psutil
 9
10 def negative_correction(value):
11     return 0 if value <= 0 else value
12
13 def performance_check(f):
14     process = psutil.Process(os.getpid())
15
16     def inner(*args, **kwargs):
17         before_mem = process.memory_info().rss / 1024 / 1024
18         before_cpu = process.cpu_percent(interval=None)
19
20         t1 = time.clock()
21         ret = f(*args, **kwargs)
22         t2 = time.clock()
23
24         after_mem = process.memory_info().rss / 1024 / 1024
25         after_cpu = process.cpu_percent(interval=None)
26         runtime = (t2 - t1)
27
28         cpu = negative_correction(after_cpu - before_cpu)
29         mem = negative_correction(after_mem - before_mem)
30
31         return (cpu, mem, runtime)
32     return inner
33
34 @performance_check
35 def sum(items):
36     ret = 0
37     for i in items:
38         ret = ("%s%s" % (ret, i))
39     return ret
40
41 def generator(loop_count):
42     result = []
43     for i in range(loop_count):
44         result.append(i)
```

```
45    yield result
46
47 def summary(count):
48    cpu, mem, runtime = 0, 0, 0
49
50    for i in range(count):
51        items = generator(100000)
52        cpu, mem, runtime = sum(items)
53    return (cpu / count, mem / count, runtime / count)
54
55
56 if __name__ == "__main__":
57    cpu, mem, runtime = summary(10)
58    print ("[CPU Usage] %s" % cpu)
59    print ("[Memory Usage] %s" % mem)
60    print ("[Runing Time] %s" % runtime)
```

제너레이터로 만든 코드도 iterator와 동일하게 만들었습니다. 100000개의 리스트를 반환하는 부분을 제너레이터로 반환하도록 했고 함수의 이름만 변경했습니다. 두 코드의 실행 결과를 비교해보겠습니다.

```
$ python3 performance_iterator.py
[CPU Usage] 0.0
[Memory Usage] 0.051171875
[Runing Time] 0.8530163000000002

$ python3 performance_generator.py
[CPU Usage] 9.190000000000001
[Memory Usage] 0.1953125
[Runing Time] 0.007532000000000006
```

실행 결과를 보니 차이가 보입니다. 먼저 실행 시간을 보면 확연히 차이가 납니다. 직접 실행해보면 엄청난 차이라는 것을 확인할 수 있습니다. 그런데 CPU와 메모리 사용률은 이터레이터가 더 높게 나왔습니다. 어떻게 된 것일까요?

성능 측정에 psutil을 사용했다고 이야기했습니다. 엄밀하게 말해서 이 라이브러리는 현재의 CPU, 메모리 사용률을 가져오는 기능을 합니다. 그렇기 때문에 실행 중의 CPU와 메모리를 얼마나 사용했는지에 대한 정확한 측정은 할 수 없습니다. 그래서 프로그램이 시작되기 전과 후의 사용률을 측정해서 비교한 것인데요, 이때 제너레이터는 이터레이터보다 압도적으로 빠르게 실행됐기 때문에 프로그램 실행 후 측정한 CPU, 메모리 사용률에서 아직 정리되지 않은 CPU와 메모리 사용률이 측정된 것입니다. 이터레이터의 경우 실행 시간이 오래 걸렸기 때문에 제일 많은 리소스를 사용하고 난 뒤 리소스가 정리될 무렵에 측정된 것입니다.

정확한 CPU와 메모리 사용률을 보려면 프로그램 수행 전반에 걸친 평균적인 사용률을 측정할 수 있는 라이브러리를 사용하거나 프로세스 모니터링을 통해서 확인하실 수 있습니다. 아니면 만들어진 리스트의 크기를 확인하는 것도 하나의 방법이 될 것입니다. 여기서는 실행 시간이 제너레이터가 이터레이터보다 압도적으로 빠르다는 것만 짚고 넘어가겠습니다.

⫶⫶⫶ Lazy Evaluation ⫶⫶⫶

제너레이터를 사용하는 이유 중의 하나가 바로 lazy evaluation입니다. 즉, 실행을 지연시키기 위해서입니다. lazy evaluation은 프로그래밍 기법 중 하나입니다. 필요할 때까지 실행하지 않고 지연시켰다가 필요할 때 실행하는 것인데요, 불필요한 실행을 줄이기 위해서 사용됩니다. lazy evaluation의 장점으로는 잠재적으로 무한 데이터 구조를 정의할 수 있습니다. 지금 당장 실행하지 않으니 필요할 때마다 이어서 실행하도록 하면 데이터의 길이의 제약을 받지 않습니다. 그래서 스트림 같은 처리에서 유용하게 사용됩니다. 또 불필요한 계산을 회피함으로써 성능 향상을 꾀할 수 있습니다. lazy evaluation의 대한 예제 코드는 바로 이어서 나오는 'Comprehension'을 알아본 뒤 보겠습니다.

Comprehension & Expression

comprehension과 expression은 코드를 더 간결하게 작성하기 위한 문법입니다. Lambda와 유사하다고 생각하면 됩니다. Lambda의 경우 표현식이 간결하지만 직관적이지는 않습니다. comprehension과 expression은 lambda의 이런 단점을 극복한 간결하고 직관적으로 사용이 가능한 문법입니다. comprehension은 흔히 list comprehension으로 알려져 있습니다. 하지만 사전이나 집합과 같은 컨테이너에도 사용할 수 있습니다. expression은 제너레이터에 대한 문법입니다. 하나씩 살펴보겠습니다.

░░ Comprehension ░░

comprehension은 iterable한 개체를 대상으로 동작합니다. iterable한 개체를 확장하거나 변경하는데 comprehension을 많이 사용합니다. 간단한 comprehension의 예제를 살펴보면서 iterable한 개체를 어떻게 사용하는지 확인해보겠습니다.

```
 1 ################################
 2 # File Name : comprehension.py
 3 ################################
 4 #!/usr/bin/python3
 5
 6 v_list = [1, 2, 3]
 7 v_dict_key = ["korea", "japen", "china"]
 8 v_dict_value = [82, 81, 86]
 9
10
11 def print_list_with_comprehension():
12     v_list_comprehension = [x*x for x in v_list]
13     print (v_list_comprehension)
14
15 def print_list_with_for():
16     result = []
```

```
17      for v in v_list:
18          result.append(v*v)
19      print (result)
20
21  def print_dict_with_comprehension():
22      v_dict_comprehension = {k:v for k, v in zip(v_dict_key, v_dict_value)}
23      print (v_dict_comprehension)
24
25
26  def print_dict_with_for():
27      result = {}
28      for k, v in zip(v_dict_key, v_dict_value):
29          result[k] = v
30      print (result)
31
32  def main():
33      print ("=== print list ===")
34      print (v_list)
35      print_list_with_comprehension()
36      print_list_with_for()
37
38      print ("=== print dict ===")
39      print (v_dict_key)
40      print (v_dict_value)
41      print_dict_with_comprehension()
42      print_dict_with_for()
43
44
45  if __name__ == "__main__":
46      main()
```

comprehension도 여러 가지가 있지만 대표적으로 리스트와 사전에 대해서만 예제 코드로 작성
했습니다. 리스트를 사용한 comprehension은 12번째 줄에 있습니다. 대괄호를 사용해서 감싸
고 iterable한 입력 시퀀스를 사용하면 list comprehension입니다. comprehension을 사용하지
않고 for 문을 사용해서 구현한 예제와 비교하겠습니다. 코드의 줄 수도 차이가 나지만 가독성 측
면에서 comprehension을 사용한 코드가 더 좋아 보입니다. 이건 취향적인 면일 수도 있으니 더
깊게 들어가지는 않겠습니다.

다음으로 사전을 이용한 comprehension을 확인해보겠습니다. 22번째 줄에 작성된 것이 사전 comprehension입니다. list comprehension과는 다르게 중괄호로 묶여 있습니다. 간단한 코드이니 내용은 더 설명하지 않고 실행 결과만 확인하고 comprehension에 대한 내용은 마무리하겠습니다.

```
$ python3 comprehension.py
=== print list ===
[1, 2, 3]
[1, 4, 9]
[1, 4, 9]
=== print dict ===
['korea', 'japen', 'china']
[82, 81, 86]
{'china': 86, 'korea': 82, 'japen': 81}
{'china': 86, 'korea': 82, 'japen': 81}
```

░ Generator Expression ░

Generator expression은 comprehension과 같은 역할을 합니다. 사용 방법은 동일하지만 문법은 조금 다릅니다. comprehension에서는 [ ]나 { }를 사용했지만 generator expression은 ( )를 사용합니다. 어렵지 않은 개념이라서 예제 코드를 보면서 살펴보겠습니다.

```
 1 ###############################
 2 # File Name : expression.py
 3 ###############################
 4 #!/usr/bin/python3
 5
 6 SAMPLE_LIST = [1, 2, 3, 4, 5]
 7
 8 def generate_sample_list():
 9     result = (x*x for x in SAMPLE_LIST)
10     print (result)
11     return result
```

```
12
13 def generate_list_by_range():
14     result = (i for i in range(10))
15     print (result)
16     return result
17
18 def print_generator(items):
19     for item in items:
20         print (item)
21
22 def main():
23     print ("=== print list ===")
24     print_generator(generate_sample_list())
25     print_generator(generate_list_by_range())
26
27
28 if __name__ == "__main__":
29     main()
```

예제 코드에는 2개의 함수가 있습니다. 샘플로 주어진 리스트의 값을 제곱하는 함수와 range 함수를 사용해 10개의 값을 만드는 함수입니다. 각각 generator expression을 사용해서 연산을 합니다. 하나는 샘플로부터 값을 만드는 것이고, 하나는 range 함수로 값을 만드는 예제입니다. 실행 결과를 보겠습니다.

```
$ python3 expression.py
=== print list ===
<generator object generate_sample_list.<locals>.<genexpr> at 0x7efffbfc2728>
1
4
9
16
25
<generator object generate_list_by_range.<locals>.<genexpr> at 0x7efffbfc2728>
0
1
2
3
4
```

```
5
6
7
8
9
```

실행 결과 각각의 함수에서 generator expression으로 만들어진 값은 모두 제너레이터입니다. 그
리고 값도 정상적으로 출력됐습니다. comprehension과 마찬가지로 기존의 알고 있던 로직을 간
결하고 간단한 문법으로 나타낸 것입니다.

⧚ Lazy Evaluation ⧚

앞서 lazy evaluation을 제너레이터의 장점 중 하나라고 소개했습니다. 그리고 예제 코드는
comprehension에서 본다고 이야기했는데요 지금 보겠습니다. lazy evaluation에 대한 예제 코드
는 여러 가지 방법으로 구현할 수 있습니다. 하지만 list comprehension과 generation expression
으로 비교한 예제가 가장 간단하고 이해가 쉬울 것 같아 comprehension을 학습하고 난 뒤에 보
려고 미뤄뒀습니다. 그럼 바로 예제 코드를 보겠습니다.

```
 1 ###############################
 2 # File Name : lazy_evaluation.py
 3 ###############################
 4 #!/usr/bin/python3
 5
 6 import time
 7
 8 def wait_return(num):
 9     print ("sleep")
10     time.sleep(0.5)
11     return num
12
13 def print_items(items):
14     for i in items:
```

```
15        print (i)
16
17 def main():
18     print ("=== print list comprehension ===")
19     iterator_list = [wait_return(i) for i in range(10)]
20     print_items(iterator_list)
21
22     print ("=== print generator expression ===")
23     iterator_list = (wait_return(i) for i in range(10))
24     print_items(iterator_list)
25
26
27 if __name__ == "__main__":
28     main()
```

예제는 list comprehension과 generator expression으로 리스트를 만들고 리스트에 있는 값을 출력하는 코드입니다. 그런데 리스트로 값을 만들기 전에 wait_return 함수를 거치게 되어 있습니다. wait_return 함수는 값을 입력받고 sleep이란 메시지를 출력한 뒤 0.5초 동안 멈췄다가 값을 반환하는 함수입니다. 단순히 코드만 보면 리스트를 만들 때 0.5초씩 지연되고 sleep이라는 메시지가 출력된 뒤 값이 출력될 것 같습니다. 정말 그런지 실행 결과를 확인해보겠습니다.

```
$ python3 lazy_evaluation.py
=== print list comprehension ===
sleep
sleep
sleep
sleep
sleep
sleep
sleep
sleep
sleep
sleep
0
1
2
3
```

```
4
5
6
7
8
9
=== print generator expression ===
sleep
0
sleep
1
sleep
2
sleep
3
sleep
4
sleep
5
sleep
6
sleep
7
sleep
8
sleep
9
```

실행 결과를 보면 comprehension과 expression이 각각 다르게 나왔습니다. list comprehension의 경우 예상한 대로 sleep이 먼저 쭉 출력되고 값이 출력됐습니다. 반면에 generator expression의 경우 sleep이 한 번 출력된 뒤 값이 출력되는 형식으로 실제 값을 출력할 때 sleep이 출력됐습니다.

즉, generator expression의 경우 wait_return 함수가 리스트를 만드는 시점에 호출된 것이 아니라 실제 값을 출력하는 print_items 함수에서 값을 사용할 때 실행된 것입니다. 바로 이것이 lazy evaluation입니다. 어떤 로직을 거쳐서 나온 값을 사용한다고 했을 때 미리 사용할 것 같은 값들을 다 계산하는 것이 아니라 실제로 사용될 때 계산하는 것입니다. 이렇게 함으로써 꼭 무한대의 값이 아니더라도 많은 데이터를 메모리의 영향 없이 처리할 수 있습니다.

Equality vs Identity

이번에는 흐름 제어라는 주제에서 살짝 벗어나서 파이썬에서 값을 비교하는 방식에 대한 이야기를 하려고 합니다. 앞서 Pythonic에 대해서 설명할 때 자료형별로 비교하는 방식에 대해서 이야기한 적이 있는데 그에 대한 내용입니다.

파이썬에서 값을 비교할 때 어떤 형식으로 사용하라고 권고문에 있습니다. PEP 8 프로그래밍 권고[12]에 적혀 있는데요 비교문 관련된 부분만 발췌해서 살펴보겠습니다.

```
Comparisons to singletons like None should always be done with is or is not, never
the equality operators.

Also, beware of writing if x when you really mean if x is not None -- e.g. when
testing whether a variable or argument that defaults to None was set to some other
value. The other value might have a type (such as a container) that could be false
in a boolean context!

[중략]

Don't compare boolean values to True or False using ==.

Yes:       if greeting:
No:        if greeting == True:
Worse:  if greeting is True:
```

내용을 살펴보면 Singleton을 비교할 때는 is나 is not을 사용하고 ==나 != 같은 연산자는 사용하지 말라고 적혀 있습니다. 그리고 if x라는 식을 작성할 때는 if x is not None인지 if x is True인지 구분해서 사용하라고 적혀 있습니다. 그리고 boolean 값을 == 연산자를 사용해서 True인지 False인지 비교하지 말라고 적혀 있습니다. 왜 이렇게 가이드한 것일까요?

---

12 https://www.python.org/dev/peps/pep-0008/#programming-recommendations

바로 equality와 identity 때문입니다. 즉, 동등성과 동일성의 문제입니다. 동등성을 검증할 때는 ==나 != 같은 연산자를 사용하고, 동일성을 검증할 때는 is나 is not 같은 연산자를 사용하는 것입니다. 마지막에 나온 boolean에 대한 권고문은 동등성과 동일성을 떠나서 이 값이 True인지 False인지 값을 명확하게 알려주기 때문에 아무런 연산자 없이 그냥 사용하라고 한 것입니다. 정리를 해보겠습니다.

1. True/False를 비교할 때는 if 문에 변수만 사용한다.
2. 동등성을 검증할 때는 =나 != 같은 연산자를 사용한다.
3. 동일성을 검증할 때는 is나 is not을 사용한다.

정리하고 보니 간단합니다. 그런데 왜 이런 규칙을 만들고 따르게 했을까요? 단순히 가독성 측면인 것도 맞지만 이렇게 코드를 작성하게 되면 가독성뿐만 아니라 효율성도 높아집니다. 그리고 잘못된 비교 방식을 사용하면 의도치 않은 결과가 나올 수도 있습니다. 어떤 경우가 있는지 하나씩 살펴보겠습니다.

⧉ Identity 검증의 허점 ⧉

먼저 의도치 않은 경우가 나올 때입니다.

```
1 ################################
2 # File Name : compare_identity.py
3 ################################
4 #!/usr/bin/python3
5
6 def main():
7     print ("=== compare identity ===")
8     print (999 is 999)
9     x = 999; y = 999;
10    print (x is y)
11    z = 999;
```

```
12      print (x is z)
13
14
15  if __name__ == "__main__":
16      main()
```

999라는 숫자를 is로 비교하고 값을 변수에 할당하고 비교하는 예제입니다. 모든 값이 True로 출력돼야 정상입니다. 실행 결과를 보겠습니다.

```
$ python3 compare_identity.py
=== compare identity ===
True
True
True
```

모든 값이 True로 출력됐습니다. 의도치 않은 경우가 나온다고 했는데 정상적으로 나옵니다. 그러면 이 코드를 파이썬 인터프리터(interpreter)로 실행해보겠습니다. 코드를 복사해서 그냥 Python 3 인터프리터에 붙여 넣고 실행해보겠습니다.

```
$ python3
Python 3.5.3 (default, Jan 19 2017, 14:11:04)
[GCC 6.3.0 20170118] on linux
Type "help", "copyright", "credits" or "license" for more information.
>>> print ("=== compare identity ===")
=== compare identity ===
>>> print (999 is 999)
True
>>> x = 999; y = 999;
>>> print (x is y)
True
>>> z = 999;
>>> print (x is z)
False
```

마지막의 z를 비교했을 때 값이 다르게 나왔습니다. True로 출력되어야 하는데 False가 나왔습니다. Python 3의 버그일까요? Python 2에서도 실행해보겠습니다.

```
$ python2
Python 2.7.13 (default, Nov 24 2017, 17:33:09)
[GCC 6.3.0 20170516] on linux2
Type "help", "copyright", "credits" or "license" for more information.
>>> print ("=== compare identity ===")
=== compare identity ===
>>> print (999 is 999)
True
>>> x = 999; y = 999;
>>> print (x is y)
True
>>> z = 999;
>>> print (x is z)
False
```

Python 2에서 실행한 결과도 동일하게 출력됐습니다. 마지막의 z에 할당한 값 999가 앞서 할당한 x와 다르다고 표시됐습니다. 왜 그럴까요? 바로 is가 동일성을 비교하기 때문입니다. 즉, 코드에서 실행된 x, y, z 변수는 모두 한 번에 처리되어 인터프리터가 최적화하여 하나의 메모리 영역을 가리키기 때문입니다. 반면에 인터프리터에서 실행한 코드의 경우 한 줄 단위로 최적화되기 때문에 따로 선언한 z는 최적화되지 못해서 별도의 메모리 영역에 할당된 것입니다.

말로만 설명하는 것보다 직접 코드로 확인해보겠습니다. 파이썬에서 객체의 identity를 검증해주는 id 라는 내장 함수가 있습니다. 이를 사용해서, 정말 최적화 여부 때문에 이런 현상이 발생했는지 검증해보겠습니다.

```
1 ###############################
2 # File Name : compare_identity_analysis.py
3 ###############################
4 #!/usr/bin/python3
5
```

```
 6 def main():
 7     print ("=== compare identity ===")
 8     print (999 is 999)
 9     x = 999; y = 999;
10     print (x is y)
11     z = 999;
12     print (x is z)
13
14     print (id(x))
15     print (id(y))
16     print (id(z))
17
18
19 if __name__ == "__main__":
20     main()
```

위의 예제 코드에서 하단부에 id 함수를 사용해서 각 변수의 identity 값을 출력하게 했습니다.
실행 결과를 확인해보겠습니다.

```
$ python3 compare_identity_analysis.py
=== compare identity ===
True
True
True
140394229359024
140394229359024
140394229359024
```

예상했던 대로 x, y, z 변수의 id 값이 모두 동일합니다. 때문에 동일성을 비교하는 is 연산자에서
모두 True가 출력된 것입니다. 그러면 이 코드를 인터프리터에서 실행해보겠습니다. Python 2
와 Python 3의 결과가 모두 동일하니 Python 3으로 측정한 결과만 확인하겠습니다.

```
$ python3
Python 3.5.3 (default, Jan 19 2017, 14:11:04)
```

```
[GCC 6.3.0 20170118] on linux
Type "help", "copyright", "credits" or "license" for more information.
>>> print ("=== compare identity ===")
=== compare identity ===
>>> print (999 is 999)
True
>>> x = 999; y = 999;
>>> print (x is y)
True
>>> z = 999;
>>> print (x is z)
False
>>>
>>> print (id(x))
139723602266960
>>> print (id(y))
139723602266960
>>> print (id(z))
139723601510544
```

마지막에 선언한 변수 z는 다른 id 값을 가지고 있습니다. 이로 인해서 동일성을 검증하는 구문에서 False가 출력된 것입니다. 즉 최적화 여부에 따라서 의도한 대로 또는 보이는 대로 코드가 동작하지 않을 수 있습니다. 그래서 비교문을 사용할 때는 True/False인지, 동일성을 검증하는 것인지, 동등성을 검증하는 것인지에 따라서 적절한 문법을 사용해야 합니다.

☰ 성능 ☰

이제 성능적인 부분을 살펴보겠습니다. 하지만 그 전에 None을 비교하는 방법부터 확인하고 넘어가겠습니다. 흔히 객체의 존재 유무를 파악하기 위해 None을 사용해서 비교합니다. 이때 어떤 연산자를 사용해서 비교해야 할까요? 이때는 값이 아니라 동일성을 비교하기 때문에 is를 사용해야 합니다. 그런데 일부러 값을 None으로 초기화한 경우는 어떨까요? 이런 경우는 동일성이 아니라 동등성을 검증하기 위함인데 마찬가지로 ==이 아니라 is로 비교해야 합니다.

None의 경우 파이썬에서 사용하기 위해 만들어진 NoneType 클래스입니다. 그래서 다른 변수에 값을 할당하거나 그냥 None의 값을 확인하더라도 같은 identity 값을 가집니다. 그래서 is로 비교하나 ==로 비교하나 결과의 차이는 없습니다. 그렇다면 왜 is로 비교해야 할까요? 바로 성능 때문입니다. None의 경우는 특수한 케이스로 동등성과 동일성을 모두 보장하지만 실제로는 동일성을 보장한다고 하는 것이 맞는 표현입니다. 그래서 동일성을 비교하는 방식으로 검증하는 것이 성능이 더 좋습니다. 예제 코드를 보고 이야기하겠습니다.

```python
1 ####################################
2 # File Name : compare_none.py
3 ####################################
4 #!/usr/bin/python3
5
6 import timeit
7
8 def average(items):
9     sum = 0
10    for item in items:
11        sum += float(item)
12
13    return sum / len(items)
14
15 def check_performance(compare_expression, condition):
16    results = timeit.Timer(compare_expression, setup=condition).repeat(100, 10000)
17    return average(results)
18
19 def main():
20    print ("=== compare x is not None ===")
21    print ("identity : %s" % check_performance("x is None", "x = 1"))
22    print ("equality : %s" % check_performance("x == None", "x = 1"))
23
24    print ("=== compare x is None ===")
25    print ("identity : %s" % check_performance("x is None", "x = None"))
26    print ("equality : %s" % check_performance("x == None", "x = None"))
27
28
29 if __name__ == "__main__":
30    main()
```

예제는 timeit이라는 파이썬 라이브러리를 사용해서 비교문을 수행하고 걸리는 시간을 측정했습니다. 10000번씩 실행하고 100번 반복한 결과의 평균값을 출력했습니다. 그리고 실제 None인 값과 None이 아닌 값을 사용해서 측정했습니다. 결과가 어떻게 나오는지 확인해보겠습니다.

```
$ python3 compare_none.py
=== compare x is not None ===
identity : 0.0008883497957140207
equality : 0.0014648244436830282
=== compare x is None ===
identity : 0.0009595294576138258
equality : 0.0012148461584001779
```

동일성을 검증한 is 구문이 훨씬 더 빠르게 나왔습니다. 2배까지는 안 되더라도 1.5배 정도는 더 빠르게 나왔습니다. 여러 차례 반복한 말이지만 이처럼 파이썬에서 정해 놓은 규칙을 이해하고 제대로 사용하면 가독성과 성능 모두 향상시킬 수 있습니다.

정리

이번 장에서는 파이썬의 기본 문법을 살펴봤습니다. 기본 문법을 조금 더 효율적으로 사용하는 방법과 앞 장에서 배운 개념적인 내용을 접목시켰습니다. 이론만 배우면 재미가 없지만 실제로 어떻게 활용되고, 어떤 효과가 있는지 보면 더 재미가 있습니다. 그래서 이번 장에서는 기본 문법을 더 효율적으로 작성하는 방법과 그로 인한 성능 향상에 초점을 두고 설명했습니다.

지금까지는 기본적인 내용이라고 볼 수 있습니다. 4장부터 흐름 제어에 관한 심화된 내용을 다루 겠습니다. 그 전에 먼저 개념적인 부분부터 확실히 짚고 심화 학습으로 넘어가기를 바랍니다.

참고 자료

1. Python Decorator : https://wiki.python.org/moin/PythonDecorators
2. Decorators For Functions and Methods : https://www.python.org/dev/peps/pep-0318/
3. functools : https://docs.python.org/2/library/functools.html
4. object.__init__ : https://docs.python.org/2.7/reference/datamodel.html#object.__init__
5. object.__call__ : https://docs.python.org/2.7/reference/datamodel.html#object.__call__
6. Iterator : https://en.wikipedia.org/wiki/Iterator#Python
7. Python glossary iterable : https://docs.python.org/3.6/glossary.html#term-iterable
8. Python glossary iterator : https://docs.python.org/3.6/glossary.html#term-iterator
9. Iterables vs Iterators vs Generators : http://nvie.com/posts/iterators-vs-generators/
10. List comprehensions : https://docs.python.org/2.7/whatsnew/2.0.html?highlight=comprehension#list-comprehensions
11. Generator : https://en.wikipedia.org/wiki/Generator_(computer_programming)
12. Iterator types : https://docs.python.org/2/library/stdtypes.html#iterator-types
13. Generator-iterator methods : https://docs.python.org/2/reference/expressions.html#generator-iterator-methods
14. Lazy evaluation : https://en.wikipedia.org/wiki/Lazy_evaluation
15. Fluent Python - O'Reilly (Luciano Ramalho)
16. Effective Python - Addison-Wesley (Brett Slatkin)

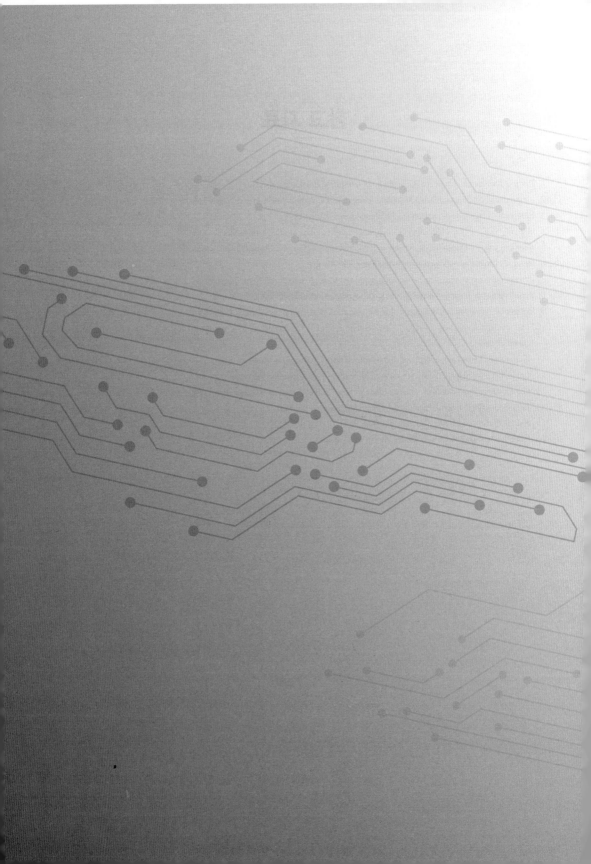

3장
동시성과 병렬성

개요
동시성과 병렬성
Process & Thread
Multiprocessing & Multithreading
Multi-tasking

동시성과 병렬성

개요

동시성(Concurrency)과 병렬성(Parallelism)은 프로그래밍에서 아주 중요한 요소입니다. 2가지 특성을 잘 활용해야 한정적인 자원으로 최대한의 성능을 끌어낼 수 있기 때문입니다. 두 기술에 대한 역사를 추적하는 일은 컴퓨터의 역사를 추적하는 일과 같을 정도로 두 기술이 컴퓨터의 역사에 많은 영향을 미쳤습니다.

초기에는 동시성을 활용해서 단일 코어 CPU에서 성능을 높이는 것이 목표였습니다. 이로 인해 CPU의 성능을 높이는 일에 중점적으로 매달렸습니다. 이와 관련하여 무어의 법칙(Moore's law)[1] 이라고 인텔의 공동 설립자인 고든 무어(Gordon Moore)가 이야기한 이론도 있습니다. 간단하게 말하면, 반도체 집적회로의 성능이 2년마다 2배로 증가하고 그에 따른 성능이 향상된다는 것입니다. 몇 가지 조건과 고든 무어가 말하지 않은 내용이 덧붙여져서 인용되고 있지만 이 책에서는 자세히 다루지 않겠습니다.

무어가 이야기하는 반도체 집적회로는 프로세서(processor)를 구성하는 기술입니다. 즉 CPU를 구성하는 기술이 발전하면 CPU의 컴퓨팅 성능도 함께 증가된다는 것입니다. 프로세서는 CPU 뿐만 아니라 GPU나 NPU 같은 프로세서도 포함합니다. 하지만 컴퓨터의 성능을 이야기할 때

---

1 https://en.wikipedia.org/wiki/Moore%27s_law

일반적으로 CPU를 기준으로 이야기하기 때문에 이 책에서도 프로세서를 CPU로 지칭하여 설명하겠습니다.

무어는 이 주기를 비교적 짧은 시기로 보고 있습니다. 그리고 실제로 무어의 법칙에서 이야기했던 성능 향상에 대한 비율은 대략 1975년부터 2010년까지는 잘 맞아떨어졌습니다. 하지만 그 이후부터는 이런 급격한 성능 향상 비율을 따라가지 못하고 있습니다. 이렇게 된 가장 큰 이유는 바로 발열입니다. 동일한 공간에 처리할 수 있는 반도체를 더 많이 심는 것이 집적회로의 성능을 높이는 것인데, 이렇게 회로의 직접도가 높아지면 처리하는 양이 많아지고 그 과정에서 자연스럽게 많은 열이 발생하게 됩니다. 이 열로 인해 회로가 망가지지 않도록 발열 처리를 해야 하는데, 이 처리 과정의 복잡도와 공정에 들어가는 비용이 엄청납니다. 그래서 단일 코어 CPU에서 멀티 코어 CPU로 관심이 넘어가게 되고, 멀티 코어 CPU에서 얻을 수 있는 경제적 이득이 단일 코어 CPU보다 높아지게 됐습니다.

멀티 코어 CPU에서는 하나의 코어에서 처리하던 일을 다른 코어들에게 일임할 수 있으니 성능이 더 향상됐습니다. 하지만 이것도 곧 한계에 부딪히게 됩니다. 단순히 일을 다른 코어에 넘겨주는 것만으로는 성능을 제대로 끌어내지 못할뿐더러 오히려 성능을 저하시키는 경우도 발생했습니다. 하나의 코어에만 작업이 몰려 성능이 저하되는 경우가 생겼죠. 그래서 멀티 코어 CPU에서는 작업을 병렬화하는 것이 주요한 이슈가 되었고, 각 코어들 간의 효율적인 작업 분배 즉 병렬화가 멀티 코어 CPU의 중점 과제가 됐습니다.

이 과정에서 암달의 법칙(Amdahl's law)이 발표됐습니다. 이 법칙은 어떤 작업 시간의 효율을 개선할 때 그 작업이 전체 작업에서 차지하는 시간에 따라 전체 성능의 향상률이 달라지게 된다는 법칙 내용입니다. 이로 인해 작업을 프로파일링하고, 어떤 부분의 효율을 얼마나 증가시키느냐에 따라 전체 성능이 얼마나 향상될지를 예측할 수 있게 됐습니다.

동시성과 병렬성 그리고 단일 코어 CPU와 멀티 코어 CPU에 대해서 간단히 살펴봤습니다. 깊게 살펴보면 더 재밌는 역사도 많고 더 복잡한 부분도 많습니다. 이 부분은 컴퓨터의 아키텍처나 병렬성을 다룬 책을 살펴보면 도움될 것입니다. 이외에도 '컴퓨터 구조 설계의 8가지 원칙,

아이디어'라고 해서 컴퓨터 구조 설계 시 중요한 내용을 정리한 것이 있습니다. 간단히 소개하 겠습니다.

- 무어의 법칙을 위한 설계 (Design for Moore's law)
- 간단한 설계를 위한 추상화 (Use abstraction to simplify design)
- 많이 사용하는 것을 빠르게 해라 (Make the common case fast)
- 병렬성을 이용한 성능 향상 (Performance via parallelism)
- 파이프라인을 이용한 성능 향상 (Performance via pipelining)
- 예측을 이용한 성능 향상 (Performance via prediction)
- 메모리의 계층을 이용 (Hierarchy of memories)
- 복수의 장치를 이용한 신뢰성 향상 (Dependability via redundancy)

컴퓨터 아키텍처에 관한 설계 원칙이지만 소프트웨어를 만들 때도 적용될 수 있습니다. 사실 컴 퓨터 아키텍처 위에서 소프트웨어가 동작하는 것이니 어떻게 보면 당연한 것입니다.

컴퓨터 역사에 관한 그리고 아키텍처에 관한 이야기는 이쯤에서 마무리하겠습니다. 이번 장에서 는 이런 개념을 이해하는 데 필요한 용어와 각각에 대한 기반 지식을 소개합니다.

동시성과 병렬성

⚞ I/O Bound vs CPU Bound ⚟

동시성과 병렬성에 대한 이야기를 하기 전에 I/O Bound와 CPU Bound에 대해 먼저 살펴보겠습니다. 각각의 특성에 대해서 파악을 하면 작업의 속성에 따라 적절한 로직으로 효율성을 극대화할 수 있습니다. I/O Bound와 CPU Bound가 어떤 특징을 가지고 있는지 알아보겠습니다.

먼저 I/O Bound는 이름에서도 알 수 있듯이 입력(Input)/출력(Output)의 영향을 받는 작업을 I/O Bound라고 표현합니다. 다시 말해 입력과 출력이 완료되기까지 대기하는 시간에 의해 작업 시간이 결정되는 일을 말합니다. 대표적으로 소켓(socket)이나 파일의 입력/출력과 관계된 일이 있습니다. 실제로 이런 작업들은 컴퓨터가 연산하는 시간보다 입력이나 출력이 완료될 때까지 대기하는 시간이 길어서 작업 시간이 늘어나게 됩니다.

CPU Bound는 CPU의 처리 시간에 따라 작업 시간이 결정되는 일을 말합니다. CPU Bound의 대표적인 예로는 암/복호화 연산이나 수학적 연산을 꼽을 수 있습니다. 즉, CPU Bound는 CPU의 성능이 좋으면 작업 시간을 단축시킬 수 있게 됩니다.

⚞ 병렬성 ⚟

병렬성(Parallelism)은 물리적으로 동시에 여러 가지 작업을 연산하는 것을 말합니다. 컴퓨터에서 CPU는 한 번에 하나의 연산만 수행할 수 있습니다. 그래서 CPU가 하나인 경우 병렬성을 구현할 수 없습니다. 더 정확하게 이야기하면 CPU의 코어의 개수에 따라 작업 처리에 영향을 받습니다. 결론적으로 병렬성을 구현하려면 동시에 작업할 수 있는 2개 이상의 연산 장치 즉, 멀티 코어가 필요합니다.

병렬성의 또 다른 특징으로 병렬화하는 주체를 어떤 것으로 할지 선택할 수 있습니다. 예를 들어 작업을 병렬화하는 것은 작업 병렬성이라고 하고, 작업하는 데이터를 병렬화하는 것을 데이터 병렬성이라고 합니다.

작업 병렬성은 동시에 구분된 작업을 수행합니다. 즉 동시에 2가지 이상의 작업을 처리합니다. 그래서 여러 개의 CPU에서 각각 다른 작업을 수행합니다. 반면에 데이터 병렬성은 동시에 같은 작업을 수행합니다. 하지만 작업을 처리하는 데이터가 각기 다릅니다. 그래서 데이터 병렬성의 경우 여러 개의 CPU에서 다른 데이터에 같은 작업을 처리합니다. 다음 그림으로 이해를 돕겠습니다.

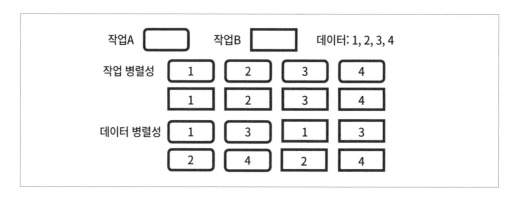

그림을 보면 작업 A는 모서리가 둥근 사각형이고, 작업 B는 모서리가 각진 사각형입니다. 그리고 각 작업에 사용되는 데이터는 총 4개가 있습니다. 작업 병렬성은 작업 A와 작업 B가 동시에 각각의 데이터를 처리합니다. 반면에 데이터 병렬성은 작업 A부터 데이터를 병렬로 실행하고 작업 B를 수행합니다. 이처럼 어떤 기준으로 병렬화할지에 따라 작업의 소요 시간도 달라지게 됩니다.

⫸ 동시성 ⫸

동시성(Concurrency)은 서로 독립적인 작업을 작은 단위로 나누고 번갈아 가면서 연산하는 것을 말합니다. 앞서 언급한 대로 컴퓨터는 한 번에 하나의 연산밖에 수행하지 못합니다. 그래서 큰 덩어리의 작업을 처리하고 있으면 그 작업이 끝날 때까지 다른 작업은 대기해야 합니다. 그래서 여러 개의 큰 덩어리 작업을 작은 단위로 나누고, 나누어진 작은 단위의 작업들을 번갈아 가면서 처리해서 하나의 작업이 끝나지 않아도 여러 가지 작업을 조금씩 수행할 수 있도록 한 것입니다. 일종의 시분할 작업 방식이라고 생각하면 됩니다.

컴퓨터에서 연산 속도는 매우 빠르기 때문에 작은 단위의 작업을 번갈아 가면서 처리하면 마치 동시에 여러 가지 작업을 수행하는 것처럼 보입니다. 동시성은 스케줄링을 통해 작업을 나눠서 처리하는 것이기 때문에 하나의 CPU에서도 사용이 가능합니다. 이러한 동시성을 그림으로 표현해보겠습니다.

병렬성에서의 상황과 같이 작업 A와 작업 B로 나눴고 총 4개의 데이터가 있습니다. 동시성은 동시에 일을 처리하는 병렬성과 달리 작업을 나눠서 여러 작업을 같이 진행합니다. 그래서 완료되는 시간이 병렬성으로 처리했을 때보다는 깁니다.

⫸ 동시성과 병렬성 ⫸

동시성과 병렬성에 대해서 살펴봤습니다. 병렬성의 경우 말 그대로 작업을 병렬해서 수행하는 것이고, 동시성은 작업을 잘게 나누어 여러 가지의 일을 동시에 수행하는 것입니다. 병렬성의 경우 하드웨어적인 의존도가 높습니다. 독립적으로 작업을 수행할 수 있는 CPU 코어의 개수에 의

존하기 때문입니다. 물론 소프트웨어로도 고민해야 하는 부분이 있습니다. 병렬로 작업을 분배하거나 작업된 결과를 가져오는 부분을 어떻게 설계할 것인가에 대해서는 고민해봐야 합니다. 이 부분이 성능에 직접적인 영향을 미칠 수 있기 때문이죠.

반면에 동시성의 경우 순수하게 소프트웨어로 고민해야 합니다. 작업을 어떻게 나눌지, 어떻게 분배할지 등에 대해서 고민이 필요합니다. 이러한 고민 속에서 탄생한 것이 바로 스레드입니다. 그 외에도 여러 가지 기술적인 개념들이 탄생했는데 자세한 내용은 뒤에서 다루겠습니다.

Process & Thread

프로세스(Process)와 스레드(Thread)는 이미 잘 알고 있을 것 같습니다. 프로세스와 스레드를 비교하거나 차이점을 설명하는 글도 꽤 많이 있고, 입사 면접이나 학교 시험에서도 꽤 많이 나오는 것으로 알고 있습니다. 그래도 다시 한 번 확인한다는 기분으로 프로세스와 스레드에 대해서 살펴보겠습니다.

⦚⦚ Process ⦚⦚

프로세스(Process)는 실행 중인 프로그램입니다. 달리 말하면 운영체제에서 어떤 프로그램을 실행시키기 위해서는 프로세스를 만들어야 합니다. 즉, 프로세스는 운영체제로부터 자원을 할당받아서 프로그램을 실행하는 작업의 최소 단위라고 볼 수 있습니다. 사실 프로그램은 명령어들이 모여 있는 집합에 불과합니다. 이 명령어 집합을 실행하는 것이 바로 프로세스입니다. 명령어들이 실행될 수 있도록 운영체제로부터 메모리나 주소 공간, 프로세서 등을 할당받고 프로그램이 가지고 있는 명령어들을 실행하는 것이죠. 프로세스는 크게 2가지로 분리할 수 있습니다. 커널

(운영체제) 레벨과 유저 레벨을 분리하는 것처럼 커널(운영체제)에서 실행되는 프로세스와 유저 레벨에서 실행되는 프로세스로 구분합니다.

프로세스는 서로 독립적인 메모리와 주소 공간을 할당받습니다. 그래서 프로세스 간의 정보를 교환하기 위해서는 별도의 통신 채널이 필요합니다. 이 통신 채널을 IPC(Inter-Process Communication)라고 부릅니다. IPC의 대표적인 예로는 socket, character device, shared memory 등이 있습니다. 서로 독립적인 메모리와 주소 공간을 갖고 있기 때문에 자원의 무결성과 동기화와 관련된 고민은 하지 않아도 됩니다. 단, shared memory와 같이 메모리를 공유하는 IPC를 사용하는 경우 무결성과 동기화에 대해서 처리해야 합니다.

⧣ Thread ⧣

스레드(Thread)는 프로세스 안에서 프로세스가 할당받은 자원을 이용하여 프로그램의 명령을 실행하는 최소 단위입니다. 스레드는 한 프로세스 내에서 실행의 흐름이나 프로세스 내의 주소 공간, 메모리 같은 자원들을 프로세스 내의 다른 스레드들과 공유할 수 있습니다.

스레드는 프로세스를 생성하는 비용을 줄이기 위해 고안된 개념입니다. 프로세스를 만들어서 작업을 처리하려면 프로세스를 만들기 위한 비용이 들게 됩니다. 프로세스에 자원을 할당하고, 서로 다른 프로세스 간의 정보를 교환하기 위해 IPC를 구현하고, 이를 통해서 정보를 교환해야 합니다. 이런 비용을 줄이기 위해 스레드가 등장했고, 프로세스 안에서 스레드를 여러 개 만들어 프로세스를 여러 번 만드는 비용을 줄이게 되었습니다.

하나의 프로세스에는 최소 하나의 스레드가 존재합니다. 필요에 따라서 프로세스 안에 여러 개의 스레드를 만들어서 명령을 처리하기도 합니다. 여러 개의 스레드가 프로세스 안에 존재할 때 각 스레드에서 사용하는 자원은 모두 공유됩니다. 그래서 IPC와 같은 별도의 통신 채널은 만들 필요가 없습니다. 하지만 사용하는 자원의 무결성과 동기화를 보장하기 위한 별도의 처리는 필요합니다.

░ Process vs Thread ░

프로세스와 스레드는 모두 동시성을 위해 고안된 개념입니다. 둘은 비슷한 점도 많지만 명백히 서로 다릅니다. 둘 간의 차이점을 명확하게 알고 있으면 어떤 때에 어떤 것을 사용하는 것이 더 효율적일지 쉽게 이해할 수 있습니다. 둘에 대한 차이점을 간략하게 살펴보겠습니다.

- 프로세스는 독립적으로 존재한다.
- 스레드는 프로세스의 한 부분으로 존재한다.

- 프로세스는 스레드보다 많은 상태 정보를 가진다.
- 스레드는 프로세스의 상태와 메모리, 기타 자원을 공유한다.

- 프로세스는 별도의 주소 공간을 가진다.
- 스레드는 프로세스 안에서 주소 공간을 공유한다.

- 프로세스는 IPC를 통해서만 자원을 교환할 수 있다.
- 스레드는 프로세스 안에서 모든 자원을 공유한다.

- 스레드 간의 문맥 교환은 프로세스 간의 문맥 교환보다 빠르다.

지금 설명한 내용은 일반적인 개념이며 멀티 코어 CPU 환경이 전제되어 있습니다. 그렇다고 단일 코어 CPU 환경과 멀티 코어 CPU 환경에서 프로세스와 스레드의 동작은 크게 다르지는 않습니다. 다만, 스레드의 경우 멀티 코어 CPU에서 더 신경을 써야 합니다.

단일 코어 CPU에서는 하나의 프로세스에서 안에서 하나의 스레드만 CPU를 사용할 수 있습니다. 하지만 멀티 코어 CPU에서는 하나의 프로세스에 있는 여러 개의 스레드가 동시에 실행될 수 있습니다. 사용할 수 있는 CPU가 여러 개이니 프로세스 안에서 스레드가 동시에 실행되는 경우도 발생합니다. 이로 인해 하나의 프로세스 안에서 자원을 공유하는 스레드의 자원 관리가 더욱 중요하게 된 것입니다.

Multiprocessing & Multithreading

멀티프로세싱(Multiprocessing)과 멀티스레딩(Multithreading)은 프로세스와 스레드와는 조금 다른 개념입니다. 프로세스와 스레드가 소프트웨어 부분에서 다뤄지는 개념이라고 한다면, 멀티 프로세싱과 멀티스레딩은 하드웨어 부분 그리고 아키텍처 부분에서 다루는 개념입니다. 멀티프 로세싱과 멀티스레딩 그리고 프로세스와 스레드는 개념이 명확하지 않으면 혼동하기 쉽습니다. 그래서 프로세스와 스레드처럼 간단하게 살펴보겠습니다.

⧫ Multiprocessing ⧫

멀티프로세싱(Multiprocessing)은 하나의 컴퓨팅 시스템, 일반적으로 컴퓨터라고 불리는 기계 에서 2개 이상의 CPU를 가지고 있는 것을 말합니다(즉, CPU가 2개 이상인 컴퓨터를 말합니 다). 단순히 CPU가 2개 이상이어서는 안 되고 2개의 CPU가 서로의 메모리나 기타 입력 장치들 을 공유하는 구조, 혹은 메커니즘이어야 합니다. 그래서, 2개 이상의 CPU를 활용 할 수 있는 시 스템이나 메커니즘을 멀티프로세싱이라고 부릅니다.

멀티프로세싱은 멀티태스킹(multi-tasking)과 혼용되어 사용되기도 합니다. 하지만 2개념은 명 백히 서로 다릅니다. 멀티프로세싱은 2개 이상의 CPU를 사용하여 병렬성을 구현한 것입니다. 반면에 멀티태스킹은 하나 이상의 CPU에서 동시에 여러 가지 일을 처리하도록 구현한 것입니 다. 멀티태스킹에 대해서는 뒤에서 다시 이야기하겠습니다.

멀티프로세싱을 구현하기 위한 방법은 여러 가지가 있습니다. 내부 메모리를 어떻게 사용하는지, 데이터 공유를 위한 방식은 어떤 것인지 등등에 따라 다릅니다. 이 책에서는 모든 방법을 다루지는 않고 대표적인 구조 2개만 살펴보겠습니다.

SMP(Symmetric Multiprocessing)

SMP(대칭적인 멀티프로세싱)는 일반적으로 우리가 사용하는 컴퓨터나 서버급 장비를 생각하면 됩니다. 메인보드에 2개 이상의 CPU를 장착할 수 있고, 이 CPU들이 대칭을 이루는 구조입니다. SMP에서는 모든 CPU들이 동등한 권리를 가지고 있습니다. 그리고 모두 같은 물리적 메모리에 접근할 수 있습니다.

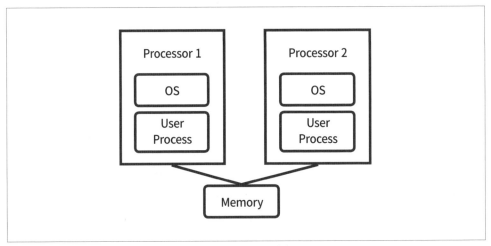

대칭적인 멀티프로세싱

그림을 보면 2개의 프로세서(CPU)가 하나의 메모리를 공유하고 있습니다. SMP는 공유 메모리 구조를 가지고 있고 각각의 CPU가 동일한 처리를 하는 대칭 구조의 멀티프로세싱 모델입니다.

ASMP(Asymmetric Multiprocessing)

ASMP(비대칭적인 멀티프로세싱)는 SMP와 다르게 CPU마다 다른 권리를 가지고 있습니다. CPU마다 다른 물리적인 공간을 가질 수 있고, 특정 프로세스는 특정 CPU에서만 동작하도록 설계할 수 있습니다.

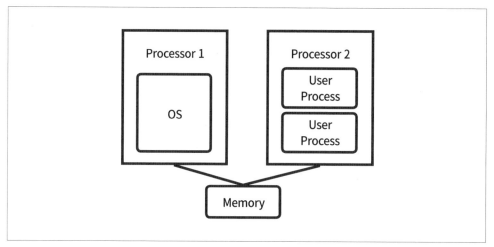

비대칭적인 멀티프로세싱

위의 그림이 ASMP 모델입니다. ASMP는 SMP와 마찬가지로 공유 메모리 구조를 가지고 있습니다. 하지만 각각의 프로세서(CPU)가 하는 일이 다릅니다. SMP와는 다르게 ASMP에서는 한쪽 CPU에서만 OS를 전담해서 처리할 수 있고, 특정 프로세스를 한쪽 CPU에서 전담하도록 처리할 수도 있습니다. CPU를 비대칭적으로 사용하기 때문에 비대칭적 멀티프로세싱 모델입니다.

Multithreading

멀티스레딩(Multithreading)은 하나의 CPU나 멀티 코어 CPU에서 하나의 코어가 동시에 여러 개의 프로세스나 스레드를 처리하는 것을 말합니다. 멀티스레딩은 프로세스나 스레드가 코어의 자원을 공유하고 있습니다. 다시 말해서 하나의 CPU, 코어에서 사용되는 자원을 프로세스나 스레드가 공유하고 있는 것입니다. 멀티프로세싱은 CPU들이 메모리를 공유하고 있었다면, 멀티스레딩은 CPU와 코어 안의 작업이 메모리를 공유하는 개념입니다.

프로세스와 스레드가 소프트웨어 부분이었다면, 멀티스레딩은 하드웨어와 소프트웨어가 결합된 부분입니다. 하드웨어에서도 멀티스레딩이 가능하도록 설계되어야 하고 운영체제에서도 이를 지원해야 합니다. 하나의 CPU, 코어에서 복수의 프로세스나 스레드를 사용하기 위해서는 공통으로 사용할 수 있는 자원을 관리해야 합니다. 예를 들어 코어의 CPU cache나 TLB(Translation Lookaside Buffers)와 같은 하드웨어 자원의 사용을 동기화하기 위한 동기화 메커니즘이 있어야 합니다.

멀티스레딩은 한정된 자원으로 여러 가지 작업을 동시에 처리하는 개념입니다. 따라서 여러 가지 작업을 조금씩 스케줄링하며 처리함으로써 전반적인 성능을 끌어올리는 데 의의가 있습니다. 세분화해서 이야기하면 이것저것 할 이야기가 많지만, 여기서 다룰 내용은 아닌 것 같습니다. 간단하게 멀티스레딩은 동시성을 H/W(OS Level)에서 극대화하기 위한 개념이라고 생각하면 될 것 같습니다.

마지막으로 종류에 대해서 간단히 말씀드리고 마치겠습니다. 멀티스레딩 개념을 기술로 구현한 것이 temporal multithreading과 SMT(simultaneous multithreading)입니다. SMT는 우리가 흔히 사용하는 PC나 노트북에 일반적으로 사용되는 기술입니다. temporal multithreading은 super-threading이라고도 부르는데 세부적으로 coarse-grained multithreading과 fine-grained multithreading으로 나뉩니다.

⚞ Hyper-threading ⚟

하이퍼스레딩(Hyper-threading)은 인텔에서 구현한 SMT(Simultaneous Multithreading) 기술의 상품명입니다. 하이퍼스레딩은 HT technology로 불리기도 하며 약어로 HTT나 HT라고도 부릅니다. 하이퍼스레딩은 실제 물리적인 CPU의 코어는 1개인데 이를 여러 개로 보이도록 만드는 기술입니다. 용어를 구분해서 실제 물리적인 코어를 물리 코어라고 부르고, 하이퍼스레딩으로 만들어진 코어를 논리 코어라고 부르겠습니다.

하이퍼스레딩은 실제 물리 코어와 같은 개수의 논리 코어를 만듭니다. 이렇게 하나의 CPU에 있는 코어의 개수를 2배로 만드는 기술입니다. 멀티스레딩 기술을 고도화시키기 위해 논리 코어를 만드는 것이죠. 하이퍼스레딩에 대한 내용은 간략하게 여기까지 이야기하겠습니다. 관심 있는 분들은 관련 자료를 찾아보기를 바랍니다.

Multi-tasking

멀티태스킹(Multi-tasking)은 '동시에 하나 이상의 일을 처리하는 것'이라고 말할 수 있습니다. 하지만 여기서 '동시에'는 병렬성의 개념이 아니라 동시성의 개념입니다. 작업을 나누어 처리해서 프로세서의 개수보다 동시에 많은 일을 처리하는 것이 멀티태스킹입니다. 즉, 동시성을 고도화한 기술인 것이죠. 멀티태스킹은 원래 단일 시스템을 여러 사용자가 공유하기 위해서 만들어진 개념입니다. 이를 단일 시스템에서 단일 작업으로 까지 확장시킨 것이죠. 초기 시스템은 싱글태스킹(single-tasking)이라고 해서 하나의 작업이 끝날 때까지는 다른 작업을 처리할 수 없었습니다.

멀티태스킹도 구현되는 방식에 따라서 종류가 나뉩니다. 하나의 작업을 처리하는 도중 다른 작업도 처리해야 하기 때문에 작업을 스케줄링하는 방식이 중요합니다. 그래서 작업을 스케줄링하는 방식에 따라 크게 2가지로 분류합니다.

먼저, 우선순위에 의해서 제어권을 선점하여 처리하는 방식으로 선점형(Preemptive) 멀티태스킹이 있습니다. 그리고, 선점하지 않고, 작업이 끝날 때까지 기다리는 비선점형(Non-

Preemptive) 멀티태스킹이 있습니다. 비선점형 멀티태스킹은 다른 말로 협력형(Cooperative) 멀티태스킹이라고도 부릅니다. 비선점형이라고 다른 작업이 끝날 때까지 기다리면 싱글태스킹과 차이가 없겠죠? 비선점형 멀티태스킹은 현재 진행 중인 작업이 완료되지 않았더라도 다른 작업에게 제어권을 자발적으로 넘겨줄 수 있습니다. 그래서 협력형 멀티태스킹이라고도 부릅니다. 지금 소개한 개념은 뒤에서 다룰 스레드나 멀티프로세스(multi-process), 코루틴(coroutine)에 대한 기반 지식이 되기 때문에 조금 더 살펴보겠습니다.

⧄ Preemptive Multitasking ⧄

선점형(Preemptive) 멀티태스킹은 말 그대로 작업의 선점이 허락되는 멀티태스킹 방법입니다. 인터럽트(Interrupt) 메커니즘에서 우선순위에 따라 현재 실행 중인 작업을 중지하고 다른 작업을 먼저 처리하도록 결정할 수 있습니다. 즉, 인터럽트 메커니즘에 의해 작업의 제어권이 변경됩니다.

선점형 멀티태스킹을 사용하면 I/O Bound 작업을 효율적으로 처리할 수 있습니다. I/O에 따른 대기 시간에 다른 작업을 처리하고 I/O 작업이 완료되면 인터럽트를 발생시켜 다시 작업을 이어서 할 수 있습니다. 대부분 운영체제의 경우 여러 I/O나 이벤트를 처리하기 위해서 선점형 멀티태스킹을 사용합니다.

선점형 멀티태스킹의 경우 인터럽트에 의해 프로세스가 중단될 수 있기 때문에 사용하는 자원에 대한 무결성을 보장하기 위해 동기화와 관련된 처리를 해야 합니다. 이로 인해 프로그램을 구현하는 데 어렵고 문제가 발생했을 경우 추적하기 어려운 점이 있습니다.

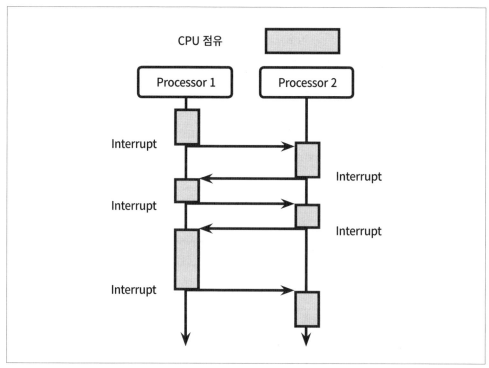

CPU 점유

Processor 1   Processor 2

Interrupt

                Interrupt

Interrupt

                Interrupt

Interrupt

선점형 멀티태스킹

위의 그림처럼 선점형 멀티태스킹은 인터럽트에 의해 CPU의 사용이 결정됩니다.

▨ Cooperative Multi-tasking ▨

협력형(Cooperative) 멀티태스킹은 작업의 제어권을 작업을 하는 주체인 프로세스가 가지고 있습니다. 그래서 자신이 유휴 상태이거나 특정 범위의 작업을 하고 나면 작업의 제어권을 양보합니다. 이후 다른 프로세스가 제어권을 양보해서 다시 제어권을 받게 되면 나머지 작업을 처리합니다.

협력형 멀티태스킹의 경우 프로세스를 사용하던 도중 인터럽트에 의해 다른 프로세스로 제어권이 넘어갈 일이 없으므로 사용하는 자원을 동기화하기 위해 별도의 처리를 할 필요가 없습니다 (멀티 코어 CPU 환경에서는 필요할 수도 있습니다). 프로세스 내에서 작업의 제어권을 양보할 시점만 조율하면 됩니다.

버그나 문제가 생기는 경우에도 인터럽트에 의한 부분을 고려하지 않고 작성된 로직으로만 파악할 수 있습니다. 그래서 선점형 멀티태스킹 방식으로 작성된 로직보다는 문제의 원인을 파악하기가 비교적 쉽습니다.

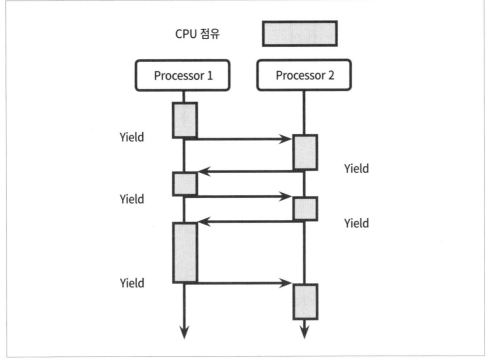

협력형 멀티태스킹

선점형 멀티태스킹과 비슷한 형태의 그림입니다. 하지만 작업을 넘겨주는 주체가 인터럽트 같은 외부 요인이 아닌 프로세스 자신입니다.

정리

동시성과 병렬성에 대한 기본 지식으로 여러 가지 용어를 살펴봤습니다. 용어가 비슷하기도 하고 내용이 복잡하기도 해서 정리를 위해 그림으로 표현했습니다.

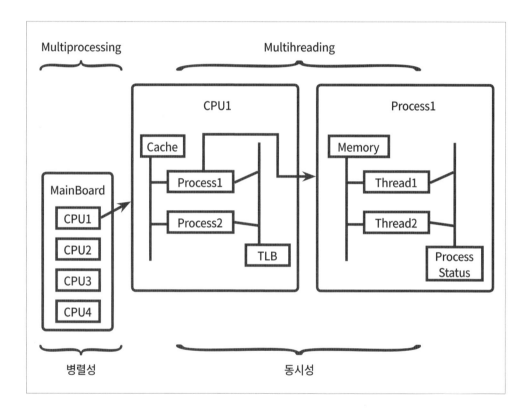

이 장에서 설명한 내용은 결국 이 한 장의 그림으로 요약할 수 있습니다. 멀티프로세싱은 이용 가능한 CPU의 개수를 늘리는 것이고, 실제 연산을 처리하는 CPU가 늘어나는 것이니 이는 병렬성을 극대화하는 개념입니다. 멀티스레딩은 하나의 CPU 또는 CPU의 한 코어에서 여러 가지의 일을 처리하고 이는 동시성을 극대화하는 개념입니다.

CPU 안에서 프로세스는 CPU의 자원인 CPU 캐시(cache)나 TLB 등을 공유하고, 프로세스는 내부적으로 여러 개의 스레드를 띄울 수 있습니다. 스레드들은 프로세스 안에서 동작하며 프로세스가 할당 받은 메모리나 프로세스의 상태를 공유합니다.

마지막으로 멀티스레딩은 작업을 분리하고 공유할 자원 선별하는 기술에 초점을 맞춘다면, 멀티태스킹은 이렇게 나뉘어진 작업을 어떤 식으로 번갈아가며 작업할 지에 초점을 맞추고 있습니다. 그래서 멀티스레딩은 멀티태스킹보다 좀 더 H/W와 OS 단계의 고민이 필요하고 설계가 필요합니다. 이와 관련된 내용에 흥미를 느낀다면 참고 자료를 살펴보기를 권합니다.

5장에서는 여기서 설명한 개념을 사용해서 파이썬에서 어떻게 기술을 구현하고 사용하는지에 대해 알아보겠습니다.

참고자료

1. Moore's law : https://en.wikipedia.org/wiki/Moore%27s_law
2. Amdahl's law : https://en.wikipedia.org/wiki/Amdahl%27s_law
3. 8 Great Ideas in Computer Architecture : https://www.d.umn.edu/~gshute/arch/great-ideas.xhtml
4. I/O Bound : https://en.wikipedia.org/wiki/I/O_bound
5. CPU Bound : https://en.wikipedia.org/wiki/CPU-bound
6. Process : https://en.wikipedia.org/wiki/Process_(computing)
7. Thread : https://en.wikipedia.org/wiki/Thread_(computing)
8. Multiprocessing : https://en.wikipedia.org/wiki/Multiprocessing
9. Multithreading : https://en.wikipedia.org/wiki/Multithreading_(computer_architecture)
10. Temporal multithreading : https://en.wikipedia.org/wiki/Temporal_multithreading
11. Simultaneous multithreading : https://en.wikipedia.org/wiki/Simultaneous_multithreading
12. Hyper-threading : https://en.wikipedia.org/wiki/Hyper-threading
13. Preemption Multi-tasking : https://en.wikipedia.org/wiki/Preemption_(computing)
14. Cooperative Multi-tasking : https://en.wikipedia.org/wiki/Cooperative_multitasking
15. Computer Architecture (A Quantitative Approach) - Morgan Kaufmann (John L. Hennessy & David A. Patterson)
16. 프로그래머가 몰랐던 멀티코어 CPU 이야기 - 한빛미디어 (김민장)

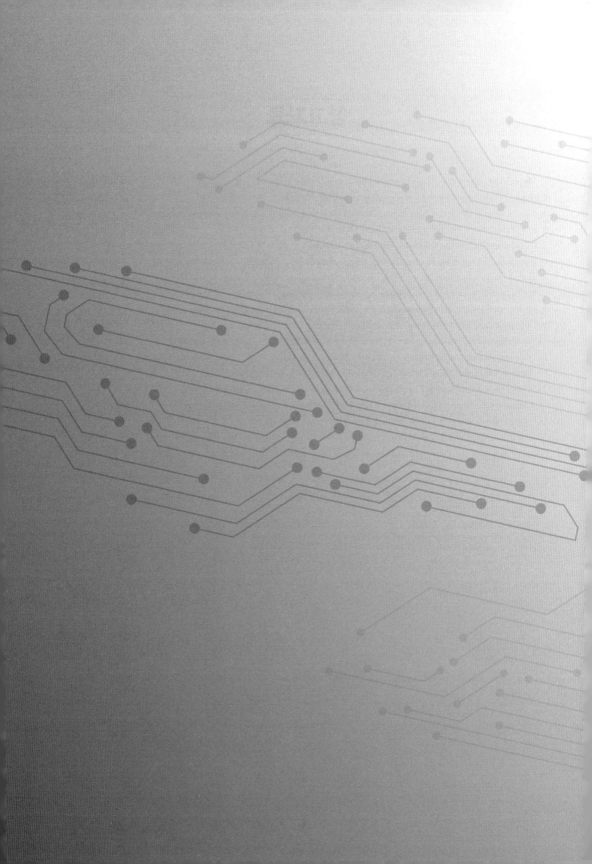

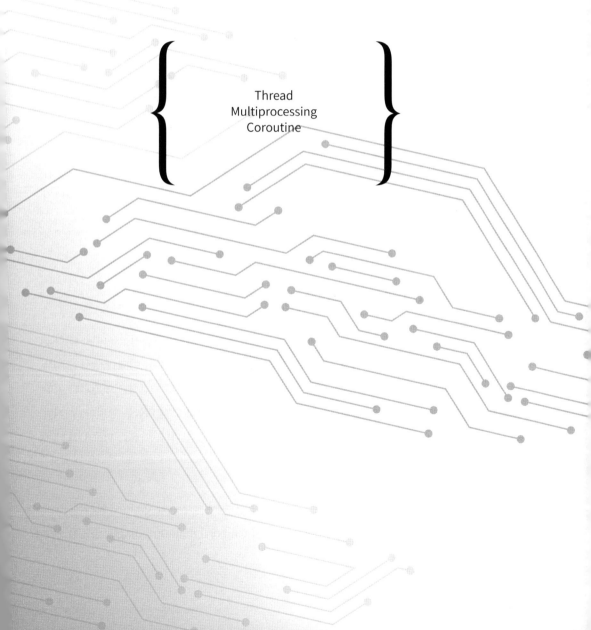

4장

동시성

{
Thread
Multiprocessing
Coroutine
}

동시성

Thread

스레드에 대한 개념은 앞에서 살펴봤으니 파이썬에서 스레드를 사용하기 위한 방법에 대해 알아보겠습니다. 하지만 그 전에 한 가지 확인해야 할 것이 있습니다. 바로 어떤 파이썬을 사용하는지입니다. 일반적으로 우리가 파이썬을 말할 때는 귀도 반 로섬(Guido van Rossum)이 만든 CPython을 말합니다. 그런데 CPython 말고도 Jython이나 Pypy와 같은 다양한 파이썬이 있습니다. 어떤 파이썬을 사용하느냐에 따라 스레드의 구현이 달라지게 됩니다. 이 책에서는 일반적으로 많이 사용하는 CPython을 기준으로 설명합니다.

░ GIL(Global Interpreter Lock) ░

앞서 이야기했지만 스레드와 프로세스는 동시성을 고도화하기 위해서 만들어졌습니다. 그리고 스레드는 하나의 프로세스 안에서 여러 개의 스레드를 생성할 수 있습니다. 이때 생성된 스레드들은 프로세스의 자원을 공유하게 됩니다. 그래서 스레드에서는 자원의 무결성과 동기화를 위한 로직을 구현해야 한다고 언급했습니다. GIL이 바로 CPython에서 그런 역할을 합니다. 하지만 이 GIL 때문에 역으로 스레드가 스레드의 기능을 온전히 하지 못합니다. 이유는 바로 GIL에서 유추할 수 있듯이 global lock이기 때문입니다.

락도 종류가 여러 가지가 있지만 크게 두 가지로 나뉩니다. 바로 coarse-grained lock과 fine-grained 락입니다. 익숙한 단어가 보이는데 앞 장에서 temporal multithreading의 종류를 설명할 때 나왔던 단어입니다. 그곳에서도 같은 의미로 사용되었는데요 두 락에 대해서 간략하게 설명을 하겠습니다.

coarse-grained lock은 큰 단위로 락을 잡는 방식입니다. 반대로 fine-grained 락은 락을 작은 단위로 나눠서 잡는 방식입니다. 동시성을 극대화하기 위해 하나의 CPU에 코어를 만들어서 여러 작업을 수행할 수 있도록 만들었습니다. 하지만 CPU의 자원은 코어가 여러 개더라도 한 번에 하나의 코어만 사용할 수 있습니다. 그래서 멀티 코어 CPU에서는 coarse-grained 방식으로 락을 잡는 것보다는 fine-grained 방식으로 락을 세분화해서 잡는 것이 더 좋습니다. 그래야 하나의 작업이 락을 잡고 있는 시간이 줄어들게 되고 여러 스레드에서 락을 잡을 수 있는 확률이 높아져서 작업을 빠르게 처리할 수 있습니다. 반면에 단일 코어 CPU에서는 굳이 락을 작은 단위로 잡을 필요가 없습니다. 락을 빈번하게 잡게 되면 락을 기다리기 위한 시간이나 문맥 교환 비용이 들기 때문에 락을 덜 잡는 방향으로 가는 것이 성능에 더 유리합니다.

그러면 GIL은 어떤 방식인지 알아보겠습니다. GIL은 coarse-grained 락입니다. 그래서 사실 CPython에서 스레드를 여러 개 생성하는 것은 생각보다 효율적이지 않습니다. 실제로 파이썬 문서[1]에서도 CPython에서는 GIL의 영향 때문에 멀티 코어 CPU 장비에서는 스레드보다 멀티 프로세싱이나 concurrent.futures.ProcessPoolExecutor를 사용하라고 권고합니다. 갑자기 나온 두 기술에 대해서는 뒤에서 따로 살펴보겠습니다.

그렇다면 왜 CPython에서는 GIL을 사용했을까요? GIL은 단일 코어 CPU 환경에서 성능이 빠릅니다. 그리고 C 라이브러리를 사용할 때 GIL을 사용하면 스레드에 대한 고려를 할 필요가 없습니다. 전역으로 락을 잡기 때문이죠. 또 CPython은 C 언어로 작성된 파이썬이기 때문에 C 라이브러리에 대한 편의성도 중요했을 것입니다.

---

1 https://docs.python.org/3.6/library/threading.html#thread-objects

그리고 앞서 동시성을 이야기하면서 I/O bound 작업과 CPU bound 작업이 있다고 언급했습니다. GIL은 CPU bound에는 취약하지만 I/O bound에는 영향이 없습니다. 그리고 세세하게 락을 설계하지 않아도 되기 때문에 구현이 쉽습니다. GIL의 장점도 많이 있지만 이로 인해 실제 파이썬에서 스레드를 사용할 때 원하는 효과를 얻을 수 없습니다. 그래서 GIL을 사용한 것에 대해서 많은 논란이 있습니다. GIL을 없애려는 많은 작업이 있었고 현재도 진행 중입니다. 하지만 아직까지는 GIL을 없애지는 못하고 있습니다. 관심 있는 독자는 Python wiki의 Global Interpreter Lock[2] 부분을 참고하세요.

⧄ Thread의 구현 ⧄

파이썬에서 스레드를 구현하는 방법은 2가지가 있습니다. 첫 번째는 저수준의 라이브러리를 사용해서 구현하는 방법입니다. 두 번째는 고수준의 라이브러리를 사용해서 구현하는 방법입니다. 저수준의 라이브러리를 사용하게 되면 thread pool이나 lock을 커스터마이징할 수 있고 스레드에서 사용하는 원시적인 기능을 원하는 대로 변경해서 사용할 수 있습니다. 하지만 고수준의 라이브러리를 사용하는 것보다는 복잡하고 어렵습니다. 고수준의 라이브러리는 파이썬에서 일반적으로 많이 사용합니다. 비교적 쉽고, 간편하게 사용할 수 있기 때문입니다.

저수준 라이브러리로 Python 2에서는 스레드를 사용하고 Python 3에서는 _thread를 사용합니다. 같은 역할을 하지만 이름이 변경됐습니다. 그리고 thread와 _thread는 POSIX thread(pthread) 기반인 환경에서만 동작합니다. 반면에 고수준 라이브러리는 Python 2와 Python 3 둘 모두 threading을 사용합니다.

---

2 https://wiki.python.org/moin/GlobalInterpreterLock

이 책에서는 고수준 라이브러리의 스레드 처리만 다룹니다. 먼저 고수준 라이브러리에서 어떻게 동작하는지 살펴본 뒤 저수준 레벨의 처리가 필요하거나 궁금한 독자는 관련된 자료를 추가로 찾아보는 것이 좋을 것 같습니다. 그럼 고수준 라이브러리인 threading 모듈의 사용 방법을 예제를 통해서 확인해보겠습니다.

```python
1  ################################
2  # File Name : basic_threading_function.py
3  ################################
4  #!/usr/bin/python3
5
6  import threading
7
8  def worker(count):
9      print ("name : %s, argument : %s" % (threading.currentThread().getName(),
count))
10
11 def main():
12     for i in range(5):
13         t = threading.Thread(target=worker, name="thread %i" % i, args=(i,))
14         t.start()
15
16
17 if __name__ == "__main__":
18     main()
```

threading 라이브러리를 사용해서 스레드를 만드는 것은 간단합니다. threading 모듈의 스레드 클래스에 스레드로 처리할 함수를 넣고 초기화합니다. 그리고 start 메서드를 실행하면 됩니다. 스레드 클래스를 초기화할 때 스레드의 이름이나 매개변수도 설정할 수 있습니다. 예제 코드에서 스레드를 사용하기 위해 작성한 코드는 단 2줄밖에 되지 않습니다. 실행 결과도 살펴보겠습니다.

```
$ python3 basic_threading_function.py
name : thread 0, argument : 0
name : thread 1, argument : 1
name : thread 2, argument : 2
```

```
name : thread 3, argument : 3
name : thread 4, argument : 4
$
$ python3 basic_threading_function.py
name : thread 0, argument : 0
name : thread 1, argument : 1
name : thread 3, argument : 3
name : thread 2, argument : 2
name : thread 4, argument : 4
```

실행을 하게 되면 실행할 때마다 실행 결과가 달라지는 것을 확인할 수 있습니다. 스레드로 실행되기 때문에 비순차적으로 작업이 실행돼서 결과도 달라지는 것입니다. 여기서 중요한 것은 테스트하는 환경에 따라서 무조건 순차적으로 실행되기도 합니다.

이러한 환경은 CPU의 개수, 정확히는 코어가 1개인 경우입니다. CPU가 1개더라도 코어가 2개 이상이면 위와 같은 비순차적인 실행이 나타납니다. 하지만 코어가 1개이면 스레드를 사용하더라도 순차적으로 실행됩니다. 위와 같은 비순차적인 실행 결과를 두드러지게 확인하려면 사용하는 테스트 장비의 코어 개수를 늘리면 됩니다.

위의 예제는 스레드에서 실행시킬 함수를 만들어서 threading.Thread 클래스에 등록하여 스레드를 구현했습니다. 물론 클래스를 이용하여 스레드를 구현할 수도 있습니다. threading.Thread 클래스를 상속받고 스레드에서 실행될 run 함수를 만들어주면 됩니다. 이전과 똑같은 예제를 클래스로 구현해보겠습니다.

```
 1 ################################
 2 # File Name : basic_threading_class.py
 3 ################################
 4 #!/usr/bin/python3
 5
 6 import threading
 7
 8 class Worker(threading.Thread):
 9
10     def __init__(self, args, name=""):
```

```
11          threading.Thread.__init__(self)
12          self.args = args
13
14      def run(self):
15          print ("name : %s, argument : %s" % (threading.currentThread().getName(),
16                                          self.args[0]))
17
18
19 def main():
20      for i in range(5):
21          t = Worker(name="thread %i" % i, args=(i,))
22          t.start()
23
24
25 if __name__ == "__main__":
26      main()
```

예제 코드를 보면 Worker 클래스를 만들고 threading. Thread 모듈을 상속받았습니다. 다음으로 생성자에서 상속받은 threading. Thread의 생성자를 호출했습니다. 꼭 생성자를 만들지 않아도 되지만 만들게 되면, threading. Thread의 생성자를 호출해야 합니다. 그렇지 않으면 관련된 모듈이 초기화되지 않아서 오류가 발생합니다. 클래스의 생성자는 def __init__(self)와 같이 간단하게 생성할 수도 있습니다. 하지만 인자를 받으려면 def __init__(self, args)와 같은 형식으로 작성해야 합니다. 예제에서 threading. Thread 클래스를 초기화할 때와 같은 형식으로 생성자를 만들어야 합니다.

다음으로 살펴볼 부분은 run 메서드입니다. 스레드 클래스의 start 메서드를 호출하면 결국 내부적으로 run 메서드를 호출하게 됩니다. 그래서 예제에서도 run 메서드를 구현하여 외부에서 start 메서드를 호출했을 때 스레드에서 동작시킬 로직을 구현했습니다. 실행 결과도 이전의 예제와 똑같은지 확인해보겠습니다.

```
$ python3 basic_threading_class.py
name : Thread-1, argument : 0
name : Thread-2, argument : 1
name : Thread-4, argument : 3
```

```
name : Thread-3, argument : 2
name : Thread-5, argument : 4

$ python3 basic_threading_class.py
name : Thread-1, argument : 0
name : Thread-2, argument : 1
name : Thread-3, argument : 2
name : Thread-4, argument : 3
name : Thread-5, argument : 4
```

출력되는 순서는 다르지만 실행 결과의 틀은 똑같습니다. 이처럼 상황에 맞게 클래스로 구현해
서 사용하거나 함수로 사용할 수 있습니다.

▨ Thread의 로깅 ▨

앞으로 본격적으로 스레드에 관한 예제를 다루기 전에 로그를 남기는 방식에 대해서 먼저 이야
기해야 합니다. 파이썬에서 로그를 남길 때 logging 모듈을 사용하거나 간단히 print 문을 사용
합니다. Python 3의 경우 두 방식을 모두 사용해도 상관없지만 Python 2에서 print는 스레드에
서 안전한 함수가 아닙니다. 위의 스레드 예제를 Python 2에서 실행해보면 위와 같은 예제에서
도 print가 되는 방식이 불규칙합니다. 예를 들면 실행 결과가 아래와 같이 나옵니다.

```
$ python basic_threading_function.py
name : thread 0, argument : 0
name : thread 1, argument : 1
 name : thread 2, argument : 2
 name : thread 3, argument : 3
name : thread 4, argument : 4
```

균일하게 출력되는 것이 아니라 어떤 것은 출력 시 앞에 공백이 포함됩니다. 실행할 때마다 이런
식으로 출력 라인이나 결과가 조금씩 다릅니다. 하지만 Python 3으로 실행하게 되면 모두 공백
없이 균일하게 출력 됩니다.

```
$ python3 basic_threading_function.py
name : thread 0, argument : 0
name : thread 1, argument : 1
name : thread 2, argument : 2
name : thread 3, argument : 3
name : thread 4, argument : 4
```

Python 2에서는 print 문을 실행할 때 스레드에 별 다른 조치 없이 실행되기 때문입니다. 락과 같은 메커니즘이 없고 원자적(atomic)으로 실행되지 않아서 출력이 동시에 되거나 flush 타이밍이 알맞지 않게 되는 등 의도치 않은 결과가 나올 수 있습니다.

안전하게 출력을 하려면 스레드에 안전한 logging 모듈을 사용하는 것이 좋습니다. 앞에서 작성한 예제를 logging 모듈을 사용해서 출력하게 변경해보겠습니다.

```
1  ###################################
2  # File Name : logging_and_threading.py
3  ###################################
4  #!/usr/bin/python3
5
6  import logging
7  import threading
8
9
10 logging.basicConfig(level=logging.DEBUG, format="name : %(threadName)s,
11                                     argument : %(message)s")
12
13 def worker(count):
14     logging.debug(count)
15
16 def main():
17     for i in range(5):
18         t = threading.Thread(target=worker, name="thread %i" % i, args=(i,))
19         t.start()
20
21
22 if __name__ == "__main__":
23     main()
```

간단한 예제이기 때문에 코드에 대한 설명은 생략하겠습니다. 이처럼 logging 모듈을 사용해서 로그를 바로 출력할 수도 있고 파일에 기록할 수도 있습니다. 또 로그 레벨을 이용해서 선별적으로 로그를 남길 수도 있습니다. 그리고 출력 형식을 만들어서 로그를 남길 수도 있습니다.

```
$ python3 logging_and_threading.py
name : thread 0, argument : 0
name : thread 1, argument : 1
name : thread 2, argument : 2
name : thread 3, argument : 3
name : thread 4, argument : 4
```

⧚ Daemon Thread ⧚

스레드를 데몬(daemon)으로 만들어서 사용할 수도 있습니다. 주요 작업은 main 스레드에서 따로 수행하고 백그라운드에서 실행할 스레드를 데몬으로 띄워서 동작시키는 것입니다. 데몬으로 스레드를 띄우게 되면 그 스레드에 접근해서 어떤 조작을 할 수 없습니다. 그리고 강제로 종료시키기도 어렵습니다.

그렇다면 왜 데몬으로 스레드를 띄울까요? 데몬으로 스레드를 띄우지 않고 그냥 띄우게 되면 해당 스레드가 종료될 때까지 기다리게 됩니다. 즉, 그동안 메인 프로그램을 종료되지 않습니다. 그래서 다른 프로그램의 health check를 한다거나, 모니터링 목적, 또는 프로그램이 실행 중일 때, 일정 주기마다 어떤 동작을 반복하는 작업을 구현할 때, 데몬이 아닌 그냥 스레드로 띄운다면 적절히 종료시키는 작업을 별도로 구현해야 합니다. 하지만 데몬 스레드로 띄우면 메인 프로그램 로직이 종료되면 자동으로 종료되니 다른 처리를 신경 쓰지 않아도 됩니다.

프로그램을 실행할 때 필요한 정기적이고 부수적인 작업들은 데몬 스레드로 띄웁니다. 그래서 메인 프로그램이 종료되면 같이 종료되게 합니다. 반면에 프로그램에 필수적인 작업들은 데몬이 아닌 스레드로 띄웁니다. 그래서 작업이 끝날 때까지 메인 프로그램이 종료되지 않도록 하면 됩니다. 그럼 어떻게 데몬 스레드를 만들 수 있는지 예제 코드로 살펴보겠습니다.

```
 1 ###############################
 2 # File Name : daemon_thread.py
 3 ###############################
 4 #!/usr/bin/python3
 5
 6 import time
 7 import logging
 8 import threading
 9
10 logging.basicConfig(level=logging.DEBUG, format="(%(threadName)s) %(message)s")
11
12
13 def daemon():
14     logging.debug("Start")
15     time.sleep(5)
16     logging.debug("Exit")
17
18 def main():
19     t = threading.Thread(name="daemon", target=daemon)
20     t.setDaemon(True)
21
22     t.start()
23
24
25 if __name__ == "__main__":
26     main()
```

예제 코드의 20번째 줄을 보면 스레드를 데몬으로 만들기 위한 코드가 나옵니다. setDaemon 메서드를 호출해서 값을 True로 설정하면 됩니다. 기본 값은 False이기 때문에 아무런 설정을 하지 않는 경우 데몬 스레드로 동작하지 않습니다.

```
$ python daemon_thread.py
(daemon) Start
```

실행 결과를 보면 그냥 Start라는 메시지만 출력했습니다. 의도한 대로면 5초 동안 기다린 뒤 Exit라는 메시지도 출력해야 하는데 Start만 출력하고 종료됐습니다. 그 이유는 바로 위에서 언급한 데몬 thread의 특징 때문입니다.

메인 프로그램이 종료되면 데몬 스레드도 같이 종료되기 때문입니다. 그렇다면 데몬으로 띄운 스레드는 무조건 메인 프로그램이 종료되면 같이 종료되는 걸까요? 데몬 스레드도 작업이 완료될 때까지 기다리게 할 수는 없을까요? 물론 가능합니다. join 메서드를 사용해서 실행 중인 스레드가 종료되기를 기다리면 됩니다. 예제 코드를 통해 살펴보겠습니다.

```
 1 ###################################
 2 # File Name : daemon_thread_join.py
 3 ###################################
 4 #!/usr/bin/python3
 5
 6 import time
 7 import logging
 8 import threading
 9
10
11 logging.basicConfig(level=logging.DEBUG, format="(%(threadName)s) %(message)s")
12
13 def daemon():
14     logging.debug("Start")
15     time.sleep(5)
16     logging.debug("Exit")
17
18 def main():
19     t = threading.Thread(name="daemon", target=daemon)
20     t.setDaemon(True)
21
22     t.start()
23     t.join()
24
25
26 if __name__ == "__main__":
27     main()
```

미리 이야기한 대로 앞의 예제 코드에서 join 메서드를 추가한 것밖에는 없습니다. 실행 결과는 어떻게 달라졌는지 확인해보겠습니다.

```
$ python3 daemon_thread_join.py
(daemon) Start
(daemon) Exit
```

의도했던 대로 메시지가 정상적으로 출력됐습니다. 이처럼 스레드도 적절하게 데몬으로 띄울 것
과 아닌 것을 구분해서 동작시키면 프로그램을 더 효율적으로 만들 수 있습니다.

░░ Thread Event ░░

파이썬의 threading 모듈에서는 스레드 간의 간단한 통신을 위해 이벤트를 사용합니다. 스레드
에서 제공하는 이벤트는 이벤트를 설정하고, 초기화하고, 기다리는 간단한 동작을 제공합니다.
스레드를 사용함에 있어 특정 조건에 따라 스레드를 동작시킬 때 유용합니다. 간단한 예제를 통
해서 살펴보겠습니다.

```
1 ################################
2 # File Name : thread_event.py
3 ################################
4 #!/usr/bin/python3
5
6 import time
7 import logging
8 import threading
9
10
11 logging.basicConfig(level=logging.DEBUG, format="(%(threadName)s) %(message)s")
12
13
14 def first_wait(e1, e2):
15     while not e1.isSet():
16         event = e1.wait(1)
17         logging.debug("Event status : (%s)", event)
18
19         if event:
```

```
20              logging.debug("e1 is set.")
21              time.sleep (3)
22              logging.debug("Set e2")
23              e2.set()
24
25
26  def second_wait(e2):
27      while not e2.isSet():
28          event = e2.wait(1)
29          logging.debug("Event status : (%s)", event)
30
31          if event:
32              logging.debug("e2 is set.")
33
34  def main():
35      e1 = threading.Event()
36      e2 = threading.Event()
37
38      t1 = threading.Thread(name="first", target=first_wait, args=(e1, e2))
39      t1.start()
40
41      t2 = threading.Thread(name="second", target=second_wait, args=(e2,))
42      t2.start()
43
44      logging.debug("Wait ...")
45      time.sleep(5)
46      logging.debug("Set e1")
47      e1.set()
48      time.sleep(5)
49      logging.debug("Exit")
50
51
52  if __name__ == "__main__":
53      main()
```

예제는 메인 스레드와 2개의 스레드 간의 이벤트 통신을 구현한 코드입니다. 순차적인 흐름에 따라 실행되는 로직이 아니니 각각의 스레드별로 나눠 설명하겠습니다.

먼저 메인 스레드, 즉 메인 로직은 스레드 이벤트 객체를 2개 설정합니다. 그리고 첫 번째 스레드에는 두 이벤트 객체를 인자로 넘겨주고, 두 번째 스레드에는 두 번째 이벤트 객체를 넘겨줍니다. 그 후 5초 동안 멈췄다가 첫 번째 이벤트 객체인 e1을 설정합니다. 그리고 다시 5초를 멈췄다가 프로그램을 종료합니다.

첫 번째 스레드는 이벤트 객체 2개를 받고 넘겨받은 이벤트 중 첫 번째 이벤트인 e1이 설정될 때까지 대기합니다. 15번째 줄의 e1.isSet 메서드는 따로 락을 사용하는 것이 아니라서 block되지 않고 상태를 확인할 수 있습니다. 그리고 16번째 줄의 wait 메서드는 인자로 받은 시간만큼 대기한 뒤 이벤트의 값을 반환합니다. 만약 인자로 아무런 값도 주지 않았다면 block된 상태로 이벤트가 설정될 때까지 기다립니다. 그렇게 e1이 설정되기를 기다렸다가 e1이 설정되면 5초간 기다리다 이벤트 e2를 설정하고 종료됩니다.

두 번째 스레드는 이벤트 e2가 설정될 때까지 기다립니다. 이벤트 e2가 설정되면 바로 종료됩니다. 이제 실행 결과를 살펴보겠습니다.

```
$ python3 thread_event.py
(MainThread) Wait ...
(first) Event status : (False)
(second) Event status : (False)
(first) Event status : (False)
(second) Event status : (False)
(first) Event status : (False)
(second) Event status : (False)
(first) Event status : (False)
(second) Event status : (False)
(MainThread) Set e1
(first) Event status : (True)
(first) e1 is set.
(second) Event status : (False)
(second) Event status : (False)
(second) Event status : (False)
(first) Set e2
(second) Event status : (True)
(second) e2 is set.
(MainThread) Exit
```

실행 결과를 보면, 메인 스레드에서 두 스레드를 띄우고 나서, 두 스레드는 계속 기다리면서 로그를 남기고 있습니다. 그러다가 메인 스레드에서 이벤트 e1을 설정하니 첫 번째 스레드는 이벤트 상태를 True로 출력합니다. 그리고 3초간 멈춥니다. 그동안 두 번째 스레드는 계속 대기하면서 로그를 남기고 있습니다. 1초마다 상태를 확인하게 되어 있어 첫 번째 스레드가 3초 동안 대기할 때 두 번째 스레드에서 3번의 메시지가 출력됐습니다. 첫 번째 스레드에서 이벤트 e2를 설정하면 첫 번째 스레드는 종료되고, 두 번째 스레드도 이벤트의 상태를 출력하고 종료됩니다. 메인 스레드는 첫 번째 이벤트를 설정하고 5초간 멈춰 있는데 그 전에 위의 과정이 모두 끝나고 5초가 지나면 메인 스레드도 종료됩니다.

스레드와 같이 동시성을 고도화하는 기능을 예제로 설명하다 보면 비순차적으로 작업이 진행되기 때문에 설명이 장황해집니다. 그래서 코드를 분석한 내용을 참고해서 직접 실행해보는 것이 더 이해하기가 쉽습니다.

⧗ Thread Lock ⧗

스레드 간에 공통적으로 사용하는 자원이 있다면 사용할 때 주의해야 합니다. 무결성을 보장하기 위한 로직 없이 사용할 경우 서로 다른 스레드에서 동시에 접근하여 데이터의 무결성이 훼손될 수 있기 때문입니다.

파이썬의 내장 자료 구조 중에는 이런 위험 없이 무결성을 보장하는 자료 구조도 있습니다. 내장된 리스트나 사전과 같은 자료 구조는 값을 설정할 때 원자적(atomic)으로 실행되므로 스레드에서도 무결성을 보장할 수 있습니다. 하지만 int나 float 같은 자료형들을 원자적(atomic)으로 실행되지 않아 무결성이 보장되지 않습니다.

무결성을 보장하기 위한가장 손쉬운 방법은 락(lock)을 사용하는 것입니다. 데이터를 수정하기 전에 락을 잡아 다른 스레드에서 값을 수정하지 못하게 하는 것이죠. 그리고 값을 수정하고 락을 풀어 다른 스레드에서 이용할 수 있게 하는 것입니다. 이것도 어렵진 않으니 예제 코드를 보면서 설명하겠습니다.

```
1  ####################################
2  # File Name : thread_lock.py
3  ####################################
4  #!/usr/bin/python3
5
6  import time
7  import logging
8  import threading
9
10
11 logging.basicConfig(level=logging.DEBUG, format="(%(threadName)s) %(message)s")
12
13
14 def blocking_lock(lock):
15     logging.debug("Start blocking lock")
16
17     while True:
18         time.sleep(1)
19         lock.acquire()
20         try:
21             logging.debug("Grab it")
22             time.sleep(0.5)
23         finally:
24             logging.debug("Release")
25             lock.release()
26
27
28 def nonblocking_lock(lock):
29     logging.debug("Start nonblocking lock")
30
31     attempt, grab = 0, 0
32     while grab < 3:
33         time.sleep (1)
34         logging.debug("Attempt")
35         success = lock.acquire(False)
36
37         try:
38             attempt += 1
39             if success:
```

```
40                logging.debug("Grap it")
41                grab += 1
42        finally:
43            if success:
44                logging.debug("Release")
45                lock.release()
46
47    logging.debug("Attempt : %s, grab : %s" % (attempt, grab))
48
49 def main():
50    lock = threading.Lock()
51
52    blocking = threading.Thread(target=blocking_lock, name="blocking",
53                                    args=(lock,))
54    blocking.setDaemon(True)
55    blocking.start()
56
57    nonblocking = threading.Thread(target=nonblocking_lock, name="nonblocking",
58                                    args=(lock,))
59    nonblocking.start()
60
61
62 if __name__ == "__main__":
63    main()
```

예제는 2개의 스레드를 만들어 서로 락을 잡게 만들었습니다. 스레드 중 하나는 데몬으로 띄워서 락을 잡을 때까지 block되도록 처리했고, 다른 하나는 non-block으로 락을 잡는 시도와 잡은 횟수를 기록하게 했습니다. 이번 예제도 메인 스레드와 blocking, non-blocking 스레드로 나누어 설명하겠습니다.

메인 스레드에서는 락을 하나 만들었습니다. 그리고 2개의 스레드에 각각 인자로 전달하고, blocking 스레드는 데몬 스레드로 동작하도록 설정했습니다.

blocking 스레드는 데몬으로 동작하며 프로그램이 종료할 때까지 계속 락을 잡았다 풀었다를 반복합니다. 처음 1초간 멈춰 있다가 락을 잡을 때까지 block 상태로 있습니다. 19번째 줄의 락.acquire() 메서드가 락을 잡기 위한 메서드인데 아무런 인자값을 주지 않으면 기본값으로 락을 잡을 때까지 block됩니다. 락을 얻게 되면 0.5초 동안 락을 잡고 있다가 락을 풀어줍니다. 그리고 락을 잡은 뒤 처리하는 로직에서 문제가 생길 수도 있기 때문에 예외 처리 문으로 감싸줍니다. 그리고 예외가 발생하더라도 잡았던 락은 반환될 수 있도록 finally 구문에 락을 해제하는 코드를 넣습니다. blocking 스레드는 이 과정을 계속 반복합니다.

non-blocking 스레드는 락을 얻으려는 시도와 락을 얻은 횟수를 기록합니다. 그래서 락을 3번 얻었다면 스레드의 동작을 종료합니다. 이 스레드는 데몬으로 동작하지 않기 때문에 non-blocking 스레드에서 락을 3번 얻을 때까지 이 프로그램은 종료되지 않습니다. non-blocking 스레드도 처음 실행되고 1초간 멈춰 있습니다. 그리고 35번째 줄에서 락.acquire() 메서드를 호출하는데 인자값으로 False를 전달합니다. 그래서 이 스레드는 block되지 않고 다음 로직을 수행합니다. 다음으로 try 문에서 attempt 변수를 증가시키고 락을 얻었는지 확인합니다. 그래서 락을 잡았으면 grab 변수를 증가시킵니다. 락을 3번 잡아서 grab 변수의 값이 3이 될 때까지 이 과정을 반복합니다.

예제 코드에 대한 설명은 끝났습니다. 장황한 설명이지만 막상 내용을 보면 간단합니다. 실행 결과를 확인해보겠습니다.

```
$ python3 thread_lock.py
(blocking) Start blocking lock
(nonblocking) Start nonblocking lock
(blocking) Grab it
(nonblocking) Attempt
(blocking) Release
(nonblocking) Attempt
(nonblocking) Grap it
(nonblocking) Release
(blocking) Grab it
(nonblocking) Attempt
(blocking) Release
(nonblocking) Attempt
(nonblocking) Grap it
(nonblocking) Release
(blocking) Grab it
```

```
(blocking) Release
(nonblocking) Attempt
(nonblocking) Grap it
(nonblocking) Release
(nonblocking) Attempt : 5, grab : 3
```

실행 결과를 보면 락을 얻기 위해 blocking 스레드와 non-blocking 스레드가 치열하게 다투는 것을 확인할 수 있습니다. 그 결과 non-blocking 스레드가 5번의 시도 끝에 3번의 락을 잡고, 프로그램이 종료됩니다.

락을 잡을 때 오류에 대비해서 try 구문을 사용한다고 이야기했습니다. 그런데 try 구문을 사용하게 되면 코드가 지저분해지는데 더 간편하게 사용할 수 있는 구문이 있습니다. 파일을 열 때 with 구문을 사용해서 자동으로 close가 되는 것처럼 말이죠. 위의 예제 코드를 with 구문을 사용해서 바꿔보겠습니다.

```
14 def blocking_lock(lock):
15     logging.debug("Start blocking lock")
16
17     while True:
18         time.sleep(1)
19         with lock:
20             logging.debug("Grab it")
21             time.sleep(0.5)
```

위의 예제에서 blocking_lock 부분만 with로 변경한 것입니다. 훨씬 코드가 간단해졌습니다. 하지만 이 with 구문은 blocking lock에서만 사용할 수 있습니다. non-blocking lock에서 사용하려면 따로 상속을 받아 구현해야 합니다.

스레드의 락을 사용하는 부분을 살펴봤는데 의외로 간단합니다. 제일 중요한 것은 락을 잡고 해제하는 과정입니다. 코드가 복잡해지면서 동시적으로 실행되는 경우가 많아지면 락을 잡은 상태에서 또 락을 잡으려고 하는 교착 상태(dead lock)가 발생할 수 있습니다. 그래서 간단하다고 해서 함부로 사용하면 안 되고 신중히 설계해서 사용해야 합니다.

░ Thread Reentrant Lock ░

바로 앞에서 락에 대해서 살펴봤습니다. 그리고 교착 상태에 대해서도 간단히 이야기했습니다. 교착 상태는 락을 잡고 해제하지 않은 상태에서 다시 락을 잡으려 할 때 발생합니다. 그런데 어떤 스레드에서 락을 잡은 상태에서 다른 함수나 클래스를 호출할 때 다시 그 락을 잡아야 하는 경우가 생길 수 있습니다. 이렇게 될 경우 이미 락을 잡은 상태에서 함수나 클래스를 호출했기 때문에 호출된 함수나 클래스는 락을 영원히 잡지 못할 것 입니다. 즉, 교착 상태가 발생하는 것이죠. 이런 경우는 어떻게 해야 할까요?

락을 잡는 이유는 스레드 간의 데이터 무결성을 위해서라고 이야기했습니다. 그렇다면 이미 락을 얻은 스레드에서는 락을 해제하기 전까지 데이터를 조작해도 문제가 없습니다. 그래서 위에서 언급한 상황을 해결하기 위해 파이썬에서는 재진입이 가능한 락을 사용합니다. RLock(Reentrant Lock)이죠. 예제 코드로 확인해보겠습니다.

```
1 ####################################
2 # File Name : thread_rlock.py
3 ####################################
4 #!/usr/bin/python3
5
6 import time
7 import logging
8 import threading
9
10
11 logging.basicConfig(level=logging.DEBUG, format="(%(threadName)s) %(message)s")
12
13 RESOURCE = 0
14
15 def set_reverse(lock):
16     logging.debug("Start batch")
```

```
17
18      with lock:
19          logging.debug("Grab lock!")
20
21          if RESOURCE == 0:
22              set_one(lock, True)
23          else:
24              set_zero(lock, True)
25
26      logging.debug("Reversed")
27
28 def set_zero(lock, end=False):
29     logging.debug("Start set zero")
30
31     while True:
32         with lock:
33             logging.debug("Grab lock and set RESOURCE to 0.")
34             RESOURCE = 0
35             time.sleep(0.5)
36         time.sleep(1)
37
38         if end:
39             break
40
41 def set_one(lock, end=False):
42     logging.debug("Start set one")
43
44     while True:
45         with lock:
46             logging.debug("Grab lock and set RESOURCE to 1.")
47             RESOURCE = 1
48             time.sleep(0.5)
49         time.sleep(1)
50
51         if end:
52             break
53
54 def main():
55     lock = threading.RLock()
56
57     zero = threading.Thread(target=set_zero, name="zero", args=(lock,))
58     zero.setDaemon(True)
```

```
59    zero.start()
60
61    one = threading.Thread(target=set_one, name="one", args=(lock,))
62    one.setDaemon(True)
63    one.start()
64
65    time.sleep(6)
66
67    reverse = threading.Thread(target=set_reverse, name="reverse", args=(lock,))
68    reverse.start()
69
70
71 if __name__ == "__main__":
72    main()
```

이번 예제도 스레드별로 나눠서 설명하겠습니다. 이번에는 메인 스레드를 포함해서 총 4개의 스레드가 있습니다. 이 예제에서는 메인 스레드는 단순히 스레드를 띄우는 역할만 하니 중요한 부분만 언급하고 나머지는 생략하겠습니다.

먼저 55번째 줄을 보면 스레드에서 선언하는 락을 정의할 때 threading.RLock()을 사용했습니다. 앞서 살펴봤던 예제들은 threading.Lock()을 사용했습니다. Re-entrant Lock을 사용하는 방법은 간단합니다. 바로 threading.RLock()을 사용하면 됩니다. 그 밖의 사용법은 threading.Lock()과 동일합니다.

이제 데몬 스레드로 동작하는 두 스레드 zero와 one을 살펴보겠습니다. 두 스레드 모두 하는 일은 간단합니다. lock을 잡고 공통으로 사용하는 변수인 RESOURCE에 값을 0과 1로 설정합니다. 그리고 잠시 멈췄다가 위의 동작을 반복합니다.

다음은 reverse 스레드입니다. 이 스레드는 lock을 잡고 현재 RESOURCE의 상태를 파악해서 현재 상태와 반대가 되도록 set_zero와 set_one을 호출합니다. 두 함수는 스레드 zero와 one에서 사용하는 함수로 무한으로 반복합니다. 그래서 reverse 스레드를 호출할 때는 무한으로 반복되지 않도록 end 매개변수를 전달합니다.

여기까지가 위의 예제 코드에 대한 설명입니다. 여기서 문제가 될 만한 부분이 있습니다. 바로 reverse 스레드입니다. 각각의 스레드는 모두 공통된 락을 사용하고 있습니다. 그래서 reverse 스레드에서 락을 잡고 set_zero나 set_one 함수를 호출하게 되면 각각의 함수에서는 락을 얻기 위해 무한정 기다리게 됩니다. 그래서 이런 경우에는 재진입 락(re-entrant lock)을 사용합니다. reverse 스레드에서 이미 잡은 락이라면 set_zero나 set_one에서도 다시 잡을 수 있도록 합니다. 실행 결과를 보겠습니다.

```
$ python3 thread_rlock.py
(zero) Start set zero
(zero) Grab lock and set RESOURCE to 0.
(one) Start set one
(one) Grab lock and set RESOURCE to 1.
(zero) Grab lock and set RESOURCE to 0.
(one) Grab lock and set RESOURCE to 1.
(zero) Grab lock and set RESOURCE to 0.
(one) Grab lock and set RESOURCE to 1.
(zero) Grab lock and set RESOURCE to 0.
(one) Grab lock and set RESOURCE to 1.
(reverse) Start batch
(reverse) Grab lock!
(reverse) Start set one
(reverse) Grab lock and set RESOURCE to 1.
(reverse) Reversed
(zero) Grab lock and set RESOURCE to 0.
```

마지막의 reverse 스레드에서 set_one 함수를 호출하고 set_one 함수에서 락을 정상적으로 잡습니다. 그리고 값을 설정한 뒤에 프로그램이 종료됩니다. RLock을 사용해서 그렇습니다. 그렇다면 RLock이 아닌 Lock을 사용하면 어떻게 될까요? 위의 예제 코드의 55번째 줄에서 RLock을 Lock으로 변경하고 실행해보겠습니다.

```
$ python thread_rlock.py
(zero) Start set zero
(zero) Grab lock and set RESOURCE to 0.
(one) Start set one
(one) Grab lock and set RESOURCE to 1.
```

```
(zero) Grab lock and set RESOURCE to 0.
(one) Grab lock and set RESOURCE to 1.
(zero) Grab lock and set RESOURCE to 0.
(one) Grab lock and set RESOURCE to 1.
(zero) Grab lock and set RESOURCE to 0.
(one) Grab lock and set RESOURCE to 1.
(reverse) Start batch
(reverse) Grab lock!
(reverse) Start set one
```

위와 같은 상태로 무한정 기다리게 됩니다. 이럴 경우 강제로 종료해야 하는데 ctrl-c 키를 사용해서 시그널을 보내 종료합니다. 하지만 ctrl-c 키가 안 통할 수도 있습니다. 그럴 경우 백그라운드로 돌리고 강제로 종료해야 합니다. 리눅스 기준으로 설명하면 ctrl-z 키를 입력해서 shell로 돌아옵니다. 그리고 jobs 명령을 사용해서 현재 실행 중인 백그라운드의 ID를 확인한 다음 kill 명령으로 종료시킵니다.

```
$ jobs
[1]   Stopped                 python thread_rlock.py
$
$ kill %1
[1]+  Stopped                 python thread_rlock.py
$
[1]+  Terminated              python thread_rlock.py

$
```

Lock과 RLock에 대해서 살펴봤습니다. 특징만 놓고 보면 RLock이 더 안전한 것 같아 보입니다. 그렇다고 무조건 RLock을 사용하는 것은 좋은 방법이 아닙니다. 상황에 맞게 로직을 설계하고 그에 필요한 API를 사용하는 것이 가장 효율적인 방법입니다. 현실적인 이야기를 하면 RLock은 Lock에 비해서 처리해야 하는 로직이 더 있기 때문에 성능 면에서 조금 더 느립니다. 그래서 꼭 필요한 경우가 아니면 Lock을 사용하는 것이 좋습니다.

⧹⧹ Thread Condition ⧹⧹

스레드에서 제공하는 락과 이벤트를 섞은 듯한 기능이 있습니다. 바로 condition이라는 기능입니다. condition 기능을 사용하면 모든 스레드가 락을 잡은 것처럼 멈춰 있게 됩니다. 그러다 notify를 받게 되면 다시 동작을 하죠. 락은 누군가가 락을 풀어야 다른 스레드에서 락을 잡고 로직을 수행하는데, condition의 경우에는 이것을 notify로 대체합니다. 말보다는 코드를 보는 게 더 이해가 빠르겠죠. 예제 코드로 살펴보겠습니다.

```python
1  ################################
2  # File Name : thread_condition.py
3  ################################
4  #!/usr/bin/python3
5
6  import time
7  import logging
8  import threading
9
10
11 logging.basicConfig(level=logging.DEBUG, format="(%(threadName)s) %(message)s")
12
13
14 def receiver(condition):
15     logging.debug("Start receiver")
16
17     with condition:
18         logging.debug("Waiting...")
19         condition.wait()
20         time.sleep(1)
21         logging.debug("End")
22
23 def sender(condition):
24     logging.debug("Start sender")
25
26     with condition:
27         logging.debug("Send notify")
28         condition.notifyAll()
29         logging.debug("End")
```

```
30
31 def main():
32     condition = threading.Condition()
33
34     for i in range(5):
35         t = threading.Thread(target=receiver, name="receiver %s" % i,
36                             args=(condition,))
37         t.start()
38
39     send = threading.Thread(target=sender, name="sender", args=(condition,))
40
41     time.sleep(1)
42     with condition:
43         condition.notify(1)
44
45     time.sleep(3)
46     send.start()
47
48
49 if __name__ == "__main__":
50     main()
```

예제에서는 5개의 스레드를 만들어서 notify를 기다리고 있습니다. 그리고 메인 스레드에서 하나의 스레드에게 notify를 보냅니다. 그 후 모든 스레드에게 notify를 보내는 sender 스레드가 동작합니다. 실행 결과를 확인해보겠습니다.

```
$ python3 thread_condition.py
(receiver 0) Start receiver
(receiver 0) Waiting...
(receiver 1) Start receiver
(receiver 1) Waiting...
(receiver 2) Start receiver
(receiver 2) Waiting...
(receiver 3) Start receiver
(receiver 3) Waiting...
(receiver 4) Start receiver
(receiver 4) Waiting...
(receiver 0) End
(sender) Start sender
```

```
(sender) Send notify
(sender) End
(receiver 1) End
(receiver 2) End
(receiver 3) End
(receiver 4) End
```

총 5개의 스레드가 만들어지고 모두 notify를 기다리고 있습니다. 그러다가 메인 스레드에서 notify를 하나 보내고 receiver 0이 스레드를 종료합니다. 이후 sender가 호출되고 모든 스레드에게 notify를 보냅니다. 이후 notify를 받은 스레드들이 하나씩 종료됩니다. condition도 스레드와 같아서 notify를 받았다고 해서 모든 스레드가 동시에 실행되지는 않습니다. 한 번에 하나씩 처리되는 것이죠. 스레드는 메모리를 공유해서 사용하기 때문에 이와 같은 자원의 무결성을 보장하기 위한 장치들이 많이 있습니다.

░ Lock, Mutex, Semaphore ░

스레드에서 락을 사용해 자원을 관리하는 방법을 살펴봤습니다. 락을 사용한다면 한 번에 하나의 스레드만 자원에 접근할 수 있습니다. 그런데 만약에 한 번에 하나의 스레드가 아니라 2개 혹은 3개의 스레드가 동시에 접근해야 하는 일이 생긴다면 어떻게 할까요? 자원이 단순히 변수가 아니라 어떤 객체이고 객체 안의 각각 다른 데이터에 접근하기 때문에 자원의 무결성은 보장됩니다. 하지만 한 번에 여러 개의 스레드가 접근해야 하는 경우가 발생할 경우를 생각해보겠습니다.

답을 말하기 전에 관련된 용어부터 설명해야 할 것 같습니다. 락과 뮤텍스(mutex), 그리고 세마포어(semaphore)입니다. 이미 알고 있는 독자들도 있겠지만 모르시는 독자를 위해 간략하게 설명하겠습니다.

먼저 락은 앞서 우리가 살펴봤듯이 스레드가 공통으로 사용하고 있는 자원에 접근할 때 무결성을 보장하기 위해 사용합니다. 락은 하나의 프로세스 안에서만 유효합니다. 즉, 프로세스 하나에서 여러 개의 스레드를 띄우는데 이 스레드들 사이에서만 사용될 수 있습니다.

다음으로 뮤텍스입니다. 뮤텍스는 락과 유사합니다. 하는 일은 똑같습니다. 한 번에 하나의 스레드만 자원에 접근하도록 합니다. 그런데 뮤텍스는 프로세스 안에서만 유효한 것이 아니라 시스템 전반적으로 통용됩니다. 즉 뮤텍스는 여러 프로세스 사이에서 사용됩니다. 다른 프로세스가 뮤텍스를 잡고 특정 영역을 점유하고 있다면 다른 프로세스는 모두 대기 상태가 됩니다.

세마포어는 뮤텍스를 확장한 것입니다. 뮤텍스와 락은 한 번에 하나의 스레드만 점유할 수 있지만 세마포어는 정해진 개수만큼 스레드를 점유할 수 있습니다. 예를 들어 세마포어의 최대 허용 스레드를 3개로 설정한다면 시스템 전체를 통틀어 3개의 스레드가 이 자원을 이용할 수 있는 것입니다. 1개로 설정하면 이 세마포어는 뮤텍스와 똑같은 기능을 하게 됩니다.

시스템 전반에 관한 락, 즉 뮤텍스와 세마포어에 대해서는 여러 가지 종류와 알아야 할 것이 많이 있습니다. 관심 있는 독자들은 시스템의 락 메커니즘에 대해서 좀 더 살펴보면 좋을 것입니다. 이 책에서는 예제를 이해하는 데 필요한 수준까지만 다루겠습니다.

다시 처음의 질문으로 돌아가겠습니다. 이미 정답이 나온 것 같네요. 바로 세마포어를 사용하면 됩니다. 파이썬의 threading 모듈에서는 세마포어에 대한 API를 제공하고 있습니다. 개념은 이미 설명했으니 바로 예제 코드로 확인해보겠습니다.

```python
 1 ################################
 2 # File Name : thread_semaphore.py
 3 ################################
 4 #!/usr/bin/python3
 5
 6 import time
 7 import logging
 8 import threading
 9
10
11 logging.basicConfig(level=logging.DEBUG, format="(%(threadName)s) %(message)s")
12
13
14 class ResourcePool():
15
```

```
16    def __init__(self):
17        self.active_thread_list = []
18        self.lock = threading.Lock()
19
20    def use(self, name):
21        with self.lock:
22            self.active_thread_list.append(name)
23            logging.debug("List of threads in resource pool : %s",
24                            self.active_thread_list)
25
26    def unuse(self, name):
27        with self.lock:
28            self.active_thread_list.remove(name)
29            logging.debug("List of threads in resource pool : %s",
30                            self.active_thread_list)
31
32
33 def worker(semaphore, pool):
34     logging.debug("Waiting to enter the pool.")
35     with semaphore:
36         logging.debug("Enter the pool.")
37         thread_name = threading.currentThread().getName()
38         pool.use(thread_name)
39         time.sleep(1)
40         pool.unuse(thread_name)
41
42 def main():
43     pool = ResourcePool()
44     semaphore = threading.Semaphore(3)
45
46     for i in range(5):
45         t = threading.Thread(target=worker, name=("thread-%s" % i),
47                             args=(semaphore, pool))
48         t.start()
49
50
51 if __name__ == "__main__":
52     main()
```

이번 예제는 스레드에 대한 설명을 하기 전에 ResourcePool 객체에 대해서 먼저 설명하겠습니다. 예제 코드에서 ResourcePool 객체가 스레드들이 접근하는 공용 자원입니다. 그래서 각각의 스레드는 세마포어를 통해 일종의 입장권을 받아 ResourcePool에 접근합니다. 다음으로 ResourcePool 객체의 내부를 살펴보겠습니다. 멤버 변수를 2개 가지고 있는데 자원에 접근한 스레드의 이름을 담고 있는 변수와 락을 가지고 있습니다. 그리고 메서드로 use와 unuse를 가지고 있습니다. 각각의 메서드에서는 락을 잡고 스레드의 접근한 리스트를 수정해서 출력합니다.

다음으로 worker 함수를 살펴보겠습니다. 메인 스레드에서 worker 함수를 실행시키고 총 5개의 스레드에서 worker 함수가 실행됩니다. worker 함수는 세마포어를 획득하고 스레드의 이름을 인자로 ResourcePool의 use와 unuse 메서드를 호출합니다. 먼저 use 메서드를 호출해서 ResourcePool의 접근 리스트에 등록하고 1초간 멈췄다가 다시 unuse 메서드를 호출해서 리스트를 삭제합니다.

코드에 대해서 몇 가지 더 확인하면 33번째 줄에서 세마포어를 with 구문을 사용해서 얻었습니다. 세마포어도 락과 마찬가지로 with 구문을 사용할 수 있습니다. 그리고 42번째 줄에서 세마포어를 선언합니다. 락을 선언할 때와 동일합니다. 매개변수로는 접근할 수 있는 최대 스레드의 개수를 설정합니다. 매개변수를 사용하지 않으면 기본값으로 하나의 스레드만 접근할 수 있도록 설정됩니다.

처음 가정해서 설명했던 상황과는 다르지만 간단한 세마포어 예제입니다. 가정했던 상황은 각각의 스레드들이 공용 자원들 중에서 서로 다른 자원을 사용하는 것이었지만 지금은 같은 자원을 사용합니다. 세마포어를 통해 동시에 여러 스레드들이 접근 가능하지만 그 안에 락으로 또 한번 접근 제어를 하는 것이죠. 실행 결과를 살펴보겠습니다.

```
$ python3 thread_semaphore.py
(thread-0) Waiting to enter the pool.
(thread-0) Enter the pool.
(thread-0) List of threads in resource pool : ['thread-0']
(thread-1) Waiting to enter the pool.
(thread-2) Waiting to enter the pool.
(thread-1) Enter the pool.
(thread-1) List of threads in resource pool : ['thread-0', 'thread-1']
```

```
(thread-2) Enter the pool.
(thread-3) Waiting to enter the pool.
(thread-2) List of threads in resource pool : ['thread-0', 'thread-1', 'thread-2']
(thread-4) Waiting to enter the pool.
(thread-0) List of threads in resource pool : ['thread-1', 'thread-2']
(thread-3) Enter the pool.
(thread-3) List of threads in resource pool : ['thread-1', 'thread-2', 'thread-3']
(thread-1) List of threads in resource pool : ['thread-2', 'thread-3']
(thread-4) Enter the pool.
(thread-4) List of threads in resource pool : ['thread-2', 'thread-3', 'thread-4']
(thread-2) List of threads in resource pool : ['thread-3', 'thread-4']
(thread-3) List of threads in resource pool : ['thread-4']
(thread-4) List of threads in resource pool : []
```

실행 결과를 보면 최대 3개의 스레드가 ResourcePool 객체에 접근한 것을 볼 수 있습니다. 세마
포어를 선언할 때 최대 3개의 스레드만 접근할 수 있도록 설정했기 때문입니다. 그래서 이미 3
개가 있을 때 다른 스레드들이 접근을 시도하면 기다리고 있습니다. 기다리다 다른 스레드들이
ResourcePool에서 빠지면 접근하게 되는 것이죠. 상황에 따라 세마포어만 사용해서 접근을 제
어할 수 있고 락과 함께 사용할 수도 있습니다.

▨ Thread Local Data ▨

지금까지 파이썬에서 사용하는 스레드, 스레드를 사용하기 위한 방법, 그리고 그 안에서 공통적
으로 사용하는 자원에 대해 접근하는 방법까지 살펴봤습니다. 스레드에 대한 내용을 거의 다 훑
어본 것 같은데요, 마지막으로 하나만 더 살펴보겠습니다. 스레드에서 공유하지 않을 자원에 대
한 내용입니다. 락과 세마포어를 사용해서 자원을 공유하는 방법을 살펴봤으니, 공유하지 않고
각자의 스레드에서만 사용될 자원에 대해서도 살펴보겠습니다. 예제 코드로 설명하겠습니다.

```
1 ################################
2 # File Name : thread_local.py
3 ################################
4 #!/usr/bin/python3
```

```
 5
 6 import logging
 7 import threading
 8
 9
10 logging.basicConfig(level=logging.DEBUG, format="(%(threadName)s) %(message)s")
11
12
13 def print_local_data(local_data):
14     try:
15         data = local_data.index
16     except:
17         logging.debug("Value not set yet.")
18     else:
19         logging.debug("value : %s" % data)
20
21
22 def set_local_data(local_data, index):
23     print_local_data(local_data)
24     local_data.index = index
25     print_local_data(local_data)
26
27 def main():
28     local_data = threading.local()
29     print_local_data(local_data)
30     local_data.index = 0
31     print_local_data(local_data)
32
33     for i in range(5):
34         t = threading.Thread(target=set_local_data, name=("thread-%s" % i),
35                              args=(local_data, i+1))
36         t.start()
37
38
39 if __name__ == "__main__":
40     main()
```

예제는 메인 로직에서 변수를 만들어 각각의 스레드로 넘겨주고 변수의 값을 출력해주는 코드입니다. 먼저 28번째 줄을 살펴보겠습니다. threading 모듈에서 제공하는 local 클래스를 이용해 스레드에서 사용할 데이터를 담을 변수 local_data를 선언합니다. 그리고 print_local_data 함수를 사용하여 값을 출력한 뒤 값을 0으로 설정하고 다시 값을 출력합니다. 그리고 총 5개의 스레드를 띄우고 앞서 설정한 local_data와 스레드의 인덱스를 매개변수로 전달합니다.

각각의 스레드는 맨 처음 인자로 받은 local_data의 값을 출력합니다. 그리고 인자로 받은 스레드의 index 값으로 local_data를 설정합니다. 그리고 다시 local_data의 값을 출력하고 종료합니다.

매개변수로 전달한 local_data를 스레드끼리 공유한다면 각각의 스레드에서 맨 처음 출력되는 local_data는 이전 스레드에서 설정한 인덱스 값이 됩니다. 공유하지 않는다면 맨 처음에 출력되는 값은 Value not set yet. 이 됩니다. 실행 결과를 보겠습니다.

```
$ python3 thread_local.py
(MainThread) Value not set yet.
(MainThread) value : 0
(thread-0) Value not set yet.
(thread-0) value : 1
(thread-1) Value not set yet.
(thread-1) value : 2
(thread-2) Value not set yet.
(thread-2) value : 3
(thread-3) Value not set yet.
(thread-3) value : 4
(thread-4) Value not set yet.
(thread-4) value : 5
```

실행 결과를 보니 모든 스레드가 local_data를 공유하지 않는 것이 확인됐습니다. 이처럼 스레드별로 고유의 데이터를 사용하려면 threading 모듈의 local 클래스를 사용하면 됩니다. 위의 예제는 마치 변수처럼 사용했지만 threading.local을 상속받아서 클래스로 구현해서 사용할 수도 있습니다.

스레드에 대한 전반적인 내용을 살펴봤습니다. 생각보다 어렵지 않습니다. 스레드를 사용하면 프로세스를 띄우는 것보다 메모리의 사용량이 적고, 프로세스의 상태나 자원을 쉽게 공유할 수 있습니다. 그래서 스레드를 많이 사용하지만 스레드가 만능은 아닙니다.

우선 CPython의 경우에는 GIL의 영향으로 제 성능을 발휘하지 못합니다. 그리고 예제 코드를 설명할 때 언급했다시피 동시다발적으로 발생하기 때문에 어떤 로직이 먼저 실행된다는 보장을 하지 못합니다. 바꿔 말하면 코드를 실제로 돌려보기 전까지는 어떻게 진행될지 알 수 없습니다. 즉 비결정적, 비순차적이라는 것이죠. 그래서 문제나 버그가 발생하면 문제의 원인을 파악하는 데 어려움이 있을 수 있습니다. 스레드의 장점과 단점에 대해서 이야기했는데요, 모든 기술에는 장단점이 있기 마련이니 상황에 맞게 적절한 기술을 사용할 줄 아는 것이 중요합니다.

Multiprocessing

CPython에서 스레드를 사용할 때는 GIL(Global Interpreter Lock)의 영향을 받아서 멀티 코어 환경에서는 제 성능을 발휘할 수 없다고 언급했습니다. 그 이야기를 하며 파이썬의 공식 문서[3]에서도 '멀티 코어에서는 스레드를 사용하기보다는 멀티프로세싱을 사용하라고 권고했다"라고 이야기했습니다. 이제 그 multiprocessing 모듈에 대해서 살펴보겠습니다.

multiprocessing 모듈을 사용하면 각각의 작업이 분리된 메모리 공간을 갖게 됩니다. 또 CPU의 코어 개수만큼 동시에 일을 처리할 수 있어 자원을 최대한 활용할 수 있습니다. 중요한 점은 GIL의 영향을 받지 않습니다. 코어별로 나눠서 작업을 처리하고 작업이 각각 분리된 메모리 공간을 갖고 있으니 전체 락의 영향을 받지 않습니다. 분리된 메모리 공간을 가진 장점으로 shared memory를 사용하지 않는 한 자원의 무결성 문제도 사라집니다. 그래서 CPython에서 CPU Bound와 관련된 작업은 multiprocessing 모듈로 구현하는 것이 효율적입니다.

---

3 https://docs.python.org/3.6/library/threading.html#thread-objects

장점이 있으니 단점도 있습니다. multiprocessing 모듈은 스레드보다 많은 메모리를 사용합니다. 그리고 분리된 메모리 공간을 가진 단점으로 각각의 작업끼리 데이터를 공유할 때 별도의 IPC(Inter Process Communication)를 구현해야 합니다. 그리고 이 과정이 스레드보다 복잡할 수 있습니다. 이제 어떻게 사용하는지 살펴보겠습니다.

▨ Multiprocessing의 구현 ▨

multiprocessing을 구현하는 방식은 스레드와 유사합니다. 기본 틀이 거의 비슷하고 몇몇 기능이 더 추가된 형태라서 스레드를 다루는 데 익숙하다면 multiprocessing도 금방 다룰 수 있습니다. 먼저 간단한 예제 코드를 살펴보겠습니다. 앞서 스레드에서 사용했던 기본 예제를 multiprocessing 모듈을 사용하게 변경한 것입니다.

```
1 ##################################
2 # File Name : basic_multiprocessing_function.py
3 ##################################
4 #!/usr/bin/python3
5
6 import os
7 import multiprocessing
8
9 def worker(count):
10     print ("name : %s, argument : %s" % (multiprocessing.current_process().name,
11                                           count))
12     print ("parent pid : %s, pid : %s" % (os.getppid(), os.getpid()))
13     print ("")
14
15 def main():
16     for i in range(5):
17         p = multiprocessing.Process(target=worker, name="process %i" % i,
18                                     args=(i,))
19         p.start()
20
21
22  if __name__ == "__main__":
```

앞서 살펴봤던 스레드의 구현과도 비슷한 구조입니다. 16번째 줄에서 multiprocessing 모듈을 사용해서 프로세스를 만듭니다. 만들 때의 형식은 스레드와 동일합니다. 이제 프로세스에서 실행되는 함수를 살펴보겠습니다. 현재 실행 중인 프로세스의 id와 부모의 프로세스 id를 출력하게 했습니다. 그리고 인자로 받은 값도 출력하게 했습니다. 스레드의 경우 메인 thread에서 다른 스레드들을 띄우고 모두 같은 프로세스에서 동작했지만, multiprocessing의 경우 작업을 각각 별개의 프로세스로 만듭니다. 그래서 작업을 실행시킨 부모 프로세스는 모두 같지만 작업이 수행되는 프로세스는 각기 다른 id를 갖게 됩니다. 실행 결과를 보겠습니다.

```
$ python3 basic_multiprocessing_function.py
name : process 0, argument : 0
parent pid : 6000, pid : 6001

name : process 1, argument : 1
parent pid : 6000, pid : 6002

name : process 3, argument : 3
parent pid : 6000, pid : 6004

name : process 4, argument : 4
parent pid : 6000, pid : 6005

name : process 2, argument : 2
parent pid : 6000, pid : 6003
```

부모 프로세스의 pid는 6000로 출력되고 작업이 실행되는 프로세스는 모두 다른 id로 식별됐습니다. 이처럼 multiprocessing 모듈을 사용하면 부모 프로세스가 작업별로 프로세스를 만들어서 실행하게 됩니다.

스레드에서는 threading.Thread 모듈을 상속받아서 클래스로도 구현할 수 있었습니다. 프로세스도 마찬가지입니다. multiprocessing.Process 모듈을 상속 받아서 클래스로 구현할 수 있습니다. 예제 코드로 확인해보겠습니다.

```
 1 ###############################
 2 # File Name : basic_multiprocessing_class.py
 3 ###############################
 4 #!/usr/bin/python3
 5
 6 import os
 7 import multiprocessing
 8
 9 class Worker(multiprocessing.Process):
10
11     def __init__(self, name, args):
12         multiprocessing.Process.__init__(self)
13         self.name = name
14         self.args = args
15
16     def run(self):
17         print ("name : %s, argument : %s" % (self.name, self.args[0]))
18         print ("parent pid : %s, pid : %s" % (os.getppid(), os.getpid()))
19         print ("")
20
21
22 def main():
23     for i in range(5):
24         p = Worker(name="process %i" % i, args=(i,))
25         p.start()
26
27
28 if __name__ == "__main__":
29     main()
```

클래스로 만드는 방법도 스레드와 똑같습니다. 구조와 방식이 스레드와 동일하기 때문에 따로 부연 설명은 하지 않고 실행 결과만 확인하겠습니다.

```
$ python3 basic_multiprocessing_class.py
name : process 0, argument : 0
parent pid : 6076, pid : 6077


name : process 1, argument : 1
```

```
parent pid : 6076, pid : 6078

name : process 3, argument : 3
parent pid : 6076, pid : 6080

name : process 2, argument : 2
parent pid : 6076, pid : 6079

name : process 4, argument : 4
parent pid : 6076, pid : 6081
```

multiprocessing 모듈에서 함수와 클래스를 프로세스화하는 방법에 대해서 살펴봤습니다. 스레드와 크게 다르지 않습니다. 그런데 사실 multiprocessing을 사용할 때는 하나의 작업을 반드시 추가로 해야 합니다. 스레드에서는 선택인데, multiprocessing에서는 필수인 작업이죠. 바로 __name__을 "__main__"으로 확인하는 부분입니다. multiprocessing 모듈은 프로세스를 띄우는 방식이기 때문에 띄워진 자식 프로세스에서 메인 모듈을 import할 수도 있습니다. 그렇게 될 경우 재귀적으로 계속 반복 실행될 수 있기 때문에 "__main__"을 확인해서 재귀적으로 실행되지 않도록 보호해야 합니다.

﹨﹨﹨ Multiprocessing의 로깅 ﹨﹨﹨

multiprocessing의 경우 스레드와는 다르게 하나의 프로세스에서 로그를 남기는 것이 아니라 여러 프로세스에서 로그를 남기게 됩니다. 그렇기 때문에 그냥 print 구문을 사용해서 로깅을 하더라도 thread의 경우처럼 출력되는 메시지가 깨질 일이 없습니다. 그래서 print 구문을 사용해도 되지만 multiprocessing 모듈에서 제공하는 logging 모듈을 사용할 수도 있습니다. 간단히 살펴보겠습니다.

```
1 ##############################
2 # File Name : logging_and_multiprocessing.py
3 ##############################
4 #!/usr/bin/python3
```

```
 5
 6 import logging
 7 import multiprocessing
 8
 9 def worker(count):
10     print ("count : %s" % count)
11
12 def main():
13     multiprocessing.log_to_stderr()
14     logger = multiprocessing.get_logger()
15     logger.setLevel(logging.DEBUG)
16
17     for i in range(5):
18         t = multiprocessing.Process(target=worker, args=(i,))
19         t.start()
20
21
22 if __name__ == "__main__":
23     main()
```

스레드에서 사용한 예제를 조금 변형했습니다. 13번째 줄에서 사용된 multiprocessing 모듈 log_to_stderr() 메서드는 [%(levelname)s\%(processName)s] %(message)s 형식으로 로그를 만들어서 sys.stderr에 전달합니다. 그리고 14번째 줄에서 사용된 get_logger() 메서드는 multiprocessing 모듈에서 사용할 logger를 반환합니다. 그렇게 반환된 logger를 사용해서 로그를 남기는 설정을 할 수 있습니다. 실행 결과를 보겠습니다.

```
$ python3 logging_and_multiprocessing.py
[INFO/Process-1] child process calling self.run()
count : 0
[INFO/Process-1] process shutting down
[DEBUG/Process-1] running all "atexit" finalizers with priority >= 0
[DEBUG/Process-1] running the remaining "atexit" finalizers
[INFO/Process-1] process exiting with exitcode 0
[INFO/Process-3] child process calling self.run()
count : 2
[INFO/Process-3] process shutting down
[DEBUG/Process-3] running all "atexit" finalizers with priority >= 0
```

```
[DEBUG/Process-3] running the remaining "atexit" finalizers
[INFO/Process-2] child process calling self.run()
[INFO/Process-3] process exiting with exitcode 0
[INFO/Process-5] child process calling self.run()
[INFO/MainProcess] process shutting down
count : 4
[INFO/Process-5] process shutting down
[DEBUG/Process-5] running all "atexit" finalizers with priority >= 0
[DEBUG/Process-5] running the remaining "atexit" finalizers
[INFO/Process-5] process exiting with exitcode 0
count : 1
[DEBUG/MainProcess] running all "atexit" finalizers with priority >= 0
[INFO/MainProcess] calling join() for process Process-4
[INFO/Process-2] process shutting down
[DEBUG/Process-2] running all "atexit" finalizers with priority >= 0
[DEBUG/Process-2] running the remaining "atexit" finalizers
[INFO/Process-2] process exiting with exitcode 0
[INFO/Process-4] child process calling self.run()
count : 3
[INFO/Process-4] process shutting down
[DEBUG/Process-4] running all "atexit" finalizers with priority >= 0
[DEBUG/Process-4] running the remaining "atexit" finalizers
[INFO/Process-4] process exiting with exitcode 0
[INFO/MainProcess] calling join() for process Process-2
[DEBUG/MainProcess] running the remaining "atexit" finalizers
```

뭐가 많이 출력됐네요. DEBUG 레벨로 출력했고 logger를 사용했기 때문에 print 문을 사용해서 출력된 메시지뿐만 아니라 logger에서 출력해주는 메시지까지 출력됐습니다. 이 메시지로 프로세스를 여러 개 사용해서 발생할 수 있는 동시성 문제를 더 편리하게 디버깅할 수 있습니다.

░ Daemon Process ░

프로세스도 스레드와 마찬가지로 데몬으로 동작하게 할 수 있습니다. 스레드의 경우와 동일하게 프로세스도 자식 프로세스가 종료되지 않으면 메인 프로그램도 종료되지 않습니다. 그래서 프로세스도 데몬으로 띄워서 메인의 종료에 영향을 주지 않으면서 처리할 수 있습니다.

프로세스를 데몬으로 띄우는 방법은 간단합니다. 스레드의 경우와 같이 데몬 속성을 True로 변경해주면 됩니다. 예제 코드로 확인해보겠습니다.

```
 1 ################################
 2 # File Name : daemon_process.py
 3 ################################
 4 #!/usr/bin/python3
 5
 6 import time
 7 import multiprocessing
 8
 9
10 def daemon():
11     print ("Start")
12     time.sleep(5)
13     print ("Exit")
14
15 def main():
16     d = multiprocessing.Process(name="daemon", target=daemon)
17     d.daemon = True
18
19     d.start()
20     time.sleep(3)
21
22
23 if __name__ == "__main__":
24     main()
```

코드의 17번째 줄을 보면 프로세스의 데몬 설정을 True로 변경합니다. 그리고 프로세스를 시작합니다. 이후 3초간 멈췄다가 메인 프로그램은 종료됩니다. 데몬으로 띄워진 프로세스는 Start 메시지를 출력하고, 5초 후에 Exit 메시지를 출력하고 종료됩니다. 실행 결과를 살펴보겠습니다.

```
$ python3 daemon_process.py
Start
```

Start 메시지만 출력되고 Exit 메시지는 출력되지 않았습니다. 메인 프로그램이 데몬으로 동작하는 프로세스에서 Exit을 출력해주는 것보다 더 빨리 종료됐기 때문입니다.

데몬으로 띄운 프로세스가 종료되는 것을 기다리려면 join을 사용하면 됩니다. 스레드와 똑같습니다. 예제 코드로 살펴보겠습니다.

```python
 1 ###################################
 2 # File Name : daemon_process_join.py
 3 ###################################
 4 #!/usr/bin/python3
 5
 6 import time
 7 import multiprocessing
 8
 9
10 def daemon():
11     print ("Start")
12     time.sleep(5)
13     print ("Exit")
14
15 def main():
16     d = multiprocessing.Process(name="daemon", target=daemon)
17     d.daemon = True
18
19     d.start()
20     d.join()
21
22
23 if __name__ == "__main__":
24     main()
```

코드의 20 번째 줄에서 join을 사용해 프로세스에 접근했습니다. 그 외에 다른 코드는 모두 기존 예제와 동일합니다. 실행 결과를 확인해보겠습니다.

```
$ python3 daemon_process_join.py
Start
Exit
```

이번에는 Exit까지 출력됐습니다. 이처럼 프로세스도 스레드와 마찬가지로 데몬으로 띄울 수 있고, 띄워진 데몬이 종료될 때까지 기다릴 수도 있습니다. 지금까지는 모두 스레드와 거의 유사한 프로세스의 동작에 대해서 다뤘습니다. 이제는 스레드와 다른 프로세스만의 특징에 대해서 살펴보겠습니다.

░ Process Exit ░

스레드의 경우 프로세스 내에서 자식으로 띄운 스레드를 종료할 수 있는 방법이 없었습니다. 하지만 프로세스는 자식을 강제로 종료시킬 수 있을 뿐만 아니라 상태를 확인할 수도 있고 프로세스의 수행 결과를 반환받을 수도 있습니다.

```
1 ###############################
2 # File Name : process_exit.py
3 ###############################
4 #!/usr/bin/python3
5
6 import sys
7 import time
8 import multiprocessing
9
10
11 def good_job():
12     p = multiprocessing.current_process()
13     print ("Start name:%s, pid:%s" % (p.name, p.pid))
14     time.sleep(5)
15     print ("Exit name:%s, pid:%s" % (p.name, p.pid))
16     return 0
17
18 def fail_job():
19     p = multiprocessing.current_process()
20     print ("Start name:%s, pid:%s" % (p.name, p.pid))
21     time.sleep(5)
22     print ("Exit name:%s, pid:%s" % (p.name, p.pid))
23     sys.exit(1)
24
```

```
25 def kill_job():
26     p = multiprocessing.current_process()
27     print ("Start name:%s, pid:%s" % (p.name, p.pid))
28     time.sleep(10)
29     print ("Exit name:%s, pid:%s" % (p.name, p.pid))
30     return 0
31
32 def main():
33     process_list = []
34     for func in [good_job, fail_job, kill_job]:
35         p = multiprocessing.Process(name=func.__name__, target=func)
36         process_list.append(p)
37
38         print ("Process check : %s, %s" % (p, p.is_alive()))
39         p.start()
40         time.sleep(0.3)
41
42     for p in process_list:
43         print ("Process check : %s, %s" % (p, p.is_alive()))
44
45     time.sleep(6)
46
47     for p in process_list:
48         print ("Process check : %s, %s" % (p, p.is_alive()))
49
50         if p.is_alive():
51             print ("Terminate process : %s" % p)
52             p.terminate()
53
54     for p in process_list:
55         print ("Process name : %s, exit code : %s" % (p.name, p.exitcode))
56
57
58 if __name__ == "__main__":
59     main()
```

코드가 길게 풀어져 있는데 내용을 보면 어렵지 않습니다. 3가지 함수를 만들고 각각 return을 다르게 만듭니다. 2개는 return 0, 다른 하나는 sys.exit(1)으로 설정했습니다. 그리고 return 0으로 반환하는 것 중 하나는 terminate 메서드로 프로세스를 종료합니다.

메인 프로그램에서는 3개의 프로세스를 띄우기 전에 상태를 체크하고, 띄운 다음 다시 체크합니다. 그리고 6초 후에 프로세스의 상태를 다시 체크하고 아직 살아 있는 프로세스를 terminate합니다. 마지막으로 프로세스의 상태값을 확인합니다.

프로그램의 실행 결과는 어떨지 살펴보겠습니다.

```
$ python3 process_exit.py
Process check : <Process(good_job, initial)>, False
Start name:good_job, pid:7457
Process check : <Process(fail_job, initial)>, False
Start name:fail_job, pid:7458
Process check : <Process(kill_job, initial)>, False
Start name:kill_job, pid:7459
Process check : <Process(good_job, started)>, True
Process check : <Process(fail_job, started)>, True
Process check : <Process(kill_job, started)>, True
Exit name:good_job, pid:7457
Exit name:fail_job, pid:7458
Process check : <Process(good_job, stopped)>, False
Process check : <Process(fail_job, stopped[1])>, False
Process check : <Process(kill_job, started)>, True
Terminate process : <Process(kill_job, started)>
Process name : good_job, exit code : 0
Process name : fail_job, exit code : 1
Process name : kill_job, exit code : None
```

실행 결과를 보면 프로세스의 상태, 동작 여부, 반환값을 확인할 수 있습니다. 이처럼 프로세스 클래스에서는 프로세스를 조작하기 위한 다양한 상태 메시지와 메서드를 제공합니다. 이를 잘 활용한다면 더 깔끔하고 비교적 직관적인 코드를 작성할 수 있습니다.

░░░ Process Event ░░░

스레드와 마찬가지로 프로세스도 서로 통신할 수 있습니다. 스레드에서처럼 이벤트를 사용해서 통신을 하는 것입니다. 사실 multiprocessing에서 사용되는 이벤트는 스레드에 있는 기능을 가져온 것입니다. 그리고 multiprocessing에서는 새로운 통신 방식을 가지고 있기 때문에 이벤트를 사용하는 방식을 권장하지는 않습니다. 그래도 스레드에서 다뤘던 예제이니 간단하게 살펴보겠습니다.

```python
1  ###############################
2  # File Name : process_event.py
3  ###############################
4  #!/usr/bin/python3
5
6  import time
7  import multiprocessing
8
9
10 def first_wait(e1, e2):
11     p = multiprocessing.current_process()
12     while not e1.is_set():
13         event = e1.wait(1)
14         print ("[%s] Event status : (%s)" % (p.name, event))
15
16         if event:
17             print ("[%s] e1 is set." % p.name)
18             time.sleep (3)
19             print ("[%s] Set e2" % p.name)
20             e2.set()
21
22 def second_wait(e2):
23     p = multiprocessing.current_process()
24     while not e2.is_set():
25         event = e2.wait(1)
26         print ("[%s] Event status : (%s)" % (p.name, event))
27
28         if event:
29             print ("[%s] e2 is set." % p.name)
```

```
30
31 def main():
32     e1 = multiprocessing.Event()
33     e2 = multiprocessing.Event()
34
35     p1 = multiprocessing.Process(name="first", target=first_wait, args=(e1, e2))
36     p1.start()
37
38     p2 = multiprocessing.Process(name="second", target=second_wait, args=(e2,))
39     p2.start()
40
41
42     print ("Wait ...")
43     time.sleep(5)
44     print ("Set e1")
45     e1.set()
46     time.sleep(5)
47     print ("Exit")
48
49
50 if __name__ == "__main__":
51     main()
```

스레드에서 살펴봤던 예제를 프로세스로 변형한 것입니다. 이벤트를 사용해서 간단하게 프로세스 끼리 통신할 수 있도록 만들었습니다. multiprocessing에도 이벤트 클래스가 있고, 이를 통해서 이벤트를 설정하고 기다리고 확인할 수 있습니다. 스레드에서 가져온 기능이니 당연합니다. 실행 결과만 확인하고 넘어가겠습니다.

```
$ python3 process_event.py
Wait ...
[first] Event status : (False)
[second] Event status : (False)
[first] Event status : (False)
[second] Event status : (False)
[first] Event status : (False)
[second] Event status : (False)
[first] Event status : (False)
[second] Event status : (False)
```

```
[first] Event status : (False)
Set e1
[first] Event status : (True)
[first] e1 is set.
[second] Event status : (False)
[second] Event status : (False)
[second] Event status : (False)
[first] Set e2
[second] Event status : (True)
[second] e2 is set.
Exit
```

⟍⟍⟍ Process Communication ⟍⟍⟍

앞서 살펴봤던 이벤트 방식 말고 multiprocessing에서는 프로세스 간의 통신 기능으로 queue와 pipe를 지원합니다. 이벤트와 비슷한 형식으로 간편하게 프로세스 간의 데이터를 주고받을 수 있습니다. queue를 활용한 방식부터 하나씩 살펴보겠습니다.

```
 1 ################################
 2 # File Name : process_queue.py
 3 ################################
 4 #!/usr/bin/python3
 5
 6 import time
 7 import multiprocessing
 8
 9
10 def set_data(q):
11     p = multiprocessing.current_process()
12     msg = "Hello World"
13     q.put(msg)
14     print ("[%s] set queue data : %s" % (p.name, msg))
15
16 def get_data(q):
17     time.sleep(1)
18     p = multiprocessing.current_process()
```

```
19     print ("[%s] get queue data : %s" % (p.name, q.get()))
20
21 def main():
22     queue = multiprocessing.Queue()
23
24     p1 = multiprocessing.Process(name="set_data", target=set_data, args=(queue,))
25     p1.start()
26
27     p2 = multiprocessing.Process(name="get_data", target=get_data, args=(queue,))
28     p2.start()
29
30     p1.join()
31     p2.join()
32
33
34 if __name__ == "__main__":
35     main()
```

예제는 2개의 프로세스 가 하나의 queue를 바라보고 한쪽은 data를 넣고, 다른 한쪽은 data를 출력하는 코드입니다. 프로세스 간의 공유되는 queue를 만들고 그 queue에 데이터를 넣거나 빼는 방식입니다. 예제에서는 string을 사용했지만 객체나 리스트를 사용할 수도 있습니다. 그리고 multiprocessing의 queue는 스레드와 프로세스 간의 데이터 무결성을 보장하기 때문에 무결성에 대한 조치 없이도 사용할 수 있습니다. 사용 방법은 간단하니 바로 예제 코드로 확인해보겠습니다.

```
$ python3 process_queue.py
[set_data] set queue data : Hello World
[get_data] get queue data : Hello World
```

두 프로세스에서 Hello World라는 메시지를 정상적으로 교환했습니다. process 간의 간단한 데이터를 교환할 때는 queue를 많이 사용합니다. 예제에서 사용한 메서드 말고 더 다양한 메서드들이 있습니다. 그리고 queue를 목적에 따라 특화시킨 SimpleQueue나 JoinableQueue도 있으니 queue로 프로세스 통신을 고려하고 있다면 파이썬 공식 문서[4]를 참고하는 것이 좋습니다.

---

4 https://docs.python.org/2/library/multiprocessing.html#pipes-and-queues

다음으로 살펴볼 내용은 pipe입니다. pipe는 queue와는 조금 다릅니다. queue는 한 번에 여러 process와 정보를 교환할 수 있었지만, pipe는 기본적으로 1:1 통신 방식입니다. 그래서 pipe를 사용하게 되면 마치 server와 client 처럼 2개의 객체를 반환받고 이를 통해서 메시지를 주고받습니다. 바로 예제를 통해 확인해보겠습니다.

```python
1 ################################
2 # File Name : process_pipe.py
3 ################################
4 #!/usr/bin/python3
5
6 import multiprocessing
7
8
9 def child(pipe):
10     p = multiprocessing.current_process()
11
12     msg = "Hello World"
13     pipe.send(msg)
14
15     print ("[%s] Send a message to pipe : %s" % (p.name, msg))
16
17 def main():
18     parent_pipe, child_pipe = multiprocessing.Pipe()
19
20     p = multiprocessing.Process(name="child", target=child, args=(child_pipe,))
21     p.start()
22
23     print ("Recieved message : %s" % parent_pipe.recv())
24     p.join()
25
26
27 if __name__ == "__main__":
28     main()
```

위에서 살펴본 queue 예제를 살짝 변형했습니다. 18번째 줄을 보면 multiprocessing.Pipe()로 pipe 객체를 생성했는데 반환값이 2개입니다. 반환된 2개의 객체를 통해서 메시지를 주고받을 수 있기 때문입니다. 그래서 여기서 반환된 객체를 서로 통신하기 원하는 프로세스에 넘겨주고 이 객체의 recv와 send 메서드를 사용해 서로 통신하게 됩니다. 소켓 프로그래밍과 비슷합니다. 실행 결과를 확인해보겠습니다.

```
$ python3 process_pipe.py
[child] Send a message to pipe : Hello World
Recieved message : Hello World
```

queue와 pipe를 사용해서 프로세스 간에 간편하게 데이터를 교환할 수 있습니다.

⧼ Process 동기화 ⧽

스레드에서 사용하던 Lock, RLock, Condition, Semaphore 등을 모두 multiprocessing 모듈에 서도 사용할 수 있습니다. 구현하는 방법도 threading 모듈에서 사용하던 방식대로 사용할 수 있습니다. 하지만 일반적으로 multiprocessing 모듈에서는 이런 장치를 사용할 필요가 없습니다.

이런 장치는 메모리 공간을 공유하지만 사용하는 주체가 다를 때, 메모리 즉 자원의 무결성을 보장하기 위해서 만들어진 장치들입니다. 다시 말해서 동기화를 위한 장치입니다. 그래서 메모리 공간을 공유하는 스레드의 경우 유용하게 사용될 수 있지만 메모리 공간이 분리되는 프로세스의 경우에는 사용할 필요가 없습니다.

물론, 프로세스 간에도 데이터를 공유해야 하는 상황이 생길 수 있습니다. 앞서 살펴본 queue 나 pipe를 이용해서 처리할 수도 있지만 메모리 공간 자체를 공유해야 하는 경우에는 다른 방법이 필요합니다. 이를 위해서 multiprocessing에서는 manager라는 클래스를 만들어 관리합니다. threading에서 제공하는 lock, rlock, condition, semaphore 같은 모듈을 직접 사용할 수도 있고, manager에 있는 기능을 사용할 수도 있습니다.

Process의 메모리 공유

스레드나 프로세스와 같이 동시성을 활용한 로직을 설계할 때는 메모리를 공유하지 않는 것이 가장 좋습니다. 동시 다발적으로 하나의 메모리에 접근해서 어떤 행위를 한다면 메모리의 무결성을 보장하기 위해 적절한 보호 장치를 마련해야 하기 때문입니다. 그리고 실수로 어느 한 부분을 놓쳐서 문제가 발생한다면 그 원인을 추적하기가 무척 힘들어집니다.

하지만 메모리를 공유해야 하는 상황이 생기기 마련입니다. 그런 경우에 대비해 multiprocessing 모듈에서는 몇 가지 장치가 있습니다. 프로세스 간의 실제 메모리를 공유할 수 있도록 하는 방법과 server process를 이용하는 방법입니다. 하나씩 살펴보겠습니다.

먼저, 메모리를 공유하는 방법입니다. multiprocessing 모듈에서는 공유된 메모리 공간에 저장할 수 있는 Value와 Array라는 API를 제공합니다. 이를 통해서 값을 저장하고 프로세스 간의 메모리를 공유할 수 있습니다. 물론 이 API들은 프로세스와 스레드 간에 호출되더라도 무결성이 보장됩니다. 예제로 살펴보겠습니다.

```python
###################################
# File Name : process_shared_memory.py
###################################
#!/usr/bin/python3

import multiprocessing


def worker(num, num_list):
    p = multiprocessing.current_process()
    print ("[%s] num : %s" % (p.name, num.value))
    for idx, value in enumerate(num_list):
        print ("[%s] num list[%s] : %s" % (p.name, idx, value))

    num.value = 50
    for i in range(len(num_list)):
        num_list[i] = num_list[i] * 10
```

```
18
19 def main():
20     single_integer = multiprocessing.Value("i", 5)
21     integer_list = multiprocessing.Array("i", range(10))
22
23     p = multiprocessing.Process(name="worker", target=worker,
24                                 args=(single_integer, integer_list))
25     p.start()
26
27     p.join()
28     print ("num : %s" % (single_integer.value))
29     for idx, value in enumerate(integer_list):
30         print ("num list[%s] : %s" % (idx, value))
31
32
33 if __name__ == "__main__":
34     main()
```

예제의 20번째 줄과 21번째 줄을 살펴보겠습니다. 각각 Value와 Array를 사용해서 값을 초기화하고 있습니다. 매개변수로 2개의 값을 넘기고 있습니다. "i"는 integer를 뜻하고, 두 번째 인자는 초기화할 값을 의미합니다. 이렇게 값을 선언하고 프로세스를 만들 때 인자로 넘겨주면 됩니다. 그러면 각각의 프로세스에서 해당 값을 받아서 사용할 수 있습니다. 그리고 이 API는 내부적으로 프로세스와 스레드 간의 무결성이 보장됩니다.

만약에 worker 함수에서 Array 값을 변경하는 부분을 list comprehension으로 변경한다면 어떨까요? 16번째 줄과 17번째 줄을 list comprehension을 이용해서 num_list = [x*10 for x in num_list]로 한 줄로 작성하는 게 보기 좋습니다.

하지만 이렇게 코드를 작성하게 되면 동작하지 않습니다. 오류는 없지만 값이 제대로 할당되지 않습니다. 바로 내부적으로 구현된 무결성 보장 처리 때문입니다. num_list라는 변수에서 값을 읽어서 그 값을 변경하려고 하니 값이 변경되지 않는 것입니다. 한마디로, 내부적으로 락을 사용하고 있다고 생각하면 되겠습니다. 그래서 list comprehension의 경우에는 loop를 돌며 락을 획득했지만 값을 초기화하기 위한 락을 획득하지 못해서 값이 변경되지 않은 것입니다.

이처럼 공유된 변수를 동시에 2번 접근하는 방식은 오류는 나지 않지만 원하는 결과를 주지 않습니다. 이 부분만 주의한다면 쉽고 간단하게 메모리를 공유할 수 있습니다.

다음은 server process를 이용하는 방법에 대해서 살펴보겠습니다. 이 방식은 '프로세스의 동기화'에서 잠깐 언급했던 manager API를 사용하는 방법입니다. 먼저, server process가 무엇인지부터 이야기하겠습니다.

비유적으로 설명을 하겠습니다. server process는 말 그대로 server입니다. 각종 정보를 가지고 있는 server가 있고, 이 server에 정보를 요청해서 정보를 받아오고, 받아온 정보를 수정해서 다시 서버로 보낼 수 있습니다. 내부적으로 자원을 관리하는 프로세스가 하나 있다고 생각하면 되겠습니다. 그리고 이 프로세스에 접근해서 값을 가져올 수 있는 것이 바로 manager API입니다.

코드에서 볼 때 server process는 눈에 보이지 않습니다. manager가 API를 담당하고 있고 내부적으로 처리하므로 우리는 manager만 조작하면 되는 것이죠. 간단한 예제 코드로 확인해보겠습니다.

```
1 #################################
2 # File Name : server_process.py
3 #################################
4 #!/usr/bin/python3
5
6 import multiprocessing
7
8 def print_array_or_list(name, values):
9     for idx, value in enumerate(values):
10         print ("[%s] num list[%s] : %s" % (name, idx, value))
11
12 def worker(v, a, l, d):
13     p = multiprocessing.current_process()
14     print ("[%s] value : %s, dict : %s" % (p.name, v, d["key"]))
15     print_array_or_list(p.name, a)
16     print_array_or_list(p.name, l)
17
```

```
18      v.value = 50
19      for i in range(len(a)):
20          a[i] = a[i] * 10
21
22      for i in range(len(l)):
23          l[i] = l[i] * 10
24
25      d["key"] = "Python3"
26
27 def main():
28      manager = multiprocessing.Manager()
29
30      v = manager.Value("i", 5)
31      a = manager.Array("i", range(10))
32      l = manager.list(range(10))
33      d = manager.dict()
34      d["key"] = "Python2"
35
36      p = multiprocessing.Process(name="worker", target=worker, args=(v, a, l, d))
37      p.start()
38
39      p.join()
40      main_name = "main"
41      print ("[%s] value : %s, dict : %s" % (main_name, v, d["key"]))
42      print_array_or_list(main_name, a)
43      print_array_or_list(main_name, l)
44
45
46 if __name__ == "__main__":
47      main()
```

앞서 살펴봤던 Value와 Array의 예제와 비슷합니다. 거기에 리스트와 사전이 추가됐습니다. 리스트와 사전은 manager에서 제공하는 API를 통해서 호출합니다. 실행 결과도 바로 살펴보겠습니다.

```
$ python3 server_process.py
[worker] value : Value('i', 5), dict : Python2
[worker] num list[0] : 0
[worker] num list[1] : 1
```

```
[worker] num list[2] : 2
[worker] num list[3] : 3
[worker] num list[4] : 4
[worker] num list[5] : 5
[worker] num list[6] : 6
[worker] num list[7] : 7
[worker] num list[8] : 8
[worker] num list[9] : 9
[worker] num list[0] : 0
[worker] num list[1] : 1
[worker] num list[2] : 2
[worker] num list[3] : 3
[worker] num list[4] : 4
[worker] num list[5] : 5
[worker] num list[6] : 6
[worker] num list[7] : 7
[worker] num list[8] : 8
[worker] num list[9] : 9
[main] value : Value('i', 50), dict : Python3
[main] num list[0] : 0
[main] num list[1] : 10
[main] num list[2] : 20
[main] num list[3] : 30
[main] num list[4] : 40
[main] num list[5] : 50
[main] num list[6] : 60
[main] num list[7] : 70
[main] num list[8] : 80
[main] num list[9] : 90
[main] num list[0] : 0
[main] num list[1] : 10
[main] num list[2] : 20
[main] num list[3] : 30
[main] num list[4] : 40
[main] num list[5] : 50
[main] num list[6] : 60
[main] num list[7] : 70
[main] num list[8] : 80
[main] num list[9] : 90
```

실행 결과도 살펴봤습니다. 간단하게 말해서 manager는 server process와 연결해주는 인터페이스입니다. 이 server process는 value나 array, list, dictionary, threading에서 제공하는 Lock, RLock, Condition, Semaphore 같은 것들도 사용할 수 있습니다. 그래서 manager를 통해 프로세스가 사용할 수 있는 대부분의 기능을 사용할 수 있는 것이죠. 일종의 proxy 개념이라고 보면 될 것 같습니다.

프로세스 간의 메모리를 공유하는 방법에 대해서 살펴봤습니다. 스레드와 달리 대부분의 API가 프로세스와 스레드에서 자원의 무결성을 보장해주기 때문에 비교적 쉽게 사용할 수 있습니다. 그렇다 하더라도 동시적으로 동작하는 작업에서 메모리를 공유하는 일은 최대한 자제해야 합니다.

▧ Process Pool ▧

프로세스에서는 pool을 만들어서 작업을 분리하여 처리할 수 있습니다. 어떤 작업과 작업에 필요한 데이터를 pool에 등록하고, pool에서 사용할 프로세스의 개수를 입력하면, 프로세스의 pool에서 작업과 작업에 필요한 데이터를 나눠서 정해진 프로세스만큼 작업을 나눠서 처리합니다. 간단한 예제 코드로 살펴보겠습니다.

```python
 1 ################################
 2 # File Name : process_pool.py
 3 ################################
 4 #!/usr/bin/python3
 5
 6 import multiprocessing
 7
 8 def print_initial_msg():
 9     print ("Start process : %s" % multiprocessing.current_process().name)
10
11 def worker(data):
12     return data * 2
13
14 def main():
15     pool = multiprocessing.Pool(processes=4, initializer=print_initial_msg)
16
```

```
17      data_list = range(10)
18      result = pool.map(worker, data_list)
19
20      pool.close()
21      pool.join()
22
23      print ("Result : %s" % result)
24
25
26  if __name__ == "__main__":
27      main()
```

예제 코드의 15번째 줄에서 pool을 생성하고 있습니다. 사용할 프로세스의 개수는 4개로 설정했습니다. 그리고 프로세스가 만들어졌을 때 수행할 작업에 print_inital_msg 함수를 설정했습니다. 18번째 줄에서 pool의 map 메서드를 사용해서 worker 함수와 data_list를 묶었습니다. pool이 실행되고, 반환될 결과를 result에 담아 23번째 줄에서 결과를 출력했습니다. 결과가 어떻게 나왔을지 확인해보겠습니다.

```
$ python3 process_pool.py
Start process : ForkPoolWorker-1
Start process : ForkPoolWorker-2
Start process : ForkPoolWorker-3
Start process : ForkPoolWorker-4
Result : [0, 2, 4, 6, 8, 10, 12, 14, 16, 18]
```

총 4개의 프로세스가 만들어졌고, 4개의 프로세스에서 병렬 처리된 작업의 결과가 하나로 합쳐져 출력됐습니다. 이처럼 pool은 단순한 반복 작업 등을 프로세스를 활용하여 손쉽게 처리할 수 있도록 만들어줍니다. 상황에 따라서는 전혀 쓸모없는 기능일 수 있지만 빅데이터의 처리나 연산에는 유용하게 사용될 수 있습니다.

Coroutine

지금까지는 비교적 익숙한 스레드와 프로세스에 대해서 살펴봤습니다. 아마 파이썬에서 직접 다뤄보지 않았더라도 다른 프로그래밍 언어나 컴퓨터를 공부하면서 본 적이 있을 겁니다. 지금부터 살펴볼 코루틴(coroutine)은 생소한 독자들이 많을 것 같은데요 코루틴은 협력형 멀티태스킹을 위해 사용합니다. 앞서 살펴본 스레드나 프로세스는 모두 선점형 멀티태스킹을 위해 사용되기 때문에 용도가 다릅니다. 비교적 덜 알려지기는 했지만 코루틴은 나온 지 꽤 오래된 개념입니다. 그동안에는 크게 주목받지 못 하다가, 요 몇 년 사이에 많은 관심을 받았습니다. 관련된 기술들도 비약적으로 발전했죠. 어떻게 만드는지 궁금하시죠? 사실 이 책에서도 예제를 통해 코루틴을 구현한 적이 있습니다. 코루틴의 정의를 알게 되면 어디에서 사용했는지 알 것 같습니다. 이제 코루틴에 대해서 알아보겠습니다.

코루틴은 특정 위치에서 실행과 정지를 반복할 수 있도록 여러 진입점과 진출점을 가지고 있는 함수입니다. 일반적으로 함수는 한 번 실행되고, 한 번 종료됩니다. 하지만 코루틴은 여러 번 실행되고, 여러 번 종료될 수 있습니다. 쉽게 말해 반환을 여러 번 할 수 있다고 생각하면 됩니다. 그러면 코루틴은 어떻게 만들까요? 코루틴을 코드 레벨로 정의하면 yield를 사용하는 함수입니다. 좀 더 정확하게 말하면 yield를 사용해서 반환하거나 값을 입력받는 함수입니다(yield는 제너레이터를 다루면서 살펴봤기 때문에 여기서 설명하지 않습니다). 코루틴에 대한 정의를 살펴봤는데 함수와 비슷하지만 함수는 아니고, 제너레이터와 유사하지만 제너레이터는 아닙니다. 그렇다면 함수와 제너레이터 그리고 코루틴은 어떤 관계일까요? 어떤 점이 다를까요?

▨ Function, Generator, Coroutine ▨

먼저 함수에 대해서 살펴보면 함수는 한 번 실행되고 한 번만 종료됩니다. 다시 말해 return 문을 만나거나 함수가 끝날 때까지 한 번 실행되고 종료되는 것이죠. 그러니 한 번 반환되면 다시 반환된 위치로 돌아올 수 없습니다. 하지만 코루틴은 한 번 호출되고 반환되더라도 다시 그 지점으로 돌아올 수 있습니다. yield를 사용했기 때문에 여러 번 반환될 수 있고 여러 번 호출될 수 있습니다. 그리고 여기서 중요한 점은 호출 간에 상태가 유지된다는 것입니다. 예를 들어 반복문 안에서 반환된다면 반복문의 반복 횟수나 내부 변수들이 다음 코루틴의 호출에서도 유지가 됩니다.

제너레이터는 어떨까요? 제너레이터는 semi-coroutine이라고도 불립니다. 그만큼 제너레이터와 코루틴은 비슷하다는 뜻입니다. 제너레이터와 코루틴 모두 yield 구문을 필수적으로 포함하고 있고 정의도 비슷합니다. 하지만 제너레이터의 경우 yield를 주로 반환의 목적으로 사용합니다. 반면에 코루틴은 반환과 입력의 목적으로 사용합니다. 다시 말해 제너레이터는 이터레이터와 같은 역할을 하고 코루틴은 함수의 역할을 하는 것입니다.

함수와 제너레이터 그리고 코루틴의 차이점에 대해서 살펴봤습니다. 근데 이것만 가지고는 코루틴이 무엇이고 왜 필요한지 이해하기 부족합니다. 단순히 기술적인 차이점만 나열했기 때문에 더 그런 듯합니다. 그러면 이제 코루틴의 예시와 코루틴을 언제 사용하는지에 대해 알아보겠습니다.

░░ Coroutine 예시 ░░

간단한 코루틴의 예제부터 살펴보겠습니다.

```
1 ################################
2 # File Name : basic_coroutine.py
3 ################################
4 #!/usr/bin/python3
5
6
7 def coroutine():
8     while True:
9         msg = yield
```

```
10          print ("Hello, your input message is '%s'" % msg)
11
12 def main():
13      c = coroutine()
14      next(c)
15      next(c)
16      c.send("Test")
17      c.send("Coroutine")
18
19
20 if __name__ == "__main__":
21      main()
```

간단한 예제 코드입니다. 코루틴의 정의에 따라 함수 안에 yield를 넣어 값을 입력받을 수 있도록
했습니다. 이렇게 만들어진 진입점은 send 함수를 통해 불립니다. send 함수를 사용하면 yield로
멈춘 부분에서 다시 시작됩니다. 예제 코드의 16, 17번째 줄을 보면 각각 "Test"와 "Coroutine"을
인자로 넘깁니다. 이제 이 인자값을 어떻게 처리하는지 실행 결과를 살펴보겠습니다.

```
$ python3 basic_coroutine.py
Hello, your input message is 'None'
Hello, your input message is 'Test'
Hello, your input message is 'Coroutine'
```

첫 번째 줄의 'None'으로 출력된 값은 코드의 14번째 줄의 next 함수 때문입니다. yield에 아무런
값을 전달하지 않고 next 함수를 사용했기 때문에 msg의 값이 None으로 출력된 것입니다. 코드
가 간단해서 어렵지 않지만 이 예제 코드는 진짜 코루틴이라고 볼 수 없습니다.

앞서 코루틴에 대해서 설명하면서 코루틴은 협력형 멀티태스킹을 위한 기술이라고 이야기했습
니다. 그런데 지금 예제는 협력형 멀티태스킹은 커녕 멀티태스킹이라고 부를 수도 없는 코드입
니다. 협력형 멀티태스킹을 제대로 구현하려면 몇 가지 필요한 것이 더 있습니다. 이에 대한 것은
뒤에서 다루기로 하고 지금은 간단한 멀티태스킹 아닌 멀티태스킹 예제를 살펴보겠습니다.

```
 1 #################################
 2 # File Name : cowork_coroutine.py
 3 #################################
 4 #!/usr/bin/python3
 5
 6 import time
 7 import random
 8
 9 TOTAL_WORK_LOAD = 50
10
11 def worker():
12     total_work_load = 0
13     worker_name = ""
14
15     while True:
16         worker_name, total_work_load = yield (worker_name, total_work_load)
17
18         work_load = random.randrange(1, 10)
19         work_load = work_load if total_work_load >=
20                     work_load else total_work_load
21         total_work_load -= work_load
22
23         print ("[%s] Total : %s, work : %s" % (worker_name, total_work_load,
24                                             work_load))
25         yield total_work_load
26
27 def main():
28     w1 = worker()
29     w2 = worker()
30
31     ret = TOTAL_WORK_LOAD
32     while ret > 0:
33         next(w1)
34         ret = w1.send(("w1", ret))
35
36         next(w2)
37         ret = w2.send(("w2", ret))
38
39
40 if __name__ == "__main__":
41     main()
```

비교적 간단한 예제 코드입니다. 하나씩 살펴보겠습니다. 먼저 11번째 줄에 정의된 worker 함수는 코루틴입니다. 내부를 살펴보면 16번째 줄에서 yield로 work_name과 total_work_load라는 값을 입력받습니다. 그리고 23번째 줄에서 total_work_load를 반환합니다. yield가 입력과 반환의 목적으로 모두 사용된 예제입니다. 내부 로직을 보면 1에서 10까지 값 중 하나를 임의로 생성해서 work_load 변수에 저장하고 그 값을 total_work_load에서 뺍니다. 쉽게 말해서 total_work_load 값을 조금씩 줄여나가는 것입니다.

이제 메인 로직을 살펴보겠습니다. 29번째 줄을 보면 ret에 TOTAL_WORK_LOAD를 할당합니다. 그리고 while로 ret이 0이 될 때까지 순회합니다. 루프의 내부에서는 코루틴인 w1과 w2를 사용해서 worker 함수에 worker 함수의 이름과 ret 값을 인자로 호출합니다.

설명이 번잡한 듯한데 코드 레벨로 설명해서 그렇습니다. 추상화해서 다시 설명하면, 50개의 일감을 두고 w1과 w2라는 코루틴이 각각 일을 수행합니다. 공통된 일감을 가지고 작업을 하는 것이죠. 선점형 멀티태스킹 기술인 스레드나 프로세스를 사용하면 서로 간섭하지 않도록 동기화 로직을 구현해야 합니다. 하지만 여기서는 협력형 멀티태스킹 방식을 사용했습니다. 그래서 하나의 작업이 끝나고 반환된 값으로 이어서 작업을 하도록 했습니다. 그리고 실제 작업을 수행하는 worker 함수는 코루틴으로 만들었습니다.

추상적일 수도 있는데 사실 엄밀하게 말하면 위의 예제에서 worker 함수를 굳이 코루틴으로 구현하지 않아도 됩니다. 무한 루프로 구현한 것을 일회성으로 작업하도록 함수로 만들고 그 함수를 호출하면 같은 목적으로 기술을 구현할 수 있습니다. 위의 예제는 단순히 하나의 자원을 공유하도록 만들었기 때문입니다. 그래서 멀티태스킹이 아닌 멀티태스킹 예제라고 이야기한 것입니다. 더 복잡한 로직이 필요하거나 함수 호출 간의 특정 상태를 유지해야 하는 경우는 함수로는 만들기가 어렵습니다. 그래서 코루틴을 사용하는 것이죠. 이제 실행 결과를 확인해보겠습니다.

```
$ python3 cowork_coroutine.py
[w1] Total : 41, work : 9
[w2] Total : 36, work : 5
[w1] Total : 33, work : 3
[w2] Total : 28, work : 5
[w1] Total : 26, work : 2
[w2] Total : 19, work : 7
[w1] Total : 10, work : 9
[w2] Total : 4, work : 6
[w1] Total : 1, work : 3
[w2] Total : 0, work : 1
```

실행 결과를 보면 두 worker 함수가 적절히 일감을 나눠서 일하는 게 보입니다. 꼭 선점형 멀티태스킹을 사용해야 하는 상황이 아니라면 적절히 일을 나눠서 처리할 수 있도록 협력형 멀티태스킹을 고려하는 것도 좋습니다. 처음엔 조금 어색할지 몰라도 사용하다 보면 선점형 멀티태스킹보다 직관적이고 쉽게 코드를 작성할 수 있습니다.

░ Yield From ░

앞에서 코루틴에 대한 예제를 살펴봤는데 뭔가 이상한 점이 있습니다. 코루틴은 yield를 통해서 반환하는데 반환되는 값은 항상 특정한 값입니다. 코루틴의 반환값으로 코루틴을 반환하게 한다면 앞에서 살펴본 'cowork_coroutine.py' 코드를 좀 더 간단하게 만들 수 있습니다.

하지만 위에서 설명한 yield로는 완벽히 구현할 수 없습니다. yield로 코루틴을 반환하게 되면 코루틴에서 실행된 값을 반환하는 것이 아니라 코루틴 객체를 반환합니다. 그래서 반환받은 객체에서 next 함수를 실행해서 값을 받아야 합니다. 예제 코드로 확인해보겠습니다.

```
1 ###############################
2 # File Name : return_coroutine.py
3 ###############################
4 #!/usr/bin/python3
```

```
5
6
7 def return_one_to_ten():
8     for i in range(10):
9         yield i
10
11 def get_coroutine():
12     yield return_one_to_ten()
13
14 def main():
15     print ("== Get coroutine ==")
16     c = get_coroutine()
17     print (c)
18
19     print ("== Get coroutine's return value ==")
20     ret = next(c)
21     print(ret)
22
23     print ("== Get values ==")
24     print (next(ret))
25     print (list(ret))
26
27
28 if __name__ == "__main__":
29     main()
```

코루틴의 반환값으로 코루틴을 사용하는 예제입니다. 7번째 줄에 정의된 return_one_to_ten
에서 0부터 9까지 10개의 숫자를 yield로 반환하고, 11번째 줄에 정의된 get_coroutine에서
return_one_to_ten을 yield로 반환합니다. 즉, get_coroutine은 coroutine을 반환하는 것입니다.
17번째 줄에서 get_coroutine을 사용해서 반환된 코루틴을 가져옵니다. 그리고 코루틴의 값을
출력하게 했습니다. 이제 실행 결과를 보면서 설명하겠습니다.

```
$ python3 return_coroutine.py
== Get coroutine ==
<generator object get_coroutine at 0x7f70e7441728>
== Get coroutine's return value ==
<generator object return_one_to_ten at 0x7f70e74417d8>
```

```
== Get values ==
0
[1, 2, 3, 4, 5, 6, 7, 8, 9]
```

실행 결과를 보면 17번째 줄에서 출력된 get_coroutine의 반환값은 제너레이터 객체입니다. yield로 반환된 코루틴이기 때문에 제너레이터 객체로 표시되는 것입니다. 반환된 코루틴의 값을 출력해보겠습니다. 20번째 줄을 보면 get_coroutine으로 반환된 제너레이터 객체, 즉 코루틴을 next 함수로 실행해서 변수 ret에 저장합니다. 그리고 21번 째 줄에서 변수 ret을 출력합니다. 결과를 확인해보면 역시나 제너레이터 객체로 나옵니다. 7번째 줄에 정의된 return_one_to_ten의 제너레이터 객체로 표시됩니다. 그렇다면 값을 출력하기 위해서는 이 제너레이터 객체를 다시 next 함수로 실행해야 합니다. 24번째 줄과 25번째 줄을 보면 next 함수로 하나의 값을 출력하고 나머지 값은 리스트로 모두 출력하게 했습니다. 결과를 확인해보면 의도했던 대로 값이 출력되는 것을 확인할 수 있습니다.

코루틴에서 코루틴을 반환받아 사용하기 위한 과정이 복잡합니다. 이런 불편함을 해소하기 위해서 Python 3.3에서 yield from 구문이 추가됐습니다. yield from 구문은 인자로 받은 코루틴을 실행해서 나온 결과값을 반환합니다. 앞의 예제를 yield from 구문을 사용해 변경해보겠습니다.

```
1 ################################
2 # File Name : yield_from.py (Python 3.3 or later)
3 ################################
4 #!/usr/bin/python3
5
6
7 def return_one_to_ten():
8     for i in range(10):
9         yield i
10
11 def get_coroutine():
12     yield from return_one_to_ten()
13
14 def main():
15     print ("== Get coroutine ==")
```

```
16      c = get_coroutine()
17      print (c)
18
19      print ("== Get values ==")
20      print (next(c))
21      print (list(c))
22
23
24 if __name__ == "__main__":
25      main()
```

기존 예제 코드에서 조금 더 간단해졌습니다. 변경된 내역을 살펴보면 11번째 정의된 get_
coroutine에서 yield로 반환하던 것을 yield from으로 변경했고 값을 출력하는 부분이 간소화됐
습니다. 실행 결과를 확인해보겠습니다.

```
$ python3 yield_from.py
== Get coroutine ==
<generator object get_coroutine at 0x7f80458bc1a8>
== Get values ==
0
[1, 2, 3, 4, 5, 6, 7, 8, 9]
```

실행 결과를 보면 위의 예제와 동일합니다. 16번째 줄에서 get_coroutine의 반환값을 출력했는
데 앞의 예제와 동일한 get_coroutine의 제너레이터 객체가 출력됐습니다. 하지만 반환된 이 값
에 바로 next 함수를 사용해서 값을 출력할 수 있습니다. 20번째 줄을 보면 반환된 제너레이터
객체를 next 함수를 사용해서 실행했습니다. 앞선 예제에서는 return_one_to_ten의 제너레이터
객체가 반환됐지만 여기서는 return_one_to_ten에서 실행된 값이 반환됐습니다. 좀 더 간단해
졌습니다. 반환된 값을 바로 사용할 수 있도록 변경된 것입니다.

지금까지 코루틴에 대한 내용을 살펴봤습니다. 코루틴 자체는 그리 어려운 개념은 아닙니다.
threading나 multiprocessing과는 다르게 흐름이 직관적으로 눈에 들어오니 사용 방법만 알고
있다면 쉽게 이해할 수 있습니다.

정리

이번 장에서는 앞 장에서 배운 개념을 코드 레벨로 구현하기 위한 기술에 대해서 살펴봤습니다. 일반적으로 흔히 알려진 스레드와 프로세스는 파이썬에서 threading 과 multiprocessing 모듈로 구현할 수 있고, CPython에서는 스레드가 생각보다 덜 효율적일 수 있다는 것을 확인했습니다. 이 2가지 방식은 모두 선점형 멀티태스킹을 위한 기술이고 오랫동안 사용되어 왔습니다. 다음으로 코루틴에 대해서 살펴봤습니다. 코루틴은 협업형 멀티태스킹을 위한 기술이고 개념 자체는 오래되었지만 최근에 빛을 보기 시작했습니다.

사실 코루틴은 아직까지 어떤 기술이라기보다는 개념적인 측면에 더 가깝습니다. 적어도 파이썬에서는 말이죠. 파이썬에서 스레드와 프로세스, 코루틴을 사용하는 느낌이 다를 수 있습니다. 스레드나 프로세스는 모듈로서 다양한 기능을 제공하고 쉽게 사용할 수 있도록 되어 있습니다. 하지만 코루틴은 모듈로 존재하는 것도 아니고 표현식을 사용해서 특정 형태를 구현해서 사용했습니다. 그래서 엄밀하게 말하면 파이썬에서는 스레드와 프로세스만 기술이라고 표현할 수 있을 것 같습니다.

비교할 대상이 모호하기도 한데요, 그래도 코루틴이 중요하다는 점은 변함없습니다. 다음 장에서 다루게 될 비동기 논블록을 사용하기 위해서는 코루틴을 사용하는 것이 필수적입니다. 비동기 논블록 로직이 도입되면서 코루틴을 사용하기 위한 방식에도 변화가 생겼고 모듈도 많이 추가됐습니다. 이에 대한 내용은 6장에서 살펴보겠습니다.

참고자료

1. GIL : https://en.wikipedia.org/wiki/Global_interpreter_lock

2. Python 2 threading : https://docs.python.org/2/library/threading.html

3. Python 3 threading : https://docs.python.org/3/library/threading.html

4. Python 2 multiprocessing : https://docs.python.org/2/library/multiprocessing.html

5. Python 3 multiprocessing : https://docs.python.org/3.6/library/multiprocessing.html

6. https://en.wikipedia.org/wiki/Coroutine

7. https://docs.python.org/3.6/whatsnew/3.3.html#pep-380

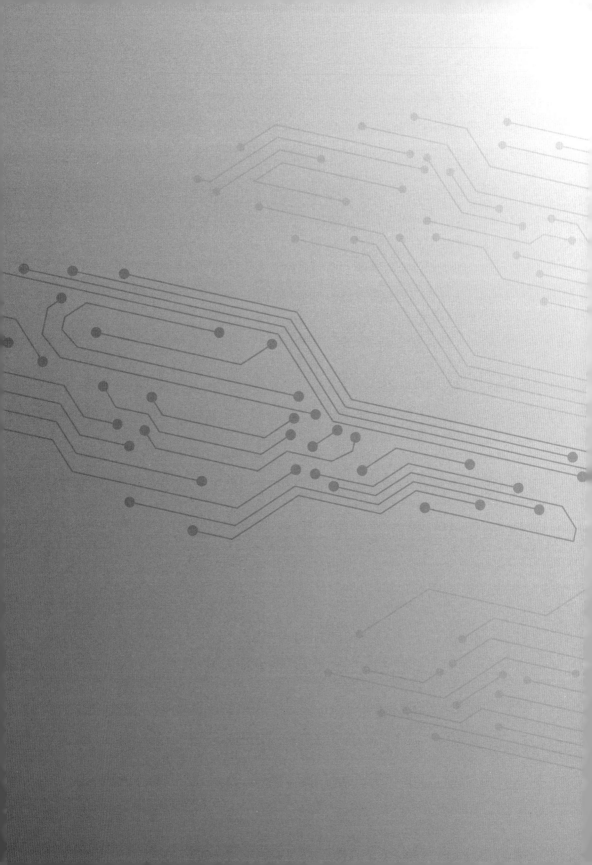

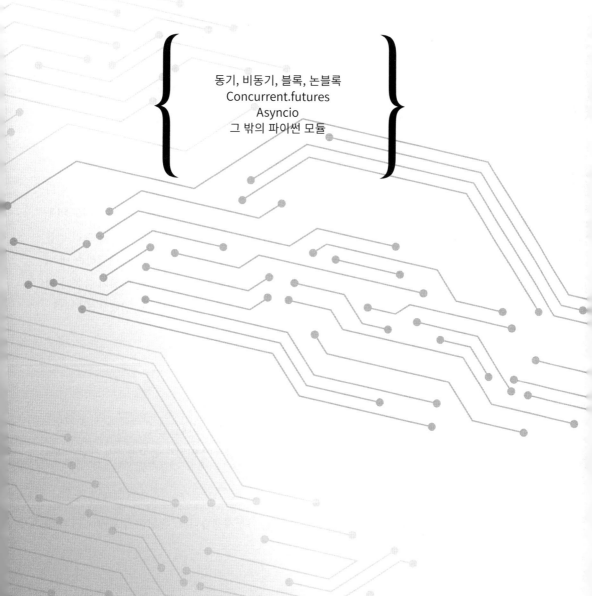

5장

비동기

동기, 비동기, 블록, 논블록
Concurrent.futures
Asyncio
그 밖의 파이썬 모듈

비동기

동기, 비동기, 블록, 논블록

파이썬의 비동기 처리 방식을 살펴보기 전에 먼저 몇 가지 기본 개념에 대해서 알아보겠습니다. 바로 동기 연산(Synchronous operation), 비동기 연산(Asynchronous operation) 그리고 블록 (Blocking), 논블록(Nonblocking) 방식에 대한 개념입니다.

일반적으로 우리가 작업하는 방식은 대부분 동기 블록(Synchronous Blocking) 연산입니다. 이외에도 동기 논블록(Synchronous Nonblocking), 비동기 블록(Asynchronous Blocking) 그리고 비동기 논블록(Asynchronous Nonblocking) 연산이 있습니다. 개념적으로 동기와 비동기 그리고 블록과 논블록에 대해서 각각 하나씩 살펴봐야 하지만 처음부터 차례로 이야기하면 이해하는 데 어려움이 있을 수 있습니다. 그래서 두 개념씩 묶어서 동기 블록과 동기 논블록, 비동기 블록과 비동기 논블록으로 먼저 설명하고 각각의 개념에 대해서 다시 정리하는 방식으로 진행하겠습니다.

░ 동기 블록 ░

동기 블록(Synchronous Blocking) 방식은 제일 많이 사용되는 형태입니다. 구현하기 간단하고 직관적인 장점이 있는 반면에 효율성은 떨어집니다. 동기 블록이 어떻게 동작하는지 기술적으로 설명하기 전에 비유적으로 예시를 들어보겠습니다.

카페에서 손님이 점원에게 주문을 하고 있는 상황을 가정하겠습니다. 손님이 점원에게 커피 한

잔을 주문하고 점원은 주문을 받습니다. 그리고 점원은 손님에게 기다리라는 말도 없이 바로 커피 머신에서 커피를 내립니다. 손님은 커피가 나올 때까지 카운터 앞에서 기다리고 있습니다. 동기 블록 방식에서는 손님은 주문을 하고 커피가 나올 때까지 카운터 앞에서 아무런 말이나 행동도 안 하고 가만히 기다리고 있습니다. 점원이 기다리라는 말도 없이 커피를 만들러 사라진 것이죠. 그리고 점원도 커피 머신에서 커피가 완성되기를 가만히 기다리고 있죠. 그러다 커피가 완성되면 손님에게 전달합니다. 현실이라면 말도 안 되는 상황입니다. 하지만 컴퓨터가 일하는 방식이라고 생각하면 간단하고 명료한 방식입니다.

이제 기술적으로 풀어보겠습니다. 사용자 프로그램에서 어떤 파일을 읽기 위해 read 함수를 호출합니다. 이 read 함수는 커널로 전달되고 커널에서 읽기를 처리합니다. 동기 방식에서는 사용자 프로그램에서 read를 호출한 순간부터 블록이 시작됩니다. read를 전달받은 커널은 실제로 I/O 작업을 통해 읽기를 요청합니다. 그리고 I/O 작업이 완료될 때까지 기다립니다. I/O 작업이 완료되고 커널이 파일의 내용을 읽으면 이제 사용자 프로그램에게 파일의 내용을 전달합니다. 사용자 프로그램은 파일의 내용을 전달받고 블록에서 깨어납니다. 이 과정을 도식화한 것이 아래 그림입니다.

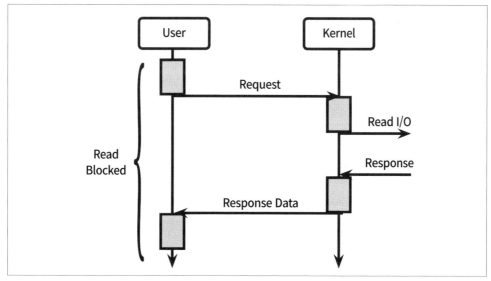

동기 블록

호출 구조가 간단합니다. 실제로 구현하기도 가장 쉽고 직관적이기 때문에 많이 사용합니다. 일반적인 로직에서는 블록되는 시간이 아주 짧기 때문에 그냥 동기 블록 방식을 사용하는 것도 있습니다. 하지만 사용자 프로그램에서 블록되는 시간이 I/O 연산에 의존적이고 그동안 아무것도 할 수 없으니 효율적인 방식이라고는 할 수 없습니다.

☰ 동기 논블록 ☰

동기 논블록(Synchronous Nonblocking)은 상황에 따라 다르긴 하지만 동기 블록보다 비효율적인 방식입니다. 동기 논블록에 대한 설명도 기술적인 설명보다 비유로 먼저 설명하겠습니다. 동기 블록에서 설명했던 예시와 동일한 상황입니다.

손님이 점원에게 주문을 했습니다. 점원은 주문을 받고 잠깐 기다리라고 말합니다. 그리고 커피 머신에서 커피를 내립니다. 잠시 뒤에 손님이 진행 상황을 물어봅니다. "커피 완성됐나요?" 점원은 커피의 상태를 보고 답을 합니다. "아직 안 됐어요. 조금 더 기다리세요." 그렇게 몇 번 반복하다 커피가 완성됐습니다. 그런데 점원이 바로 손님에게 전달하지 않고 다른 일을 하고 있습니다. 그러다 손님이 "커피 완성 됐나요?"라고 물으면 그때 완성됐다고 말하고 커피를 전달합니다. 아주 바쁜 음식점이나 카페의 상황 같습니다. "여기 음식 아직 인가요?"라고 물어보는 상황을 상상할 수 있습니다.

동기 블록의 경우와 조금 다릅니다. 손님이 진행 상태를 확인하고, 점원은 커피가 완성돼도 손님에게 전달하지 않습니다. 손님이 물어보면 그제서야 전달을 하죠. 이 방식이 동기 블록보다 왜 더 비효율적인지는 쉽게 알 수 있습니다.

기술적으로 살펴보겠습니다. 사용자 프로그램이 read 함수를 호출하고 커널이 I/O 작업을 요청했습니다. 그리고 사용자 프로그램에게 시그널을 보냅니다. 시그널은 아직 완료되지 않았으니 기다리라는 내용입니다. 사용자 프로그램은 적당한 시간에 다시 커널로 시그널을 보냅니다. 아직 I/O 작업이 끝나지 않았으니 커널은 다시 완료되지 않았다는 시그널을 보냅니다. 몇 차례 이 과정을 반복합니다. I/O 작업이 완료되면 커널이 파일의 내용을 읽어서 갖고 있게 됩니다. 그런데 바로 사용자 프로그램에 전달하는 것이 아니라 사용자 프로그램에서 다시 시그널을 보낼 때까지 그냥 내버려둡니다. 그러다 사용자 프로그램에서 시그널이 오면 갖고 있는 파일의 내용을 전달합니다. 이 과정을 도식화한 것이 아래 그림입니다.

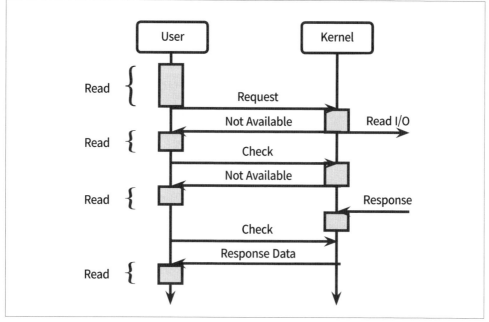

동기 논블록

아까보다 그림이 복잡합니다. 사용자 프로그램에서는 read를 수행했을 때 결과를 바로바로 받을 수 있으니 블록되어 있지는 않습니다. 하지만 전달받은 결과는 아직 사용할 수 없다는 것이니 사용할 수 있을 때까지 커널로 상태를 확인합니다. 커널에서는 완료가 되어도 결과를 바로 전달하지 않고 사용자 프로그램이 요청할 때 그에 대한 답변으로 결과를 줍니다. 효율적인 방식이라고는 말할 수 없습니다.

≋ 비동기 블록 ≋

비동기 블록(Asynchronous Blocking) 방식은 소켓 통신에서 많이 사용하는 방식입니다. 이것도 앞서 다른 방식을 설명했던 것처럼 비유로 설명하겠습니다.

손님이 점원에게 주문을 합니다. 점원이 이번에는 손님에게 번호표를 주고 옆의 픽업 장소에서 기다리라고 합니다. 그리고 커피 머신에서 커피를 내립니다. 손님은 카운터 옆 픽업 장소에서 번호표를 가지고 자신의 번호가 호출되기를 기다립니다. 그러다 점원이 커피를 완성하면 주문한 손님의 번호를 부릅니다. 손님은 바로 옆 픽업 장소에서 기다리고 있었으니 점원의 호출에 바로 응답합니다. 손님이 번호표를 주면 점원이 확인을 하고 커피를 전달합니다.

상황이 조금 더 현실적으로 변했습니다. 동기 블록 방식에서는 점원이 아무 말도 하지 않고 커피를 만들기 위해 사라져서 카운터 앞에서 마냥 기다려야 했습니다. 동기 논블록 방식에서는 점원이 손님에게 기다리라고 말은 했지만 커피가 완성되어도 손님이 달라고 할 때까지 주지 않았습니다. 하지만 비동기 블록 방식에서는 점원이 옆에서 기다리라고 말하고 커피가 완성되면 불러줍니다. 많이 친절해졌습니다.

파일을 read하는 예제로 다시 살펴보겠습니다. 사용자 프로그램이 파일 읽기를 요청하고 커널은 I/O 작업을 요청합니다. 그리고 사용자 프로그램에게 내가 다시 부를 때까지 기다리라고 시그널을 보냅니다. 사용자 프로그램은 커널이 다시 불러줄 때까지 기다립니다. 커널은 I/O 작업이 완료되면 사용자 프로그램에게 결과가 나왔다고 알려줍니다. 그러면 사용자 프로그램은 지금 결과를 달라고 요청하고 결과를 전달받습니다. 이 과정을 도식화한 것이 아래 그림입니다.

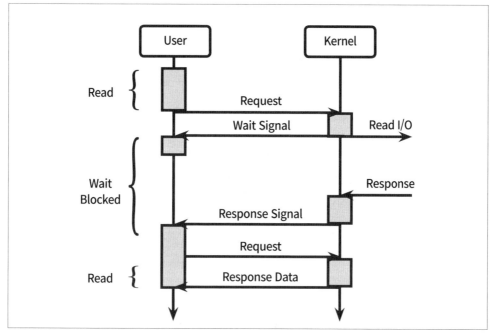

비동기 블록

동기 블록 방식보다는 조금 복잡하지만 동기 논블록 방식보다는 간단합니다. 사용자 관점에서 읽기를 위한 동작은 블록되지 않고 커널에서 기다리라고 했을 때만 블록되어 기다립니다. 그리고 커널이 다시 시그널을 보내면 값을 달라고 요청합니다. 앞선 예제보다는 읽기를 위해 블록되는 시간은 조금 줄어듭니다.

이 방식은 보통 소켓 통신에서 커넥션(connection)을 맺고 기다리는 과정에서 사용됩니다. 소켓 통신을 C 언어로 작성할 때 커넥션 설정을 하고 select라는 함수를 사용하는데, 이때 select 과정이 위에서 블록되어 기다리고 있는 시간과 같다고 생각하면 됩니다.

⧷⧷⧷ 비동기 논블록 ⧷⧷⧷

비동기 논블록(Asynchronous Nonblocking) 방식은 위의 방식 중에서 가장 효율적인 방식이라고 할 수 있습니다. 하지만 가장 구현하기 어렵고 또 생각만큼 효율적이지 않을 수도 있습니다. 비유로 설명하겠습니다.

손님이 주문을 합니다. 점원은 주문을 받고 손님에게 진동벨을 줍니다. 그리고 진동 벨이 울리면 픽업 장소로 와서 찾아가라고 말합니다. 손님은 이제 진동 벨이 생겼으니 픽업 장소나 카운터에서 기다리지 않고 카페 안의 어딘가에서 다른 일을 할 수 있습니다. 시간이 흘러 커피가 완성되면 점원은 손님이 가진 진동벨을 울립니다. 진동벨이 울리면 손님은 픽업 장소로 가서 커피를 받습니다. 가장 현실성 있는 상황입니다.

이 방식은 기술적으로 어떻게 동작하는지 보겠습니다. 사용자 프로그램은 읽기 요청을 커널에 보내고 바로 다른 작업을 수행합니다. 커널은 사용자 프로그램으로부터 요청을 받아 I/O 작업을 수행합니다. 그러다 I/O 작업이 완료되면 사용자 프로그램에게 완료된 내용을 보냅니다. 사용자 프로그램은 다른 작업을 하다가 커널이 정보를 보내면 확인합니다.

처리하는 방식 자체가 상당히 간단해졌습니다. 중간에 다른 일도 할 수 있구요. 이를 도식화한 것이 아래 그림입니다.

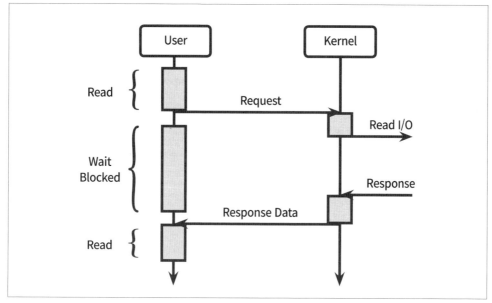

비동기 논블록

그림도 많이 간단해졌습니다. 블록도 되지 않고, 따로 상황 체크를 하지 않아도 되고, 결과도 바로 전달받습니다. 상당히 효율적인 형태로 구현됐죠. 하지만 생각만큼 효율적이지 않을 수 있습니다. 이런 구조를 구현하기 위해서는 몇 가지 작업을 해야하는데 I/O 작업 자체가 매우 빠른 시간에 끝난다면 굳이 이렇게 하지 않고 동기 블록으로 구현하는 것이 간단합니다. 그래서 사실 가장 효율적인 방식은 사용하려는 환경과 목적에 따라 다릅니다. 즉 사용하려는 환경과 목적에 따라 적절한 기술을 사용하여 구현하는 것이 중요합니다.

〰 동기와 비동기, 블록과 논블록 〰

동기와 비동기 그리고 블록과 논블록을 조합해서 각각의 방식이 어떻게 동작하는지 살펴봤습니다. 이제 개념을 분리해서 동기와 비동기, 블록과 논블록에 대해서 간략하게 정리하고 마무리하겠습니다. 설명하기 전에 먼저 정리해야 할 용어가 있습니다. 바로 요청하는 주체와 요청을 받아 처리하는 주체입니다. 비유로 든 상황에서 요청하는 주체인 손님은 사용자 프로그램이었고, 요청을 받아 처리하는 주체인 점원은 커널이었습니다. 이제부터는 사용자와 시스템이라고 간단히 정의하겠습니다.

동기 방식은 사용자가 작업을 요청하고 요청된 결과를 받을 때까지 사용자가 상태를 계속 신경 쓰는 것이라고 볼 수 있습니다. 바꿔 말하면, 결과를 동기화하려고 사용자가 계속 신경 쓰는 것이 죠. 반면에 비동기 방식은 사용자가 한 번 요청하고 신경을 끄고 있으면 시스템에서 처리하고 완료되면 알려주는 것입니다. 즉, 비동기 방식은 결과값에 대한 동기화를 사용자가 신경 쓰지 않아도 됩니다.

블록 방식은 사용자가 작업을 요청하고 결과가 나올 때까지 가만히 멈춰서 기다리는 방식입니다. 반면에 논블록 방식은 사용자가 작업을 요청하고 난 뒤에 가만히 멈춰 있지는 않고 다른 일을 할 수 있는 방식입니다.

개념에 대해서 살펴봤으니 이제 파이썬에서 비동기 처리를 구현하기 위한 기술에 대해서 살펴보 겠습니다.

concurrent.futures

concurrent.futures 모듈은 파이썬에서 사용되는 스레딩과 멀티프로세싱을 고도화한 모듈입니다. Python 3.2 버전에 추가됐으며 __future__ 모듈과 혼동될 수 있기 때문에 concurrent. futures로 명명됐습니다. 이 모듈은 앞에서 살펴본 4가지 방식 중에 비동기 논블록 방식을 구현한 모듈입니다. 비동기 논블록 방식을 스레드와 프로세스로 구현한 것입니다.

파이썬에 구현된 스레딩이나 멀티프로세싱 API들은 사실 C 기반의 코드를 파이썬에서 사용할 수 있도록 래핑(wrapping)한 수준이었습니다. 멀티프로세싱 모듈이 스레딩 모듈을 참조했고, 스레딩 모듈이 C의 API를 래핑한 것이었습니다.

그리고 이런 기술들을 사용하기 위해 여러 가지 고려해야 할 점들이 있었습니다. 스레딩과 멀티프로세싱에 대해서 이야기할 때 동기화를 고려하기 위한 방법과 정보를 교환하는 방법을 살펴봤습니다. 이런 방법을 알고 있어야 API로 직접 사용해야 하는 불편한 점을 피할 수 있습니다.

그래서 이런 불편을 해소하고 좀 더 사용성 있게 만들어진 것이 바로 concurrent.futures입니다. concurrent.futures는 스레딩과 멀티프로세싱을 개선해서 ThreadPoolExecutor와 ProcessPoolExecutor를 만들었습니다. 그리고 두 클래스의 API를 통일하고 내부적으로 작업을 비동기 논블록으로 실행하게 만들었습니다. 즉, 사용자가 작업을 실행하면 작업으로 인해 메인 로직이 블록되지 않고 비동기적으로 처리되는 것입니다. 그리고 사용자는 결과를 확인해서 그에 맞는 작업을 할 수 있게 됐습니다. 스레딩과 멀티프로세싱에서 데몬(daemon)으로 작업을 실행시킨 것과 유사하다고 볼 수 있습니다. 내부적으로 비동기로 코드가 동작하는 것은 눈에 명확하게 보이지 않습니다. 그래서 이해하기가 어려울 수도 있는데요, 직접 코드를 작성하고 돌려보면 쉽게 이해할 수 있을 것입니다.

예제 코드를 살펴보기 전에 선행 지식으로 concurrent.futures에서 중요한 개념인 Executor와 Future 그리고 Module functions에 대해 설명하겠습니다.

▨ Executor ▨

Executor는 호출 가능한 객체를 비동기적으로 호출시켜주는 일종의 실행기입니다. 쉽게 말하면 함수나 코루틴 같은 것을 실행시킵니다. 하지만 이 Executor를 직접 사용하지는 않습니다. 상속을 받아서 사용하는데요, 이 클래스를 상속받아 처리 방식에 따라 구현한 것이 ThreadPoolExecutor와 ProcessPoolExecutor입니다. 이름에서 유추할 수 있듯이 앞은 스레드를 사용하고, 뒤는 프로세스를 사용합니다. 둘은 처리 방식만 다를 뿐 제공하는 API는 모두 동일합니다. 그리고 API도 단순해서 submit, map, shutdown 이 3가지 메서드만 사용할 줄 알면 됩니다. 각각 하나씩 살펴보겠습니다.

먼저 submit 메서드는 비동기로 실행하려는 함수와 함수에서 사용되는 인자값을 전달받아서 Future 클래스를 반환합니다.

map 메서드는 일반적으로 사용하는 map과 동일한 기능을 합니다. 하지만 비동기로 실행되기 때문에 종료되지 않고 멈춰 있는 경우에 대비해서 timeout 값을 받을 수 있습니다. timeout으로 설정된 시간 안에 작업이 끝나지 않으면 예외가 발생합니다.

마지막으로 shutdown 메서드는 종료 시그널을 보내서 실행 중이거나 작업 대기 중인 Future 객체를 종료시키고 사용 중인 리소스를 정리하게 합니다. shutdown 메서드가 호출된 Executor는 submit이나 map 메서드를 호출할 수 없습니다. 또 wait 매개변수로 wait 값을 True로 설정해서 shutdown을 호출하면 실행 중인 작업을 바로 종료하지 않고 완료될 때까지 기다립니다.

Executor에서 제공하는 API들을 살펴봤습니다. 그러면 ThreadPoolExecutor와 Process PoolExecutor는 어떤 차이가 있을까요? 스레드와 프로세스의 차이로 생각하면 될 것 같습니다. ThreadPoolExecutor는 내부적으로 구현된 락에 의해 GIL의 영향을 받습니다. 그래서 멀티 코어 환경에서 성능을 극대화하기 위해서는 ThreadPoolExecutor보다는 ProcessExecutor를 사용하는 것이 더 좋습니다.

⚒ Future ⚒

Future는 호출 가능한 객체의 비동기 실행을 캡슐화합니다. 쉽게 말해서 Executor에서 submit 메서드로 전달된 함수를 비동기로 실행하고, 실행된 결과나 현재 상태를 조회할 수 있도록 만든 것입니다. 한마디로 작업을 예약하고 상태를 확인할 수 있도록 만든 것입니다. 그래서 submit 메서드로 Future 객체가 생성되면 Future에서 제공하는 API로 실행한 비동기 함수의 처리가 어떻게 진행되고 있는지 확인할 수 있습니다.

Future에서 제공하는 API는 크게 상태 확인과 명령으로 나눌 수 있습니다. 먼저, 상태를 확인하는 API는 canceled, running, done이 있습니다. 이름에서 유추할 수 있듯이 현재 비동기로 실행되고 있는 함수의 동작이 취소됐거나, 동작 중이거나, 동작이 완료됐는지에 따라 True/False 값을 반환합니다. 명령 API는 cancel, result, exception, add_done_callback이 있습니다. 역시, 이름에서 유추할 수 있듯이 비동기 함수의 동작을 취소하거나, 결과를 전달받거나, 예외가 발생했을 때, 예외 내용을 반환받습니다. 마지막의 add_done_callback 메서드는 실행되고 있는 비동기 함수에 callback 함수를 추가합니다.

제공되는 API도 많지 않고 명확합니다. Executor 즉, 실행기에서 submit 메서드로 비동기 함수가 등록되면 Future 객체가 반환되고, Future 객체에서 제공하는 API를 통해 비동기 함수의 상태를 확인하거나 추가로 명령을 실행할 수 있습니다.

＼＼ Module Functions ＼＼

마치 여러 개의 함수, 메서드가 있을 것 같은 느낌이지만 이 Module Function은 단 2개의 메서드만 제공합니다. 바로 wait과 as_completed 메서드입니다. Module Function은 비동기 처리로 인해 병렬화된 작업을 동기화하기 위한 API를 제공합니다.

먼저 wait 메서드는 인자로 받은 시간만큼 기다렸다가 작업이 완료된 것과 안 된 것을 따로 나누어 튜플로 결과를 반환합니다. timeout 값을 설정하지 않고 작업의 처리 결과에 따라서 값을 반환받을 수도 있습니다. 또한 첫 번째 작업이 완료됐거나, 첫 번째 예외가 발생했을 때, 그리고 모든 작업이 완료됐을 때를 구분해서 결과를 받을 수도 있습니다.

다음으로 as_completed는 비동기로 실행 중인 함수들의 집합을 받아서 하나씩 순회하며 완료되기를 기다리는 메서드입니다. 이 메서드도 wait처럼 timeout 값을 설정할 수 있습니다. 기본값은 None으로 작업이 끝날 때까지 기다립니다.

⫸ 예제 ⫷

concurrent.futures의 핵심 요소 3가지에 대해서 살펴봤습니다. 스레딩이나 멀티프로세스보다 훨씬 간단하고 API도 많지 않습니다. 사용하기도 어렵지 않아서 Python 3.2 버전 이상을 사용한다면, 스레딩이나 멀티프로세싱보다 concurrent.futures가 좋은 대안이 될 수 있습니다. 주요 개념에 대해서 살펴봤으니 이제 예제 코드로 어떻게 사용하는지 확인해보겠습니다.

```
1 ###################################
2 # File Name : basic_future.py (Python 3.2 or later)
3 ###################################
4 #!/usr/bin/python3
5
6 import time
7 import concurrent.futures
8
9
10 def worker(index):
11     print ("Worker Index : %s" % index)
12     time.sleep(index)
13     return ("Completed %s worker job" % index)
14
15 def main():
16     future_list = []
17     executor = concurrent.futures.ProcessPoolExecutor(max_workers=3)
18     for i in range(5):
19         future = executor.submit(worker, i)
20         future_list.append(future)
21
22     time.sleep(1)
23
24     for idx, future in enumerate(future_list):
25         if future.done():
26             print ("result : %s" % future.result())
27             continue
28
29         print ("[%s worker] Wait for 1 second because it has not finished yet." % idx)
30         try:
```

```
31                  result = future.result(timeout=1)
32              except concurrent.futures.TimeoutError:
33                  print ("[%s worker] Timeout error" % idx)
34              else:
35                  print ("result : %s" % result)
36
37      executor.shutdown(wait=False)
38
39
40  if __name__ == "__main__":
41      main()
```

복잡하게 보일 수 있어서 하나씩 풀어서 이야기하겠습니다. 먼저 worker 함수를 살펴보겠습니다. 처음 호출되면 자신의 인덱스를 출력하고 인덱스 값만큼 멈춰 있다가 실행 결과를 반환합니다. 여기서 인덱스는 초(sec)를 의미합니다.

다음으로 이 worker 함수를 실행하는 부분을 살펴보겠습니다. 17번째 줄을 보면 concurrent. futures.ProcessPoolExecutor로 executor 객체를 선언하는 부분이 있습니다. 이때 인자값으로 한 번에 실행할 수 있는 최대 프로세스 개수를 3개로 설정합니다. 다음으로 19번째 줄에서 submit을 사용해서 worker와 worker의 index를 등록합니다. submit 함수의 첫 번째 인자는 실행할 함수이고, 나머지 인자는 함수의 인자값이라고 이야기했습니다. 여기서는 10번째 줄에 정의된 worker 함수가 실행할 함수이고, for 문의 루프 횟수인 i가 함수의 인자값입니다. 이렇게 비동기로 실행될 함수를 등록해두면 앞서 설정한 최대 프로세스 개수만큼만 동시에 실행됩니다.

비동기로 실행될 함수들을 등록했으니 결과값을 확인해보겠습니다. 예제의 24번째 줄부터 35번째 줄까지의 내용이 비동기 함수의 실행 결과를 확인하는 부분입니다. 25번째 줄을 보면 future의 done 메서드를 호출하여 future가 완료됐는지 확인합니다. 즉, 비동기로 실행시켰던 함수가 수행됐는지 확인하는 것이죠. 확인이 되면 결과를 출력하고 다음으로 넘어갑니다. 만약 여기서 비동기 함수가 아직 실행 중이거나 실행되지 않았다면 31번째 줄에서 결과를 반환받기 위해 1초 동안 기다립니다. 1초 안에 수행된다면 35번째 줄에서 정상적으로 함수의 수행 결과를 반환합니다. 만약 1초 안에 수행이 되지 않았다면 32번째 줄에서 concurrent.futures.TimeoutError 예외에 걸립니다.

이렇게 모든 future 리스트에 대한 실행 결과 확인이 끝나면 37번째 줄에서 future를 실행시켰던 executor를 종료합니다. 모든 future에 대한 종료를 확인한 것이 아니기 때문에 사용 중인 자원을 반환하기 위해 shutdown 메서드를 사용합니다. 그리고 바로 종료될 수 있도록 인자값으로 wait 에 False를 설정합니다.

예제에 대한 설명은 여기까지입니다. 코드만 보면 이해가 어려울 수 있으니 실행 결과를 보면서 추가로 설명하겠습니다.

```
$ python3 basic_future.py
Worker Index : 0
Worker Index : 1
Worker Index : 2
Worker Index : 3
result : Completed 0 worker job
[1 worker] Wait for 1 second because it has not finished yet.
Worker Index : 4
result : Completed 1 worker job
[2 worker] Wait for 1 second because it has not finished yet.
result : Completed 2 worker job
[3 worker] Wait for 1 second because it has not finished yet.
result : Completed 3 worker job
[4 worker] Wait for 1 second because it has not finished yet.
[4 worker] Timeout error
```

실행 결과를 보면 먼저 worker에서 출력된 4개의 로그가 보입니다. 4개의 worker가 한 번에 실행된 것처럼 보이지만 한 번에 3개의 worker만 실행된 것입니다. 0번째 worker가 실행된 후 바로 종료되었기 때문에 로그가 연달아서 출력된 것입니다. 이어서 출력된 로그를 보면 0번째 worker가 바로 완료됐다는 것을 확인할 수 있습니다. 그리고 1번째 worker가 잠들어 있던 중에 결과값을 반환하기 위한 1초의 시간에 제한에 걸렸고 이어서 4번째 worker가 실행됩니다. 4번째 worker가 실행됐다는 것은 1번째 worker가 종료되었기 때문입니다. 역시나 1번째 worker의 종료가 바로 출력됐습니다. 이런 식으로 반복되다가 4번째 worker는 Timeout error를 출력하고 종료됩니다. 뒤늦게 실행됐고 인덱스 값만큼 sleep하므로 4초 동안 멈춰 있어야 해서 시간 제한에 걸렸습니다.

이해가 잘 안 된다면 예제 코드를 조금씩 변경하면서 테스트하면 좋을 것 같습니다. 루프의 횟수를 증가시키거나, sleep 시간을 조절하거나 코드를 직접 변경해가며 테스트하면 좀 더 쉽게 이해할 수 있을 겁니다.

그리고 예제에서는 ProcessPoolExecutor를 사용했는데 ThreadPoolExecutor로도 변경해서 테스트하면 둘을 비교하는 데 좋습니다. API는 동일하기 때문에 선언부만 변경해주면 문제없이 사용할 수 있습니다. 다만, 둘의 특징 때문에 실행 결과는 달라질 수 있습니다. 예를 들어 sleep 시간을 매우 짧게 주고 ThreadPoolExecutor로 실행한다면 일부 로그가 출력되지 않을 수 있습니다. 스레드에서 로그를 남기는 방식에 대해서 설명했듯이 print로 로그를 출력하게 되면 출력이 안될 수도 있으니까요.

그리고 예제 코드의 37번째 줄에서 shutdown 메서드를 호출해서 executor를 종료했는데 이 구문을 생략할 수 있는 방법이 있습니다. 바로 with와 같이 사용하는 것입니다. 그리고 앞서 살펴봤던 Module functions를 이용하면 앞의 예제 코드를 좀 더 깔끔하게 만들 수 있습니다. 어떻게 바꿀 수 있는지 간단히 살펴보겠습니다.

```python
1 ################################
2 # File Name : with_future.py (Python 3.2 or later)
3 ################################
4 #!/usr/bin/python3
5
6 import time
7 import concurrent.futures
8
9
10 def worker(index):
11     print ("Worker Index : %s" % index)
12     time.sleep(index)
13     return ("Completed %s worker job" % index)
14
15 def main():
16     with concurrent.futures.ProcessPoolExecutor(max_workers=3) as executor:
17         future_list = []
18         for i in range(5):
```

```
19              future = executor.submit(worker, i)
20              future_list.append(future)
21
22          finished, pending = concurrent.futures.wait(future_list, timeout=2,
23                              return_when=concurrent.futures.ALL_COMPLETED)
24
25      for w in finished:
26          print ("Finished worker : %s" % w.result())
27
28      for w in pending:
29          print ("Not finished worker : %s" % w.result())
30
31
32 if __name__ == "__main__":
33     main()
```

코드가 더 간단해졌습니다. 10번째 줄에 선언했던 worker 함수는 기존과 동일합니다. 16번째 줄을 보면 executor를 선언하는 부분을 with로 처리했습니다. 그래서 with 안에서 executor를 사용하면 따로 shutdown 메서드를 호출하지 않아도 됩니다.

22번째 줄을 보면 concurrent.futures.wait 메서드를 사용해서 future_list가 끝나기를 기다립니다. 메서드의 인자를 살펴보면 첫 번째 인자는 submit 메서드를 통해 생성된 future 객체의 리스트입니다. 그리고 두 번째는 timeout 값이고, 세 번째는 concurrent.futures.ALL_COMPLETED입니다. 즉, 2초 동안 실행 결과를 기다린 다음 실행이 완료된 것은 finished에 저장하고 아직 완료되지 않은 것은 pending에 저장하겠다는 의미입니다. 그리고 모든 worker가 완료될 때까지 기다리게 했습니다.

그래서 25번째 줄의 성공한 worker의 리스트는 바로 출력이 되지만 28번째 줄의 pending 리스트에 있는 worker 모두 성공할 때까지 하나씩 출력될 것입니다. 실행 결과를 살펴보겠습니다.

```
$ python3 with_future.py
Worker Index : 0
Worker Index : 1
Worker Index : 3
```

```
Worker Index : 2
Worker Index : 4
Finished worker : Completed 0 worker job
Finished worker : Completed 1 worker job
Not finished worker : Completed 4 worker job
Not finished worker : Completed 3 worker job
Not finished worker : Completed 2 worker job
```

실행 결과를 보면 0번과 1번은 Finished 리스트에 포함되어 바로 출력됐습니다. 그리고 4, 3, 2
번은 pending 리스트에 포함되어 뒤늦게 출력됐습니다. 직접 실행시켜보면 Not finished 리스
트는 조금 시간을 두고 천천히 출력되는 것을 볼 수 있을 겁니다. 리스트에 있는 모든 worker가
실행되는 것을 기다렸다 출력되기 때문이죠.

concurrent.futures 모듈을 통해 비동기로 처리되는 스레드와 프로세스에 대해서 살펴봤습니
다. 제공하는 API도 많지 않고 직관적이기 때문에 사용하기 어렵지 않았습니다. threading 이
나 multiprocessing을 사용하는 것보다 훨씬 간단하고 쉽게 코드를 작성할 수 있습니다. 하지만
concurrent.futures 모듈은 Python 3.2부터 지원하니 호환성을 지원해야하는 코드라면 이 모듈
을 사용하는 것보다는 스레딩이나 멀티프로세스를 사용해야 할 것입니다.

Asyncio

Asyncio는 파이썬에서 정식으로 제공하는 비동기 논블록 I/O를 위한 모듈입니다. 비동기 논블록 처리가 다른 곳에서도 유용하지만 작업하는 비용 대비 효율성을 따지면 입력과 출력에 적용했을 때가 가장 효과가 좋습니다. 그래서 파이썬에서도 비동기 논블록에 대한 로직을 I/O 작업과 연결지어 Asyncio라는 모듈을 만들게 되었습니다. 이 모듈은 Python 3.4에 처음으로 포함됐고 버전에 따라서 새로운 문법, 기능들이 추가되고 있습니다. 이 장에서는 Python 3.4 버전에 처음 추가된 Asyncio와 버전별로 변화되는 내용을 순서대로 살펴보겠습니다. 먼저 기술적인 변화를 알아보고 필요한 용어와 중요한 부분을 따로 짚어서 설명하겠습니다.

░ Asyncio의 등장 ░

Python 3.2 버전을 기준으로 파이썬에서 비동기 논블록 구현하기 위해서는 콜백 함수를 사용하는 것밖에는 방법이 없었습니다. 하지만 콜백 함수를 사용해서 비동기 논블록을 구현하게 되면 콜백 함수에서 발생하는 예외를 처리할 수 없고 문제를 디버깅하기가 어려웠습니다.

이런 문제점을 극복하기 위해 도입된 것이 바로 앞에서 설명할 concurrent.futures 모듈입니다. 이 모듈도 내부적으로 콜백 함수를 사용하기는 하지만 콜백 함수를 사용함으로써 발생하는 문제를 어느 정도 해소할 수 있었습니다. 비동기로 처리 중인 함수에서 예외 처리를 하거나 실행 대기 중인 작업을 취소할 수 있습니다. (지금 이야기한 내용은 Python 3.2 버전을 기준입니다. 버전이 올라가면서 concurrent.futures 모듈의 내부도 많이 개선됐습니다.)

하지만 concurrent.futures 모듈은 스레드와 프로세스 둘 중의 하나를 사용해야 하기 때문에 비동기 논블록 처리를 위한 완벽한 방안이 될 수는 없었습니다. 스레드의 고질적인 문제점이나, 프로세스를 사용함에 있어 발생하는 성능 저하가 그대로 남아 있기 때문입니다. 그래서 등장한 아이디어가 바로 제너레이터를 사용한 비동기 논블록 로직입니다. 제너레이터 기반의 코루틴을 사용해서 비동기 논블록을 구현하는 것이죠. 이를 위해 꼭 필요한 것이 바로 yield from입니다.

파이썬 버전을 기준으로 다시 정리 하면, Python 3.2에서 concurrent.futures 모듈이 등장하고, Python 3.3에서 yield from이 등장합니다. 그리고 드디어 Python 3.4에서 Asyncio가 추가됐습니다. 버전별로 기술이 발전하는 것을 볼 수 있습니다. Python 3.4 이후의 변화도 있는데 초기 Asyncio부터 먼저 살펴보고 설명하겠습니다.

░ Asyncio in Python 3.4 ░

Asyncio에는 비동기 처리를 위한 event loop가 있고 이 event loop에 코루틴으로 만든 작업을 등록해서 사용하는 구조입니다. Python 3.4에서 사용되는 코루틴은 제너레이터 기반의 코루틴으로 데코레이터 형태로 사용합니다. 먼저 간단한 예제를 통해 살펴보겠습니다.

```
 1 ################################
 2 # File Name : generator_base.py (Python 3.3 or later)
 3 ################################
 4 #!/usr/bin/python3
 5
 6 import asyncio
 7 import random
 8 import datetime
 9
10 @asyncio.coroutine
11 def print_time(idx):
12     sleep_time = random.randrange(1, 10)
13     yield from asyncio.sleep(sleep_time)
14     print ("[%s] Sleep time : %s, Complete time : %s" % (idx, sleep_time,
15                                         datetime.datetime.now()))
16
17 def main()
18     futures = [print_time(i) for i in range(10)]
19
20     loop = asyncio.get_event_loop()
21     loop.run_until_complete(asyncio.wait(futures))
```

```
22      loop.close()
23
24
25  if __name__ == "__main__":
26      main()
```

예제는 print_time 함수를 비동기 논블록 방식으로 10번 실행시키는 함수입니다. 여기서 print_time은 @asyncio.coroutine 데코레이터로 구현된 코루틴입니다. Asyncio 모듈에서는 이 데코레이터를 사용해서 코루틴을 정의합니다.

이제 함수의 내부를 살펴보겠습니다. 처음에 임의 시간만큼 잠시 멈춰 있습니다. 13번째 줄에서 asyncio.sleep 메서드를 사용해서 멈춰 있는데요, 이 메서드는 주어진 시간이 지나면 코루틴을 생성해서 반환합니다. 그래서 yield from을 사용해서 asyncio.sleep의 동작이 완료될 때까지 기다리는 것이죠.

다음으로 17번째 줄을 보면 range 함수를 사용해서 print_time 함수를 10개 생성해 futures 변수에 담습니다. 그리고 19번째 줄에서 get_event_loop 메서드를 사용해서 event loop를 가져옵니다. 다음으로 event loop에 작업을 등록하고, 작업이 완료될 때까지 기다립니다. 작업이 완료되면, 루프를 닫고, 프로그램이 종료됩니다.

여기서 주의 깊게 살펴야 하는 부분은 20번째 줄입니다. 실행할 함수의 리스트가 들어 있는 futures 변수를 asyncio.wait 메서드에 인자로 전달합니다. 이 메서드는 concurrent.futures에 있는 wait 메서드와 같은 역할을 합니다. 인자로 전달받은 작업이 끝날 때까지 기다렸다가 작업의 결과를 완료된 것과 완료되지 않은 것으로 나눠 반환합니다. 기본값은 모든 작업이 완료될 때까지 시간 제한 없이 기다리는데 concurrent.futures의 wait처럼 timeout 값을 설정할 수도 있습니다.

다음으로 run_until_complete 메서드를 살펴보겠습니다. 메서드는 인자로 받은 작업이 끝날 때까지 기다리는 함수입니다. 여기서는 인자로 받은 asyncio.wait 메서드의 작업이 끝날 때까지 기다립니다. 즉, 위에서 설정한 10개의 함수가 모두 실행되고 나면 종료되는 것이죠. 여기까지만 보면 기존의 로직들과 크게 차이가 없는 듯합니다. 하지만 내부는 완전히 다릅니다. event loop 안에서는 코루틴으로 된 함수들이 동작하는데 이러한 함수들은 I/O와 관련된 작업이나 CPU를 사용하지 않아도 되는 작업을 처리할 때는 제어권을 양보합니다. 위에서 나온 yield from이 그런 역할을 하는 것입니다. 실행 결과를 보면서 자세히 이야기하겠습니다.

```
$ python3 generator_base.py
[3] Sleep time : 1, Complete time : 2018-02-22 09:54:42.827633
[2] Sleep time : 2, Complete time : 2018-02-22 09:54:43.829585
[6] Sleep time : 3, Complete time : 2018-02-22 09:54:44.827831
[0] Sleep time : 4, Complete time : 2018-02-22 09:54:45.828892
[8] Sleep time : 5, Complete time : 2018-02-22 09:54:46.829805
[4] Sleep time : 6, Complete time : 2018-02-22 09:54:47.828779
[9] Sleep time : 6, Complete time : 2018-02-22 09:54:47.829025
[5] Sleep time : 9, Complete time : 2018-02-22 09:54:50.830453
[7] Sleep time : 9, Complete time : 2018-02-22 09:54:50.830665
[1] Sleep time : 9, Complete time : 2018-02-22 09:54:50.830985
```

실행 결과입니다. 실제로 코드를 실행시키면 출력되는 값이 sleep 시간만큼 간격을 두고 개별적으로 출력되는 것을 볼 수 있습니다. 함수를 실행시킨 순서대로 실행된 것이 아니라 뒤죽박죽 실행되어 있습니다. 함수 내부에서 랜덤으로 정의된 sleep 시간에 따라 서로 다른 시간 동안 잠들었다가 깨어나면 다시 제어권을 받아서 결과를 반환하는 것입니다. 이해를 돕기 위해 그림으로 확인해보겠습니다.

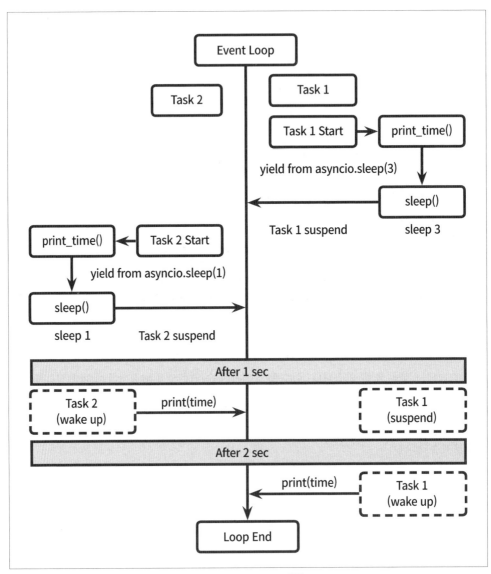

Asyncio event loop 도식화

앞서 살펴본 예제 코드를 기반으로 10개의 작업이 아닌 2개의 작업만 있다고 가정하고 작업 과
정을 도식화한 그림입니다. 먼저 1번 작업이 event loop에 등록이 되고 그 다음 2번 작업이 등록

됩니다. 그리고 1번 작업이 실행됩니다. 내부적으로 print_time 함수를 호출할 때 asyncio.sleep에 의해서 3초간 멈춰 있게 됩니다. 이 부분은 코루틴으로 되어 있기 때문에 제어권을 반납해서 다시 event loop로 제어권이 돌아옵니다. 1번 작업은 잠들어 있구요.

다음으로 2번 작업이 실행됩니다. 2번 작업도 print_time 함수에서 asyncio.sleep을 만나 1초간 멈춰 있게 됩니다. 다시 event loop로 제어권이 돌아오고 수행할 작업이 없어서 잠시 대기합니다. 그러다 1초가 지나고 2번 작업이 대기가 끝나서 2번 작업을 처리합니다. 그리고 또 잠시 대기하다가 2초가 지납니다. 이제 1번 작업도 대기가 끝나서 1번 작업을 수행하고 event loop를 종료합니다.

⧚ Asyncio in Python 3.5 ⧚

Python 3.5에서 asyncio의 변화된 사항은 async와 await 문법의 추가입니다. 이 두 문법의 추가는 중요한 의미가 있습니다. 바로 코루틴의 타입이 추가된 것인데요 Python 3.4에서는 @asyncio.coroutine 데코레이터와 yield from을 사용해서 제너레이터 기반의 코루틴을 사용했습니다. 하지만 Python 3.5에서는 제너레이터 기반이 아닌 내부적으로 구현한 Python native 코루틴을 사용합니다(물론 기존의 제너레이터 기반의 코루틴을 사용할 수도 있습니다). 추가된 async 문법을 함수의 정의 앞에 붙여서 코루틴을 정의하고 await를 사용해서 작업이 끝날 때까지 기다립니다. 즉, async는 @asyncio.coroutine을 대체하고 await는 yield from을 대체하는 것이죠.

event loop에서 native 코루틴과 제너레이터 기반의 코루틴은 상호 운영할 수 있습니다. natvie 코루틴에서 제너레이터 기반 코루틴을 호출하거나 그 반대로도 할 수 있죠. 하지만 하나의 코루틴 안에서 2가지 문법을 혼용해서 사용할 수는 없습니다. 예를 들어 async로 native 코루틴을 정의했으면 내부에서 yield from을 사용할 수 없습니다

예제 코드로 사용법을 살펴보겠습니다. 먼저, 간단하게 Python 3.4에서 사용한 예제를 native 코루틴으로 변경해보겠습니다.

```
1 ################################
2 # File Name : native_coroutine.py (Python 3.4 or later)
3 ################################
4 #!/usr/bin/python3
5
6 import asyncio
7 import random
8 import datetime
9
10 async def print_time(idx):
11     sleep_time = random.randrange(1, 10)
12     await asyncio.sleep(sleep_time)
13     print ("[%s] Sleep time : %s, Complete time : %s" % (idx, sleep_time,
14                                         datetime.datetime.now()))
15
16 def main():
17     futures = [print_time(i) for i in range(10)]
18
19     loop = asyncio.get_event_loop()
20     loop.run_until_complete(asyncio.wait(futures))
21     loop.close()
22
23
24 if __name__ == "__main__":
25     main()
```

실행 결과는 동일하니 생략하고 코드에서 달라진 점만 살펴보겠습니다. 10번째 줄에서 async 를 사용해서 print_time 함수를 정의하고 있습니다. 그리고, 12번째 줄에서 await를 사용해 서 asyncio.sleep 메서드의 실행 결과를 기다립니다. 사용 방법이 좀 더 간결해졌습니다. Async 문법을 사용해서 for 문이나 with 구문을 정의할 수도 있습니다. asynchronous iterator와 asynchronous context manager를 위한 구문을 하나씩 살펴보겠습니다.

```
1 ################################
2 # File Name : async_for.py
3 ################################
4 #!/usr/bin/python3
5
6 import asyncio
```

```python
7
8 class AsynchronousReader:
9
10     def __init__(self, file_name):
11         self.file_name = file_name
12         self.file = None
13
14         try:
15             self.file = open(self.file_name, "rb")
16         except:
17             print ("File open error.")
18
19     def __aiter__(self):
20         return self
21
22     async def __anext__(self):
23         value = await self.file_readline()
24         if value == b"":
25             raise StopAsyncIteration
26         return value.decode("utf-8").strip()
27
28     async def file_readline(self):
29         return self.file.readline()
30
31     def file_close(self):
32         self.file.close()
33
34
35 async def read_file(file_name):
36     async_reader = AsynchronousReader(file_name)
37     async for value in async_reader:
38         print (value)
39
40     async_reader.file_close()
41
42
43 if __name__ == "__main__":
44     loop = asyncio.get_event_loop()
45     try:
46         loop.run_until_complete(read_file("./python_foudation_mission_statement"))
47     finally:
48         loop.close()
```

위의 예제는 async for를 사용한 코드입니다. 크게 AsynchronousReader 클래스와 read_file 함수 그리고 메인 부분으로 나눌 수 있습니다. 중점적으로 살펴볼 부분은 바로 AsynchronousReader 클래스입니다.

이 클래스에 대해서 이야기하기 전에 먼저 정의하고 가야 하는 용어가 있습니다. 바로 asynchronous iterable과 asynchronous iterator 그리고 awaitable라는 용어입니다. 먼저 awaitable은 await 구문에서 사용될 수 있는 객체를 말합니다. 쉽게 말하면 이터레이터를 반환하는 코루틴은 awaitable하다고 할 수 있습니다. awaitable 한 객체를 구현하려면 내부적으로 __await__ 메서드를 구현하고 이터레이터를 반환해야 합니다. 여기서는 그냥 쉽게 이터레이터를 반환하는 native 코루틴이라고 생각하면 되겠습니다.

다음으로 asynchronous iterable과 asynchronous iterator입니다. 둘도 간단하게 비동기적으로 처리될 수 있는 iterable과 이터레이터라고 생각하면 됩니다. 그래서 async for 문은 비동기적으로 처리될 수 있는 asynchronous iterable을 대상으로 동작하며 순회의 결과로 비동기적으로 처리될 수 있는 asynchronous iterator를 반환하는 것입니다.

Asyncio 모듈에서 asynchronous iterable을 반환하는 메서드들이 있지만 예제 코드를 만들기에는 조금 적합하지 않아서 직접 구현해서 사용했습니다. Asynchronous iterable을 구현하는 방법은 일반적인 이터레이터를 구현하는 방법과 크게 다르지 않습니다. 바로 __aiter__와 __anext__ 메서드만 구현하면 됩니다. 여기서 __anext__ 메서드는 async 키워드를 붙여서 선언해야 합니다. 예제 코드에서 구현된 AsynchronousReader 클래스를 대상으로 설명드리겠습니다.

AsynchronousReader 클래스는 파일명을 인자로 받아서 파일을 열고 iteration을 통해서 한 줄씩 읽고 반환할 수 있도록 만든 클래스입니다. 그리고 생성자에서 열었던 파일은 file_close 메서드를 통해서 닫습니다. 소멸자에 해당 로직을 추가할 수도 있지만 다음 예제와의 차별성을 두기 위해서 별도의 메서드로 만들었습니다. 클래스 내부에서 중요한 메서드는 바로 __anext__ 메서드입니다. async for 문에서 값을 순회할 때마다 __anext__가 호출되며 이 메서드에서 반환되는 값이 async for 문의 반환값으로 나타납니다.

이제 async for 문을 사용하는 read_file 함수를 살펴보겠습니다. 위에서 선언한 AsynchronousReader 클래스를 async for 구문을 통해서 순회하며 값을 출력하고 있습니다. 여기서 중요한 것은 async for 문은 async로 선언된 함수 안에서만 사용할 수 있다는 것입니다. 다시 말해서 async로 선언한 함수 즉 native 코루틴에서만 async for 문을 사용할 수 있습니다.

```
$ python3 async_for.py
The mission of the Python Software Foundation is to promote, protect,
and advance the Python programming language, and to support and
facilitate the growth of a diverse and international community of
Python programmers.

from the Mission Statement page
```

실행 결과를 보면 영어로 된 문장이 출력됐습니다. 출력되는 파일은 예제 코드에 포함된 python_foundation_mission_statement 파일입니다. 이 문장은 파이썬 공식 홈페이지에서 가져온 문구로 실제 파일의 내용은 다음과 같습니다.

```
1 The mission of the Python Software Foundation is to promote, protect,
2 and advance the Python programming language, and to support and
3 facilitate the growth of a diverse and international community of
4 Python programmers.
5
6 from the Mission Statement page
```

파일의 내용을 제대로 출력해서 보여줬습니다. 당연한 결과입니다. 파일의 내용을 출력하는 로직 자체는 어렵지 않으니 async for 문에 대한 예제 설명은 여기까지 하겠습니다. 다음으로 async with 구문에 대해서 살펴보겠습니다.

```
1 ###############################
2 # File Name : async_with.py
3 ###############################
4 #!/usr/bin/python3
5
```

```
 6 import asyncio
 7
 8 class AsynchronousReader:
 9
10     def __init__(self, file_name):
11         self.file_name = file_name
12         self.file = None
13
14     async def __aenter__(self):
15         try:
16             self.file = open(self.file_name, "rb")
17         except:
18             print ("File open error.")
19             raise Exception
20         else:
21             return self.file
22
23     async def __aexit__(self, exc_type, exc_value, traceback):
24         self.file.close()
25
26
27 async def read_file(file_name):
28     async with AsynchronousReader(file_name) as af:
29         for line in af.readlines():
30             print (line.decode("utf-8").strip())
31
32
33 if __name__ == "__main__":
34     loop = asyncio.get_event_loop()
35     try:
36         loop.run_until_complete(read_file("./python_foudation_mission_statement"))
37     finally:
38         loop.close()
```

예제 코드는 앞의 예제를 조금 변형한 것 입니다. 똑같이 파일을 열지만 이번에는 with 구문을 사용해서 파일 close를 클래스 안에서 하게 만들었습니다. async with 구문을 사용하기 위해서는 async for와 같이 2가지 메서드를 구현해야 합니다. 바로 __aenter__와 __aexit__ 입니다. 두 메서드 모두 async 키워드를 붙여서 선언해야 합니다. 먼저 __aenter__ 메서드는 with로 문맥 관리를 위한 변수를 선언했을 때 변수에 담길 정보를 설정합니다. 그리고 __aexit__ 메서드는 with로 문맥 관리가 종료되었을 때 처리할 내용을 설정합니다.

위의 예제에서는 __aenter__ 메서드에서 파일을 열고 파일에 접근할 수 있는 객체를 반환합니다. 그리고 __aexit__ 메서드로 앞서 열었던 파일 객체를 닫습니다. 바로 실행 결과를 확인해보겠습니다.

```
$ python3 async_with.py
The mission of the Python Software Foundation is to promote, protect,
and advance the Python programming language, and to support and
facilitate the growth of a diverse and international community of
Python programmers.

from the Mission Statement page
```

실행 결과도 앞에서 실행한 예제와 동일하게 나왔습니다. Python 3.5에서 새로 추가된 native 코루틴과 이를 이용한 몇 가지 추가된 기능들을 살펴봤습니다. 보통 위의 두 기능은 I/O와 관련된 작업을 할 때 많이 사용합니다. 예를 들어 파일을 가지고 작업하거나 소켓을 열어서 작업하는 곳에 많이 사용합니다.

Python 3.5에는 이와 관련된 asyncore나 asynchat 모듈도 있습니다. 하지만 Python 3.6에서 사라지게 됩니다. 하위 호환성을 위해 모듈이 형태는 남아 있지만 asyncio 사용을 권고하고 있습니다.[1] 그래서 이 둘에 대해서는 따로 살펴보지 않겠습니다.

---

1 https://docs.python.org/3.6/whatsnew/3.6.html#deprecated-python-modules-functions-and-methods

⫸ Asyncio in Python 3.6 ⫷

Python 3.5에서 추가된 native 코루틴은 제약 사항이 있었습니다. native 코루틴에서 yield 를 사용하지 못하고 generator 기반의 코루틴에서 await 구문을 사용하지 못했습니다.. 하지만 Python 3.6에서는 이 제약 사항이 사라졌습니다. native 코루틴 안에서도 yield나 yield from을 사용할 수 있게 됐습니다. 이로 인해서 native 코루틴으로 generator를 만들 수도 있습니다. 또한 Python 3.6에서는 asynchronous comprehension을 구현할 수 있도록 기능이 개선됐습니다.

변화가 많이 일어났지만, 크게 보면 asynchronous generator와 asynchronous comprehension 기능이 추가된 것입니다. 각각 어떻게 사용하는지 간단한 예제로 살펴보겠습니다.

```python
1 ################################
2 # File Name : async_generator.py (Python 3.6 or later)
3 ################################
4 #!/usr/bin/python3
5
6 import asyncio
7
8 async def delay_range(to, delay=1):
9     for i in range(to):
10         yield i
11         await asyncio.sleep(delay)
12
13 async def run():
14     async for i in delay_range(10):
15         print (i)
16
17
18 if __name__ == "__main__":
19     loop = asyncio.get_event_loop()
20     try:
21         loop.run_until_complete(run())
22     finally:
23         loop.close()
```

먼저 asynchronous generator에 대한 예제입니다. 8번째 줄에 정의된 delay_range 함수를 보면 함수는 async 키워드를 사용해서 native 코루틴으로 선언했습니다. 그리고 내부에서 yield와 await 키워드를 같이 사용하고 있습니다. Python 3.6에서 개선된 기능이죠. Python 3.5 이하 버전에서 이 코드를 실행하면 yield가 있는 10번째 줄에서 문법 오류가 발생합니다. 위의 코드는 PEP 525 Asynchronous Generators[2]에 작성된 예제를 조금 변형했는데 코드 자체는 어렵지 않습니다. 코드에 관한 자세한 설명은 생략하고 주의해야 할 점만 말씀드리겠습니다.

13번째 줄에 정의된 run 함수는 async for 키워드를 사용해서 delay_range를 사용하고 있습니다. delay_range 함수는 코루틴인데 iterable한 객체로 사용하고 있습니다. 물론 delay_range 함수 내부를 보면 yield를 사용해서 값을 반환하기 때문에 iterable합니다. 하지만 async for가 아닌 for 문에서 사용하려고 하면 타입 오류가 발생합니다. delay_range 함수가 그냥 iterable 객체가 아니라 Asynchronous iterable 객체이기 때문입니다. 그래서 delay_range 함수를 사용하려면 13번째 줄의 run 함수와 같이 native 코루틴 안에서 async for 키워드를 사용해서 호출해야 합니다. 복잡한 제약 사항은 아니지만 헷갈리기 쉬운 내용이라 언급했습니다. 실행 결과를 확인해보겠습니다.

```
$ python3 async_generator.py
0
1
2
3
4
5
6
7
8
9
```

실행 결과 0부터 9까지의 10개의 숫자가 1초 간격을 두고 출력되는 것을 확인할 수 있습니다. 어려운 내용은 아니니 바로 asynchronous comprehension에 대한 예제로 넘어가겠습니다.

---

2 https://www.python.org/dev/peps/pep-0525/

```
 1 ################################
 2 # File Name : async_comprehension.py (Python 3.6 or later)
 3 ################################
 4 #!/usr/bin/python3
 5
 6 import asyncio
 7
 8 async def delay_range(to, delay=1):
 9     for i in range(to):
10         yield i
11         await asyncio.sleep(delay)
12
13 async def run():
14     print ("Async Comprehension")
15     return [i async for i in delay_range(3)]
16
17 async def run_multiple():
18     print ("Async Await Comprehension")
19     func_list = [run, run]
20
21     result = [await func() for func in func_list]
22     print (result)
23
24
25 if __name__ == "__main__":
26     loop = asyncio.get_event_loop()
27     try:
28         loop.run_until_complete(run_multiple())
29     finally:
30         loop.close()
```

앞서 살펴본 예제 코드의 호출 부분을 변경한 예제입니다. 17번째 줄에 run_multiple 함수가 추가됐습니다. 28번째 줄에서 이 함수를 event loop에 등록해서 사용합니다. 그리고 run 함수의 내부도 조금 달라졌습니다. async for 구문을 사용해서 comprehension으로 반환합니다.

이제 추가된 run_multiple 함수를 살펴보겠습니다. 함수의 내부를 보면 func_list라는 리스트에 run 함수를 2개 저장합니다. 그리고 21번째 줄에서 이 리스트를 comprehension을 사용해서 반환합니다. 코드 자체도 복잡하지 않아서 더 이상 설명하지 않아도 될 것 같습니다. 하지만 하나만 더 확인해보겠습니다.

이 예제 코드에서는 comprehension이 두 번 사용됐습니다. 15번째 줄에서 한 번, 21번째 줄 한 번 사용됐습니다. 두 comprehension 사이에는 다른 점이 있습니다. 하나는 async for를 사용해서 나온 값을 그냥 반환하고, 하나는 await를 사용해서 반환합니다. 이러한 이유는 바로 for 문을 돌리는 iterable 객체의 반환값 때문입니다. 15번째 줄의 comprehension은 반환값 i가 리스트에 저장됩니다. 이 값은 delay_range 함수에서 yield로 반환하는 값입니다. 즉, integer 값이죠. 반면에 21번째 줄에서 사용된 comprehension은 반환값으로 func를 함수로 실행시킵니다. 즉, run 함수를 실행한 결과를 받아서 리스트에 저장하는 것입니다. 결과적으로 코루틴을 실행시켜서 받는 것이기 때문에 yield from의 역할을 하는 await 구문을 사용한 것입니다. 그리고 여기에서는 await 대신에는 yield from을 사용할 수 없습니다. asynchronous comprehension은 native 코루틴의 문법만 지원합니다. 코드에 대한 설명은 끝났으니 이제 실행 결과를 살펴보겠습니다.

```
$ python3 async_comprehension.py
Async Await Comprehension
Async Comprehension
Async Comprehension
[[0, 1, 2], [0, 1, 2]]
```

run 함수가 두 번 실행된 결과가 출력됐습니다. 출력까지 시간이 조금 걸렸습니다. 출력 시 지연시켰기 때문에 그만큼의 시간이 걸렸습니다.

Python 3.6에서 추가된 기능을 살펴봤습니다. 여기서 소개한 것 말고도 asyncio 모듈 자체에서 추가된 기능과 보강된 기능들이 있습니다. 관심있는 분은 Python 3.6 What's new asyncio[3]를 참고해주세요.

---

3 https://docs.python.org/3.6/whatsnew/3.6.html#asyncio

Asyncio in Python 3.7, 3.8

이 책을 작성하는 시점을 기준으로 Python 3.7 버전은 베타 버전이고, Python 3.8은 알파 버전입니다. 아직 변경 사항들이 완전히 기록되지는 않았지만 현재까지 문서상에서 asyncio와 관련된 주요한 변경 사항은 없습니다. 그래서 두 버전에 대한 내용은 따로 기술하지 않겠습니다.

참고 사항으로 이 책에서 다룬 부분과 관련하여 Python 3.7의 스레드와 관련된 변화가 있습니다. Thread Local Storage(TLS) API가 Thread Specific Storage(TSS) API로 변경되었습니다. 이 책에서 TLS API에 대한 내용을 다루지는 않았고, 흐름 제어와 직접적인 관련이 없지만 참고 사항으로 알아두면 되겠습니다.

개념 정리

파이썬의 버전 별로 asyncio의 기술적인 변화 과정을 살펴봤습니다. 사용하기 위한 테크닉으로 어떤 기능들이 있는지를 살펴봤는데요, 이제 개념적인 부분으로 몇가지 용어를 정리해보겠습니다. 파이썬에서 asyncio를 이해하는 데 필요한 개념은 크게 3가지 입니다. event loop와 future/task 그리고 코루틴입니다. 하나씩 살펴보겠습니다.

먼저 event loop는 비동기적으로 작업을 수행할 때 필요합니다. 대부분의 비동기 로직에는 저마다의 event loop가 있다고 생각하면 됩니다. 일반적으로 event loop는 실행할 작업을 등록한 뒤 작업을 실행하거나, 지연시키거나, 취소할 수 있습니다. 그리고 보통 한 번에 여러 개의 비동기 함수를 event loop에 등록해서 사용합니다. 이런 방식을 예약(schedule)한다고 많이 표현합니다.

event loop에서 하나의 작업을 실행했는데 그 작업이 대기 시간을 필요로 하는 경우(I/O 작업과 같은) 해당 작업을 일시 중지하고 event loop에 등록된 다른 작업을 먼저 실행합니다. 그리고 처음 실행한 작업의 대기 시간이 끝나면 다시 이어서 함수를 실행시킵니다. 즉, 동시에 여러 개의 작업을 처리할 수 있는 것이죠. event loop는 이런 목적으로 만들어졌고 이렇게 비동기 함수를 등록(예약)해서 작업을 관리합니다.

다음으로 future는 앞서 살펴봤던 concurrents.futures와 같은 역할을 합니다. 작업을 관리하는 역할을 하죠. Task는 future를 래핑한 것입니다. Asyncio에서 작업의 관리를 task 기반으로 합니다. Task가 future를 래핑한 것이니 asyncio에서 언급되는 future는 asyncio의 task라고 생각해도 무방합니다. 그리고 event loop를 설명하면서 작업을 등록해서 사용하는 방식을 예약(schedule)이라고 표현한다고 이야기했습니다. 이 배경에는 바로 future가 있습니다. 파이썬의 asyncio는 작업을 task 객체로 관리합니다. 이 녀석은 future를 래핑한 것으로 future는 향후 실행될 작업을 의미하죠. 언제 실행될지 명확하지 않지만 실행 예정이니 실행을 예약(schedule)한다고 표현하는 것입니다.

코루틴은 async def로 정의되거나 제너레이터 기반으로 만들어진 함수입니다. 프레임워크와 무관하게 단일로 사용할 수도 있지만 일반적으로 프레임워크 안에서 구현된 형태를 사용합니다. 파이썬의 asyncio에서는 event loop에 coroutine을 직접 등록할 수도 있고 task 객체로 만들어서 등록할 수도 있습니다. Task 객체로 감싸게 될 경우 asyncio나 event loop에서 제공하는 메서드를 사용해서 코루틴을 task로 변경해서 등록합니다.

흔히 future(task)와 코루틴을 혼동합니다. 하지만 명확히 분리해야 하는 개념이죠. 개념적으로도 그렇고 실행하는 측면에서도 그렇습니다. 예를 들어 await 구문에 future(task)를 사용하면 future(task)가 완료될 때까지 코루틴을 중단합니다. 반면에 await 구문에 코루틴을 사용하면 다른 코루틴의 반환값을 기다리게 됩니다. 둘의 차이에 대한 예제 코드를 살펴보겠습니다.

```
1 ##############################
2 # File Name : coroutine_and_task_dir.py (Python 3.5 or later)
3 ##############################
4 #!/usr/bin/python3
5
6 import asyncio
7 import datetime
8
9 async def func(caller):
```

```
10      print ("Start %s" % caller)
11      await asyncio.sleep(3)
12      print ("End %s" % caller)
13      return "Done"
14
15 async def coro():
16      c = func("coro")
17      print (c)
18      print (dir(c))
19      ret = await c
20      print ("coro ret : %s" % ret)
21
22 async def task():
23      t = asyncio.ensure_future(func("task"))
24      print (t)
25      print (dir(t))
26      ret = await t
27      print ("task ret : %s" % ret)
28
29 def callback(future):
30      print ("task callback")
31
32 def main():
33      loop = asyncio.get_event_loop()
34      loop.run_until_complete(coro())
35      loop.run_until_complete(task())
36      loop.close()
37
38
39 if __name__ == "__main__":
40      main()
```

예제는 코루틴과 task를 각각 event loop로 실행하는 코드입니다. 각각의 함수 내부에서는 9번째 줄에 정의된 func를 await 키워드를 사용해 실행합니다.

먼저 15번째 줄에 정의된 coro 함수는 func를 바로, await 로 실행합니다. 반면에, 22번째 줄에 정의된 task 함수는 asyncio.ensure_future 메서드로 func를 task로 변환하고 await로 실행합니다. 각각의 함수 내부에서는 await를 실행하기 전에 함수와 함수의 속성을 출력하게 했습니다. 예제 코드의 16번째 줄과 23번 줄에서 func 함수를 지역 변수로 저장하고 이 값을 출력한 것입니다. 이 예제 코드는 여기서 출력되는 내용이 중요합니다. 어떤 결과가 나오는지 확인해보겠습니다.

```
$ python3 coroutine_and_task_dir.py
<coroutine object func at 0x7f0737c2e0f8>
['__await__', '__class__', '__del__', '__delattr__', '__dir__', '__doc__', '__eq__',
'__format__', '__ge__', '__getattribute__', '__gt__', '__hash__', '__init__', '__
le__', '__lt__', '__name__', '__ne__', '__new__', '__qualname__', '__reduce__', '__
reduce_ex__', '__repr__', '__setattr__', '__sizeof__', '__str__', '__subclasshook__',
'close', 'cr_await', 'cr_code', 'cr_frame', 'cr_running', 'send', 'throw']
Start coro
End coro
coro ret : Done
<Task pending coro=<func() running at await_coroutine_and_task.py:9>>
['_Future__format_callbacks', '__await__', '__class__', '__del__', '__delattr__', '__
dict__', '__dir__', '__doc__', '__eq__', '__format__', '__ge__', '__getattribute__',
'__gt__', '__hash__', '__init__', '__iter__', '__le__', '__lt__', '__module__', '__
ne__', '__new__', '__reduce__', '__reduce_ex__', '__repr__', '__setattr__', '__
sizeof__', '__str__', '__subclasshook__', '__weakref__', '_all_tasks', '_asyncio_
future_blocking', '_callbacks', '_coro', '_current_tasks', '_exception', '_fut_waiter',
'_log_destroy_pending', '_log_traceback', '_loop', '_must_cancel', '_repr_info', '_
result', '_schedule_callbacks', '_source_traceback', '_state', '_step', '_tb_logger',
'_wakeup', 'add_done_callback', 'all_tasks', 'cancel', 'cancelled', 'current_task',
'done', 'exception', 'get_stack', 'print_stack', 'remove_done_callback', 'result',
'set_exception', 'set_result']
Start task
End task
task ret : Done
```

event loop에 하나씩 실행시켰기 때문에 coro 함수부터 실행됐습니다. 먼저 coro 함수에서 안에서 출력된 func 함수의 값은 코루틴 객체입니다. 예제 코드의 16번째 줄에서 출력된 값이죠. 그리고 이어서 이 코루틴 객체의 속성이 출력됐습니다. __await__ 속성이 있는 것을 제외하고는 특별한 것은 없습니다.

다음으로 실행된 task 함수를 살펴보겠습니다. 24번째 줄에서 출력된 값은 Task 객체입니다. Task 객체를 보면 future에서 사용하는 여러 가지 기능들이 포함되어 습니다. 여기 있는 메서드들을 사용하면 함수의 동작 중에 상태를 확인하거나 취소하는 등의 작업을 할 수 있습니다. future를 상속받았기 때문입니다. 그리고 속성 중에 _coro라는 속성이 있습니다. 이 값을 출력해 보겠습니다.

```
['__await__', '__class__', '__del__', '__delattr__', '__dir__', '__doc__', '__eq__',
'__format__', '__ge__', '__getattribute__', '__gt__', '__hash__', '__init__', '__
le__', '__lt__', '__name__', '__ne__', '__new__', '__qualname__', '__reduce__', '__
reduce_ex__', '__repr__', '__setattr__', '__sizeof__', '__str__', '__subclasshook__',
'close', 'cr_await', 'cr_code', 'cr_frame', 'cr_running', 'send', 'throw']
```

값을 출력하면 위와 같은 값이 나오는데 앞서 코루틴 객체를 출력한 결과와 동일합니다. 예제에 서 사용한 asyncio.ensure_future는 인자로 받은 코루틴을 task로 변환해주는 역할을 하는데 래 핑하는 방식을 사용해서 인자로 넘겨진 코루틴은 따로 보관하고 있는 것입니다.

지금 말씀드린 용어와 용어의 정의를 잘 숙지해야 합니다. 뜻을 혼동하기 쉽고 파이썬에서 각각 의 개념에 따라 사용하는 메서드도 다르기 때문입니다. 이 개념과 관련해서 Asyncio에서 메서드 와 용어와 관련된 토론이 있었는데 이 부분은 다음 절에서 다루겠습니다.

AbstractEventLoop.create_task() vs Asyncio.ensure_future()

용어를 정리하면서 Asyncio에서 메서드와 용어와 관련된 토론이 있었다고 말씀드렸습니다. 그 토론의 주인공이 바로 AbstractEventLoop.create_task()와 asyncio.ensure_future()입니다. 둘 의 reference 문서를 보면 둘 다 인자로 받은 코루틴을 future 객체로 래핑해서 task 객체로 반환 한다고 적혀 있습니다. 간단하게 말하면, 코루틴을 인자로 넘겨서 event loop에서 관리할 수 있 는 task 객체를 반환하는 것입니다. 그런데 왜 같은 역할을 하는 메서드를 2개나 만들었을까요?

사실 둘은 같은 기능을 하지만 용도가 다릅니다. 또한 기능도 차이가 있습니다. 그렇더라도 헷갈 리는 건 사실이죠. 그래서 asyncio의 github 프로젝트에 이름 변경과 관련된 제안이 올라 왔고 여기서 토론이 열리게 됐습니다. 그리고 이 토론에서 귀도 반 로섬이 코멘트로 각각의 용도를 설명하기도 했습니다.[4] 둘이 어떤 차이점이 있고, 어떤 상황에서 사용하는지 살펴보겠습니다.

AbstractEventLoop.create_task()는 Python 3.4에서 asyncio가 파이썬에 포함될 때 함께 추가됐습니다. AbstractEventLoop.create_task()는 코루틴을 task 객체로 만들어주는 메서드입니다. '개념 정리'에서 절 예제 코드에 사용한 ensure_future()와 동일한 역할을 합니다. 중요한 점은 이 메서드가 AbstractEventLoop 안에 정의된 메서드라는 것입니다. 바로 event loop에서 작업을 등록하기 위해 제공하는 메서드입니다.

앞서 비동기 로직을 구현할 때 보통 event loop를 사용한다고 이야기했습니다. 자체적으로 event loop를 구현할 때 이 AbstractEventLoop를 상속받아서 구현하게 합니다. 그리고 구현한 event loop에 작업을 등록할 때 create_task를 사용하게 됩니다. 즉, event loop의 특성에 맞는 작업을 생성하기 위해 AbstractEventLoop.create_task()를 사용합니다.

반면에 asyncio.ensure_future()는 asyncio 모듈에 정의되어 있는 메서드입니다. 원래 asyncio.asyncio라는 이름으로 사용되다가 Python 3.5 버전에서 asyncio.asyncio를 asyncio.ensure_future()로 변경했습니다. 직관적이지 않은 이름이기 때문이죠. syncio.ensure_future()는 asyncio 모듈에 정의되어 있습니다. 즉, asyncio 모듈에서 사용하는 task를 만들고 이 task의 실행을 등록(예약)하기 위한 메서드입니다.

만약 asyncio 모듈에 있는 event loop를 사용한다면 그냥 asyncio.ensure_future()를 사용해서 작업을 관리하면 됩니다. 별도로 커스터마이징한 event loop를 사용한다면 event loop에서 제공하는 create_task를 사용하면 됩니다.

---

4 https://github.com/python/asyncio/issues/477

한 가지 더 짚고 넘어갈 것이 있는데, 앞서 둘은 기능의 차이도 있다고 이야기했습니다. 둘의 기능 차이는 입력하는 매개변수에 있습니다. AbstractEventLoop.create_task()는 인자로 코루틴을 입력받습니다. 반면에 asyncio.ensure_future()는 코루틴과 future 객체, task 객체를 입력받을 수 있습니다. 코루틴을 입력받으면 future로 감싼 task를 반환하고, future나 task 객체를 입력받으면 그대로 반환하는 것이죠. 그리고 Python 3.5 버전에서 awaitable한 객체도 받을 수 있도록 기능이 추가됐습니다.

정리하면, AbstractEventLoop.create_task()는 event loop의 특성에 맞는 task를 반환하기 위해 사용합니다. 그리고 인자로 코루틴을 받습니다. asyncio.ensure_future()는 asyncio에서 제공해 주는 메서드로 역시 task를 반환합니다. 인자로는 코루틴, task, awaitable한 객체를 받을 수 있습니다.

엄밀하게 말해서 AbstractEventLoop.create_task()는 코루틴으로 task를 만들기 위한 메서드입니다. 하지만 asyncio.ensure_future()는 future 객체, 즉 task를 반환하는 것을 보장하는 메서드입니다. 그래서 asyncio.ensure_future()는 인자로 코루틴을 받을 수도 있고 future(task)나 awaitable한 객체를 받을 수도 있는 것입니다. 어떤 값이 들어와도 future 객체를 반환할 수 있도록 말이죠.

이런저런 말들과 오해가 있었지만 용도와 기능이 명확한 녀석입니다. 그리고 이 부분을 더 명확하게 하기 위해서 Python 3.7에서 asyncio 모듈에 create_task 객체가 추가됐습니다. 하는 역할은 AbstractEventLoop.create_task()와 유사합니다. task 객체를 반환합니다. 하지만 작업을 등록(예약)하지는 않습니다. 순수하게 task 객체를 만들기만 합니다. 인자로는 코루틴만 입력할 수 있습니다. asyncio.ensure_future()는 기존과 동일합니다.

앞서 설명했던 예제들은 따로 task 객체를 만들지 않고 바로 코루틴 인자로 넘겨서 사용했습니다. 간단한 예제 코드이기 때문에 task 객체로 바꿀 필요가 없어서 그냥 코루틴으로 사용했습니다. 이번에는 코루틴을 task 객체로 변환해보겠습니다. 그리고 task 객체에 있는 메서드를 사용해보겠습니다.

```
1  ###################################
2  # File Name : native_coroutine_with_task.py (Python 3.5 or later)
3  ###################################
4  #!/usr/bin/python3
5
6  import asyncio
7  import random
8  import datetime
9
10 async def print_time(idx):
11     sleep_time = random.randrange(1, 5)
12     await asyncio.sleep(sleep_time)
13     print ("[%s] Sleep time : %s, Complete time : %s" % (idx, sleep_time,
14                                                 datetime.datetime.now()))
15     return idx
16
17 async def tasks():
18     task_list = [asyncio.ensure_future(print_time(i)) for i in range(10)]
19
20     for idx, task in enumerate(task_list):
21         if idx % 2 == 0:
22             task.cancel()
23             print ("[%s] task is cancelled" % idx)
24         else:
25             task.add_done_callback(callback)
26
27     await asyncio.wait(task_list)
28
29 def callback(task):
30     print ("[%s] Call callback function" % task.result())
31
32 def main():
33     loop = asyncio.get_event_loop()
34     loop.run_until_complete(tasks())
35     loop.close()
36
37
38 if __name__ == "__main__":
40     main()
```

예제는 앞에서 native 코루틴을 살펴볼 때 사용한 코드를 조금 변형한 것입니다. 코드를 살펴보면 16번째 줄의 tasks 함수와 28번째 줄의 callback 함수가 추가됐습니다. 그리고 main 로직은 tasks 함수를 event loop에 등록하는 것으로 간단하게 변경됐습니다.

먼저 16번째 줄에 정의된 tasks 함수부터 살펴보겠습니다. 17번째 줄에서 asyncio.ensure_future 함수를 사용해서 print_time을 task로 변환합니다. 그리고 변수 task_list에 저장합니다. 19번째 줄에서는 task_list를 for 문으로 순회합니다. 그리고 idx의 값이 짝수이면 cancel 메서드를 사용해서 작업을 취소합니다. Idx 값이 홀수이면 콜백 함수를 등록합니다. 콜백 함수는 28번째 줄에 정의된 callback 함수로 작업의 실행 결과를 반환합니다. 실제 사용될 법한 코드는 아니지만 코드 자체는 어렵지 않습니다. 실행 결과도 유추할 수 있습니다. 결과가 예상한 대로 나오는지 확인해보겠습니다.

```
$ python3 native_coroutine_with_task.py
[0] task is cancelled
[2] task is cancelled
[4] task is cancelled
[6] task is cancelled
[8] task is cancelled
[1] Sleep time : 2, Complete time : 2018-03-12 18:04:00.084215
[9] Sleep time : 2, Complete time : 2018-03-12 18:04:00.084686
[1] Call callback function
[9] Call callback function
[3] Sleep time : 3, Complete time : 2018-03-12 18:04:01.082840
[5] Sleep time : 3, Complete time : 2018-03-12 18:04:01.083390
[7] Sleep time : 3, Complete time : 2018-03-12 18:04:01.083572
[3] Call callback function
[5] Call callback function
[7] Call callback function
```

예상한 대로 결과가 출력됐습니다. 짝수인 작업은 모두 취소되고 홀수인 작업만 실행됐습니다. 그리고 작업이 완료되고 콜백 함수도 정상적으로 출력됐습니다.

event loop에 등록할 때 작업을 코루틴으로 하는 것과 task로 하는 것은 결과에는 차이가 없습니다. 하지만 실행되는 중간 과정에서 어떤 처리를 할 수 있느냐 없느냐가 다릅니다. 이것도 상황에 맞게 사용하시면 될 것 같습니다. 굳이 task로 변환하지 않아도 되는 작업은 그냥 코루틴을 바로 사용해서 event loop에 등록하면 됩니다.

그 밖의 파이썬 모듈

지금까지는 파이썬에서 제공하는 내장 모듈을 파이썬의 버전별로 설명했습니다. 하지만 이외에도 파이썬의 동시성 향상을 위한 많은 외부 모듈이 있습니다. 이 외부 모듈은 여러 모로 도움이 될 수 있습니다. 외부 모듈이 파이썬의 내장 모듈이 되는 경우도 있고, 파이썬의 새로운 기능을 하위 버전에서 지원하지 않을 때 비슷한 기능을 사용하는 외부 모듈을 찾아 사용할 수도 있습니다. 바로 앞에서 살펴본 asyncio 모듈도 원래는 외부 모듈이었다가 파이썬의 내장 모듈로 흡수되었습니다.

이 책에서 모든 외장 모듈에 대해서 다룰 수는 없고 파이썬의 동시성 향상을 위한 몇 가지 대표적인 라이브러리들만 소개하겠습니다. 참고로 알아두었다가 필요할 때 검토하는 것도 좋을 것 같습니다.

▨ Greenlet ▨

Greenlet은 경량화된 코루틴 라이브러리입니다. 마이크로스레드(Micro-thread) 기반으로 강제적인 스케줄링이 없는 코루틴을 만든 것입니다. 이 greenlet이 파이썬에서 사용되는 generator 기반의 코루틴이나 native 코루틴의 역할을 한다고 생각하면 됩니다.

파이썬에서는 코루틴을 활용해서 비동기 논블록 로직을 구현했습니다. 바로 asyncio 모듈입니다. 이처럼 greenlet을 이용해서 비동기 논블록 로직을 구현한 모듈도 있습니다. 대표적인 것이 gevent와 eventlet이라는 모듈입니다. 이 책에서는 greenlet에 대한 간단한 예제와 gevent에 대한 내용만 살펴보겠습니다.

```python
1  ###################################
2  # File Name : basic_greenlet.py (greenlet module)
3  ###################################
4  #!/usr/bin/python3
5
6  import greenlet
7
8  def worker1():
9      print ("Enter the work1 function")
10     gr2.switch()
11     print ("Exit the work1 function")
12
13 def worker2():
14     print ("Enter the work2 function")
15     gr1.switch()
16     print ("Exit the work2 function")
17
18
19 if __name__ == "__main__":
20     gr1 = greenlet.greenlet(worker1)
21     gr2 = greenlet.greenlet(worker2)
22
23     gr1.switch()
```

먼저 greenlet에 대한 예제 코드입니다. 코드만 보면 어떻게 동작하는지 헷갈릴 수 있으니 실행 결과도 같이 확인한 후 설명하겠습니다.

```
$ python3 basic_greenlet.py
Enter the work1 function
Enter the work2 function
Exit the work1 function
```

실행 결과를 보니 어떻게 동작하는지 감이 옵니다. greenlet에서는 switch 메서드를 사용해서 명시적으로 작업을 전환합니다. 파이썬의 yield와 send 메서드를 합친 것으로 생각하면 됩니다.

간단하게 코드를 설명하면 23번째 줄에서 worker1 함수를 greenlet으로 실행시켰습니다. worker1에서는 진입 시에 문구를 출력하고 바로 worker2 함수가 담긴 greenlet으로 작업을 전환했습니다. 즉, worker1은 10번째 줄에서 정지된 상태인 것이죠. 작업을 전환받고, worker2 함수에서도 초기 진입 문구를 출력하고, 다시 worker1 함수를 호출했습니다. worker2 함수는 15번째 줄에서 정지된 것입니다. worker1 함수가 다시 호출되면서 정지된 10번째 구문부터 다시 실행됩니다. 그래서 11번째 줄의 문구를 출력하고 함수가 종료됩니다. 23번째 줄에서 실행시킨 worker1의 greenlet이 종료됐기 때문에 이 프로그램은 종료됩니다. 따라서 woker2는 15번째 줄에서 정지된 상태로 16번째 줄이 실행되지 않고 끝나게 되는 것이죠.

yield를 사용한 코루틴과 동일합니다. 이제 이 greenlet을 활용해서 gevent에서 어떻게 비동기 로직을 구현했는지 살펴보겠습니다.

```
1 ################################
2 # File Name : basic_gevent.py (gevent module)
3 ################################
4 #!/usr/bin/python3
5
6 import random
7 import gevent
8
9 def worker(index):
10     print ("[%s] Enter the work function" % index)
11     gevent.sleep(random.randrange(1, 5))
12     print ("[%s] Exit the work function" % index)
13
14
15 if __name__ == "__main__":
16     workers = [gevent.spawn(worker, i) for i in range(10)]
17     gevent.joinall(workers)
```

역시나 간단한 예제 코드입니다. 함수부터 살펴보겠습니다. 9번째 줄에 정의된 worker 함수에서는 greenlet의 예제와 같이 진입점과 진출점에서 문구를 출력되게 했습니다. 달라진 점은 중간에 임의의 시간만큼 잠드는 것입니다. 그리고 실행되는 worker의 인덱스 값을 인자로 받아 출력하게 했습니다.

다음으로 main 로직입니다. 16번째 줄에서 comprehension을 사용해 총 10개의 greenlet 객체를 만듭니다. Gevent에서는 spawn 메서드를 사용해서 함수와 인자를 전달하면 반환값으로 greenlet 객체가 나옵니다. 그래서 위의 예제에서는 workers 변수에 10개의 greenlet 객체가 저장되는 것이죠. 그리고 17번째 줄에서 joinall을 사용해 10개의 greentlet 객체를 실행하고 모든 작업이 완료될 때까지 기다립니다.

코드의 로직에 대해서는 다 설명했으나 한 가지 더 언급할 것이 있습니다. 바로 11번째 줄에서 사용된 sleep 메서드입니다. asyncio에서 별도의 sleep 메서드가 있었던 것처럼 gevent에서도 별도의 sleep 메서드를 제공합니다. 비동기적인 처리를 위한 sleep 메서드인 것이죠. 파이썬의 time 모듈에 있는 sleep을 사용하면 프로그램 전체가 블록되며 sleep됩니다.

전반적으로 코드를 보면 asyncio 모듈에서 봤던 구조와 많이 비슷합니다. 11번째 줄에서 gevent. sleep 메서드를 사용한 것과 17번째 줄의 joinall 메서드가 asyncio에서 제공해주는 asyncio. sleep과 asyncio의 event loop에서 사용하는 run_until_complete 메서드와 비슷한 역할을 합니다. asyncio에서 사용하는 run_until_complete와 gevent에서 사용하는 joinall 메서드는 모두 concurrent.future를 기반으로 동작하기 때문에 형태와 사용 방법이 비슷합니다. 그래서 joinall 메서드도 timeout 설정이나 그 밖의 예외 조건들을 설정할 수 있습니다.

그리고 구조는 asnycio 모듈과 비슷한데 메서드의 이름은 스레드에서 사용되는 것과 유사합니다. spawn이나 join 모두 스레드에서 많이 보던 단어들인데요, greenlet과 gevent는 스레드 기반의 코드에서 만들어졌기 때문에 API의 이름이 스레드 느낌이 많이 납니다. 설명이 길어졌는데 이제 실행 결과를 확인해보겠습니다.

```
$ python3 basic_gevent.py
[0] Enter the work function
[1] Enter the work function
[2] Enter the work function
[3] Enter the work function
[4] Enter the work function
[5] Enter the work function
[6] Enter the work function
[7] Enter the work function
[8] Enter the work function
[9] Enter the work function
[1] Exit the work function
[4] Exit the work function
[7] Exit the work function
[0] Exit the work function
[2] Exit the work function
[5] Exit the work function
[6] Exit the work function
[9] Exit the work function
[3] Exit the work function
[8] Exit the work function
```

실행 결과를 보면 처음 work 함수에 진입하는 것은 순차적으로 이루어졌습니다. 그리고 이어서 출력되는 진출할 때 찍힌 메시지를 보면 순서가 다 다릅니다. worker 함수 내부에서 sleep을 사용해서 각기 함수마다 다르게 지연되어 실행됐기 때문입니다. 만약 비동기적으로 실행되지 않았다면 하나씩 지연되며 순차적으로 실행되고 시간도 더 길어졌을 겁니다.

greenlet과 gevent에 대한 설명은 여기까지 하겠습니다. 많은 부분을 살펴본 것은 아니기 때문에 내용이 더 궁금한 독자들은 참고 자료를 더 찾아보면 좋을 것 같습니다. 기본적으로 asyncio와 유사하지만 내부적으로 구현된 방식 조금 다릅니다. 그리고 응용해서 사용할 수 있는 분야도 조금씩 다르구요.

gevent는 몽키 패치라고 해서 운영 중에 코드를 수정할 수도 있는데 장단점이 있습니다. 이런 특별한 기능 때문에 파이썬의 정식 모듈이 되지는 못했지만(그 밖에 여러 가지 이유가 더 있겠지만), 구현하는 기능에 따라 asnycio보다 gevent를 사용한 방식이 더 효율적일 수 있습니다. 관심 있으신 분들은 좀 더 찾아보시는 게 좋을 것 같습니다.

⧄ Twisted ⧄

Twisted는 이벤트 중심(event-driven)의 네트워킹 엔진입니다. 내부적으로 네트워킹에 관한 라이브러리를 가지고 있지만 쉽게 웹 서버를 구축하기 위한 프레임워크라고 생각하면 됩니다. 내부적으로 비동기 로직을 구현해서 처리를 하고 있으며, Python 2에서도 사용할 수 있고 사용하는 방식도 비교적 간단합니다. 웹 서버를 구축해서 사용하기도 하고 RESTfull API만 처리하도록 구축하기도 합니다. Twitsted에 대한 내용은 이 책에서 따로 설명하지 않겠습니다. 내용이 궁금하신 분들은 공식 홈페이지[5]를 참고해주세요.

⧄ Tornado ⧄

Tornado는 twisted와 같은 파이썬의 웹 프레임워크 중의 하나입니다. 주로, 빠른 응답성을 위해 tornado를 사용하는데 tornado는 비동기 네트워크 라이브러리도 지원합니다. Asyncio 모듈이 자리잡기 전에는 비동기 웹 서비스를 위해서 tornado와 twisted를 많이 사용했습니다. 아마 지금도 꽤 많이 사용하고 있을 겁니다. tornado 또한 twisted처럼 웹 서버를 구축하는 데 사용하기도 하고 RESTfull API만 처리하도록 구축하기도 합니다. 그리고 HTTP를 처리하기 위한 라이

---

5 https://twistedmatrix.com/trac/

브러리를 지원하기 때문에 다른 웹 서버에 tornado를 사용해서 구축할 수도 있습니다. 예를 들어 twisted로 웹 서버를 구축하고 tornado로 특정 페이지에 대한 처리를 담당하도록 할 수도 있습니다. tornado에 대한 내용도 이 책에서 따로 설명하지는 않겠습니다. 내용이 궁금한 독자는 공식 홈페이지[6]를 참고하세요.

PP

PP는 Parallel Python 모듈의 약자입니다. Parallel Python은 비동기적으로 처리되지는 않지만 병렬성을 활용해 작업 효율성을 높여주는 라이브러리입니다. Parallel Python은 앞의 모듈과는 다르게 사용하기 위한 시스템 조건이 있습니다. 바로 SMP 기반의 컴퓨터와 이 컴퓨터를 클러스터링한 환경에서만 동작합니다. 일반적으로 우리가 사용하는 컴퓨터는 SMP 기반의 컴퓨터이니 SMP 환경은 문제되지 않고, 클러스터링 환경은 물리적인 PC가 아니라 가상 머신으로 구축하면 됩니다.

이렇게 환경을 맞추고 master와 slave를 설정한 다음 slave를 master에 연결하고 master에서 작업을 실행하면, 실행된 작업이 연결된 slave로 나뉘어 처리되어 결과를 반환합니다. 수학적 연산 작업이나 암/복호화 작업 같은 일을 PP 모듈을 활용해서 작업하면 유용합니다. 더 관심있는 독자는 공식 홈페이지 에 설명과 예제 코드 가 있으니 참고하세요.

---

6 http://www.tornadoweb.org/en/stable/index.html

정리

이번 장에서는 동기와 비동기 그리고 블록과 논블록에 대한 개념을 살펴봤습니다. 그리고 가장 효율적인 방식이라고 말할 수 있는 비동기 논블록 방식을 파이썬에서 사용하는 방법에 대해 살펴봤습니다. 앞에서 이야기했지만 가장 효율적인 방식은 구현 환경과 목적에 따라 다릅니다. 또한 파이썬의 버전별로 비동기 처리 방식의 발전 과정을 확인했고 대표적인 외부 모듈을 살펴봤습니다.

이번 장을 마지막으로 파이썬의 흐름 제어와 관련된 전반적인 부분을 알아봤습니다. 개인적으로는 앞서 Python 2.X 대의 라이브러리나 설정 같은 경우는 기존의 언어에서 제공해주던 기능을 완성하고, 다듬는 단계였다면, Python 3.X는 더 효율적인 방식을 도입하고, 다듬기 위한 단계로 느껴집니다. Python 3.X 버전의 중반부터 비동기 논블록 방식을 위한 작업들이 많이 포함됐지만 사실 비동기 논블록 방식이 만능은 아닙니다.

비동기 논블록 방식을 구현하기 위해서는 기본적으로 event loop와 같은 장치가 있어야 합니다. 그리고 방식 자체가 대기 시간을 줄이자는 취지이니 I/O 관련된 작업에 있어서 효율적입니다. CPU 연산을 많이 해야 하는 작업이나, I/O 관련된 작업의 지연 시간이 짧은 것들은 비동기 논블록 방식이 오히려 비효율적일 수 있습니다. 기술은 사용하는 환경과 목적에 따라 상대적이기 때문입니다.

이번 장을 통해서 기술이나 지식을 습득하고 나아가 파이썬의 새로운 기능에 관심을 가질 수 있는 계기가 되었기를 바랍니다.

참고 자료

1. Boost application performance using asynchronous I/O : https://www.ibm.com/developerworks/linux/library/l-async/

2. Concurrent. futures : https://docs.python.org/3.6/library/concurrent.futures.html#module-concurrent.futures

3. What's new in Python 3.5 : https://docs.python.org/3.5/whatsnew/3.5.html

4. Python 3.5 Glossary : https://docs.python.org/3.5/glossary.html

5. Python 3.5 asyncio : https://docs.python.org/3.5/library/asyncio.html

6. What's new in Python 3.6 : https://docs.python.org/3.6/whatsnew/3.6.html

7. What's new in Python 3.7 : https://docs.python.org/3.7/whatsnew/3.7.html

8. What's new in Python 3.8 : https://docs.python.org/3.8/whatsnew/3.8.html

9. Asyncio Future&Task, Event Loop : http://masnun.com/2015/11/20/python-asyncio-future-task-and-the-event-loop. html

10. Python 3.6 base event loop : https://docs.python.org/3.6/library/asyncio-eventloop.html

11. Python 3.6 task and coroutines : https://docs.python.org/3.6/library/asyncio-task.html

12. Proposal rename ensure_future to create_task : https://github.com/python/asyncio/issues/477

13. Python 3.7 task and coroutines : https://docs.python.org/3.7/library/asyncio-task.html

14. Greenlet Doc : https://greenlet.readthedocs.io/en/latest/

15. Gevent : http://www.gevent.org/

16. Twitsted : https://twistedmatrix.com/trac/

17. Python Tornado : http://www.tornadoweb.org/en/stable/

18. Parallel Python : https://www.parallelpython.com/

마치며

처음 책을 만들자는 제의를 받았을 때 어떤 책을 만들 수 있을까 고민을 했습니다. 단순히 정보를 전달하는 역할만 하는 것이 아닌 독자로 하여금 기술과 내용에 관심을 갖도록 하고 싶었습니다. 저의 경우도 과제를 하거나 일을 하면서 어떤 기능을 만드는 것에 급급하지 내부적으로 어떤 기술을 사용하고 어떤 원리로 동작하는지는 깊게 파악하지 못합니다. 물론 깊게 파악하지 않더라도 문제없는 기능을 만들 수 있습니다.

하지만 서문에서 말씀드렸던 대로 완성품의 수준과 그에 투자되는 비용이 달라지게 됩니다. 이렇게 말하는 저도 아직 원리와 개념을 완전히 습득하고 개발을 하지는 않습니다. 현실의 여러 조건 때문에 잘 알지 못하는 기술을 사용해야 할 때도 있습니다. 다만 당장은 잘 모르고 사용하더라도 나중에 원리와 개념을 찾아보고 개선할 부분을 바꾸려고 노력하는 습관을 기르면 좋겠습니다. 책에서 전달하고자 했던 핵심적인 내용은 기술이나 내용보다는 이 부분입니다.

그래서 책을 작성할 때 가장 주의를 기울였던 부분은 '어떻게 개념과 원리를 지루하지 않게 전달할 수 있을까'였습니다. 물론 기술적인 사실 여부도 중요하긴 합니다. 그래도 이 책을 통해서 기술의 바탕이 되는 개념에 대해서 알게 되고 관심을 갖게 되면 좋겠다는 마음으로 신경 썼습니다. 지루하지 않도록 재미있는 예제 코드를 많이 만들려고 했는데 생각보다 어려워서 잘 안 된 것 같습니다. '설명은 간단하고 재미있게, 예제 코드는 이해 쉽고 재미있게!'라는 생각을 마음 속에 품고 집필했는데, '설명은 길고, 코드는 간단하게'가 된 듯한 느낌입니다.

대부분의 기술 서적이 기술을 사용하는 것이 중점이고 그에 대한 개념 설명은 부족한 것이 안타까웠습니다. 기술을 사용하는 데 초점을 맞추고 작성하는 것이 필요하지만, 그래도 최소한의 개념은 알고 있어야 사용하고 응용하기에도 훨씬 수월하니까요. 수학 문제집에 비유한다면 '수학의 정석'이나 '개념 원리' 같은 서적은 부족하고 '수학 문제 N제' 같은 문제 풀이 서적이 많다고나 할까요? 그래서 나름 개념에 치중했는데 지루하지 않고, 재미있게 보셨으면 좋겠습니다.

끝으로 책을 쓰자고 제안해주고 조언과 도움을 주신 비제이퍼블릭의 서현 팀장님에게 고마움을 전합니다. 책을 만드는 과정을 응원해주고 관심 있게 지켜봐준 가족과 지인들에게도 감사를 드립니다.

인덱스